AF891807

Víctimas de lo trans

Víctimas de lo trans

Un viaje a las realidades de quienes
han sufrido el ideario *queer* en sus propias
carnes en España

QUICO ALSEDO

EDICIONES DEUSTO

La lectura abre horizontes, iguala oportunidades y construye una sociedad mejor. La propiedad intelectual es clave en la creación de contenidos culturales porque sostiene el ecosistema de quienes escriben y de nuestras librerías. Al comprar este libro estarás contribuyendo a mantener dicho ecosistema vivo y en crecimiento.

En **Grupo Planeta** agradecemos que nos ayudes a apoyar así la autonomía creativa de autoras y autores para que puedan continuar desempeñando su labor. Diríjase a CEDRO (Centro Español de Derechos Reprográficos) si necesita fotocopiar o escanear algún fragmento de esta obra. Puede contactar con CEDRO a través de la web www.conlicencia.com o por teléfono en el 91 702 19 70 / 93 272 04 47.

© Quico Alsedo, 2024

© Centro de Libros PAPF, SLU., 2024
Deusto es un sello editorial de Centro de Libros PAPF, SLU.
Av. Diagonal, 662-664
08034 Barcelona
www.planetadelibros.com

Diseño de la colección: Sylvia Sans Bassat

Primera edición: marzo de 2024
Depósito legal: B. 1.635-2024
ISBN: 978-84-234-3686-6
Composición: Realización Planeta
Impresión y encuadernación: Huertas Industrias Gráficas, S. A.
Printed in Spain - Impreso en España

PEFC Certificado
Este libro procede de bosques gestionados de forma sostenible
PEFC
PEFC/14-38-00305
www.pefc.es

Some of them want to use you
Some of them want to get used by you
Some of them want to abuse you
Some of them want to be abused

Sweet dreams,
Eurythmics, 1983

Sumario

Introducción

Todos los hemos visto mil veces: Castilla está llena de pueblos así.

Una iglesia, unas pocas casas alrededor, un mar de trigales y varios kilómetros de carreteras rectas, trazadas a escuadra y cartabón, sin una sola curva, hasta el siguiente pueblo. Y así hasta la extenuación.

Llevan siglos ahí. Varados en el tiempo. Sin crecer ni decrecer. Abajo, rendidas, yacen las casas, arremolinadas como niños a las faldas de la madre: el templo. Arriba, mandando, despunta la torre, rematada con las campanas que antes —ahora ya no tanto: hay otras más eficaces en nuestros bolsillos— llamaban a los fieles al rezo, pero sobre todo a algo mucho más importante: el orden.

Las campanas: las riendas que mantenían al caballo en la dirección y al trote adecuados.

Yo nací en Oviedo hace cuarenta y siete años. Llevo veinticuatro en Madrid. Si hago la cuenta, he recorrido ese camino más de dos centenares de veces, cruzando ida y vuelta la mitad norte de España por su corazón —Segovia, Ávila, Zamora, León—, como quien saja fruta madura.

A los lados de la carretera, a golpe de vista y cada cinco minutos, siempre la torre señalando al cielo, siempre un puñadito de casas genuflexas debajo, persignándose arrodilladas como viejas pellejas.

Creo que ni una de esas veces he evitado preguntarme: y estos pueblos, ¿cómo demonios pueden llevar así cuatro, cinco siglos? Congelados. Petrificados. Sin crecer, sin morir. Sin engordar ni adelgazar. No puedo juzgar la moral de sus gentes, pero quizá en estos siglos tampoco ha cambiado demasiado —y alguna cosa sé: mi abuelo materno nació en un pueblo de León.

Estas doradas llanuras tienen un gran potencial metafórico con respecto a lo que en ellas ha sucedido desde hace quinientos años, pero, para explicar lo que aquí cuento he tenido que internarme por vericuetos mucho menos relajantes.

Como periodista, durante dos años he tenido que hablar —a ratos incluso llorar— con niñas que querían cambiar sus cabezas por otras. Con madres-helicóptero que salvan a sus hijas, en el último minuto, de saltar del quicio de la desesperación. Con médicos que luchan contra un oscuro ejército de sombras. Con pensadores, y sobre todo pensadoras, que disfrutan proclamando que el cuerpo humano no es más que un puzle que puede rehacerse, chop-chop, a golpe de bisturí verbal.

Como en aquellas grotescas películas de terror de la década de 1920, pero hoy: una alocada eugenesia en marcha. Cuerpos frescos en el quirófano.

En principio una y otra cosa tienen poco que ver: todos sabemos que esos pueblos castellanos pertenecen espiritualmente al siglo xv, y en las historias de estas páginas resonarán Orwell y Ray Bradbury.

Pero la raíz en ambos casos es la misma: el poder. O sea, la religión.

La religión. O sea, el poder.

¿Por qué esos pueblos, pese a contar con grano y riqueza de sobra, y después con el maná de los tesoros de las Indias —el imperio glosado por Los Nikis—, nunca despegaron, como niños que dejan de crecer a los nueve años?

Porque el poder, por medio de la religión, los ató en corto. Como ata ahora a los y las protagonistas de este libro, y como secuestra a todo aquel que se acerca al espejismo trans.

Lo primero, lo de estos pueblos castellanos, y en general el devenir histórico de nuestro país, lo sostienen historiadores y economistas como Daron Acemoglu.[1] El esquema es como sigue. España e Inglaterra conquistaron medio mundo, pero tres siglos después, una lo había perdido todo y la otra todo lo contrario. ¿Por qué? Porque el poder —la religión— fue tan implacable en España como poroso en Inglaterra.

A la Corona inglesa la prosperidad de ultramar se le escapó por las rendijas, lo que acabó conformando una burguesía, generó la Constitución de Estados Unidos —dos

1. Daron Acemoglu, uno de los economistas más prestigiosos del mundo, teoriza en *Por qué fracasan los países* (Deusto, 2012, junto con James A. Robinson) con los motivos por los que unas civilizaciones progresan y otras se estancan. Resumiendo, lo atribuye todo a la solidez de sus instituciones y al reparto de poder entre los distintos estratos sociales.

años más joven que la Revolución francesa— y permitió crecer, gracias al enriquecimiento de las clases medias, a sus *tordesillas*.

En España, en cambio, el catolicismo mantuvo las riendas siempre tensas hasta la ruina de 1898 y su anacrónico canto del cisne: los treinta y nueve años del franquismo y su coartada medievalista. Y el franquismo, no nos engañemos, es anteayer. ¿Creíamos que nos íbamos a librar tan rápido de la mentalidad religiosa? España sigue siendo, dentro de su cabecita, pura religión.

Y no sólo España. Os aburriré si digo que hoy, cuando escribo estas líneas en 2023, los dogmas han regresado con fuerza a Occidente (si es que alguna vez se fueron), y que lo han hecho con nuevos ropajes: la talla y los colores de los antiguos ya no valían. Antes unos curas, ahora otros. Religión.

Las admoniciones de las policías del pensamiento nos llegan por todas partes, ahora que llevamos campana y púlpito en el bolsillo y nos dejamos sermonear dos o tres horas al día, algo más si al móvil le sumamos tele, radio, etcétera. Esos *packs* ideológicos —que nos permiten sobrevivir a este mundo loco—, apoyados en las nuevas y sobreinformadas ignorancias, han generado patologías sociales tan absurdas pero ciertas como la que retrato aquí en carne y hueso.

Todo sustentado en la fe, y cuando de fe se trata, España siempre es campeona, útero fértil, reserva espiritual de Occidente, Oriente y lo que se ponga por delante. Con más ardor incluso cuando otros —Reino Unido, Suecia, Francia, Noruega— se han percatado del engaño y están dando marcha atrás ante el precipicio.

Más cuanto más revolucionario sea el dogma, y vaya con éste: antes te prometían la vida eterna, ahora nada menos que crearte a ti mismo.

No, ser hombre o mujer no depende de tu cuerpo, sino de tus sentimientos.

Sí, tu voluntad y tus apetencias sexuales conforman tu sexo *verdadero*. El otro, el físico —vamos, lo que hay entre las piernas—, no tiene nada que decir, es sólo vehículo: puro chasis.

No, ningún médico ni ningún científico pueden decirte quién eres.

Sí: lo que importa es tu género, esa construcción artificial. Los plastidecores. Lo superficial. Sombra aquí, sombra allá. Tu deseo = tu derecho.

Y todo lo que no sea comulgar con eso —amenazante muralla de política correcta mediante— es afirmar la inferioridad moral, mental y ontológica de los transexuales. Gasearlos como a judíos en Auschwitz. Empalarlos, descuartizarlos, reírse de ellos: lo peor de lo peor.

Hay que admitir la inteligencia del potente salto de marketing del negocio. Dios ya no es un coñazo autoimpuesto, lejano, aburrido y castrante. Dios sois tú y tu superioridad moral, como te lleva repitiendo el individualismo un siglo y como te promete el dinero cada día, cada hora, cada segundo. Te lo dice tu religión ideológica, tu religión de sustitución, la de bolsillo, la que va en tu móvil y que en realidad es sólo un algoritmo que se adapta a tus anhelos.

Siendo el altar tan enorme y majestuoso, y el señuelo tan moralmente goloso —y en el fondo *insignificante*: liberar de una vez a los transexuales, *cuatro gatos*, tras *milenios* de invisibilidad—, qué importarán, bah, unos pocos daños colaterales.

Qué más dará...

- confundir a miles de críos que nada tienen que ver con lo trans, pero creen que sí,
- dejar sin asistencia psiquiátrica para no hacer sentir como enfermos a niños que en realidad lo están —aunque no *de* transexualidad— y necesitan *de verdad* ayuda,
- hormonar e incluso operar a algunos de estos pobrecillos,
- impedir a los profesionales cumplir con su obligación, forzándolos a actuar en algunos casos desde la clandestinidad
- e instaurar una ley del silencio alrededor: al que hable lo paso a cuchillo, porque si flota es una bruja, y si es una bruja merece —ya lo imaginábamos— hoguera o Torquemada.

Aunque, en el fondo, como todos sospechamos conscientemente o no, en la *polémica trans* la transexualidad en realidad da igual: es apenas un cebo, un *macguffin*, un parque de bolas para el juego divisivo del poder.

En el fondo lo que opera es el mecanismo ancestral de todos los credos, los de antes y los de ahora: la culpa. Culpa por pecar contra el altísimo de turno, culpa por discriminar a los transexuales, culpa por hacer llorar a los angelitos, culpa por sentirnos culpables. Huyamos de la culpa aunque no tengamos ni idea de por qué somos culpables. Por mi culpa, por mi culpa, por mi gran culpa.

Los valores de las religiones de siempre desaparecieron, hay que crear otros. Una persona puede vivir sin religión, un grupo de personas no.

Pero las personas... Observa a tu hija de doce años. A tu hijo de siete. Fíjate en tu sobrina de dieciséis. En tu nieto de once.

¿Te imaginas que de pronto esa criatura, que en su vida había tenido conflicto alguno con su sexualidad, te dice que en realidad no *es* ella? ¿Que eso que llevas años cuidando y amando era, en fin, *otra* persona?

Quiero decir: ¿puedes imaginar *de verdad* que de un día para otro esa personita te espeta que el cuerpo que amabas no es el que *debería*? ¿Imaginas que, aunque estés totalmente seguro de que se equivoca, el mundo entero no sólo le hace la ola a ella, sino que a ti te considera un apestado y quiere borrarte de la faz de una Tierra que de pronto es plana?

De acuerdo: este libro cuenta cosas que no son creíbles. Parece una de esas pesadillas góticas a las que nos ha acostumbrado la ciencia ficción, y que en realidad nos alivian por saberlas ficticias, y nos permiten regresar más seguros a nuestra aburrida rutina. Pero son historias, sin embargo, reales, demasiado reales.

Humanas, demasiado humanas.

La de Amelia, violada en su propia cama y refugiada en la idea de ser hombre para no sufrir más. La de Éric, que se lanza a las vías del tren tras creer que la transexualidad arreglaría una vida rota. La de Silvia, que consigue arrancar a su hija del delirio *queer* instigado por el colegio. La de

Flavia, que alucina como profesora cuando le venden la golosina transgenerista y luego ve zampársela a su propia hija, hoy *hijo*.

También está Anna, que consigue escapar del espejismo y del suicidio, y que razona con lucidez: «Tienes dificultades y te empujan a buscar un trastorno para validarlas». Y Pilar, que acaba demandando a la Administración por prácticamente abocar a su hija a hormonarse. Fernando, a cuya cría la sanidad pública le da testosterona «como quien regala caramelos». María José, transexual ella, pero aterrada por lo que considera una «moda peligrosísima».

O Susana, cuyas dolencias mentales la despeñan por el increíble abismo de la autodestrucción: pierde en el quirófano pechos y útero antes de darse cuenta del terrible, insondable error.

Si llegas a la última página quizá sientas, sufrido lector, el mismo escalofrío con el que yo empiezo a escribir. Y la sensación de que hoy, siglo XXI, con un grado de progreso que presumimos notable, muy poco es lo que parece. Y las víctimas, ese verdadero tótem de nuestro tiempo, las auténticas heroínas de esta era, son a veces verdugos instrumentales.

¿Qué sentido tiene visitar el sufrimiento de esta gente? Probablemente, que aquello que escondemos nos define bastante mejor que lo que preferimos lucir. Que lo que no queremos ver dice mucho más de nosotros que lo que a nuestros ridículos egos les gusta exhibir.

Exacto: igual que cuando los transexuales eran tratados como monstruos y escondidos en cualquier mazmorra social, lejos de nuestra vista. Pero hoy, cuando los sacamos en procesión por las calles, justo al revés.

¿Ves? Procesión. Es imposible escapar de ella. Ay, España y la religión.

La religión que por fuera nos mantiene en esas casitas reverenciales, en torno a la iglesia que toque, en formación, bien ordenaditos, aseados, esclavos.

Pero ¿y por dentro?

Alivia. Cauteriza. Da sentido —¿no inventamos a Dios para poder aguantar esto?— y otorga pertenencia.

Proporciona una aceptación sin barreras y —la droga clave— promete.

Veamos cómo.

1

Lo primero que aprendió Amelia Guerrero es que no valía cualquier cuchillo.

Pero también que si el dolor se quedaba dentro era peor. Si no había nadie a quien contárselo todo, era peor. Que mamá y papá tampoco estuvieran ahí para escuchar era un horror. Con el cole no se podía contar: allí sí que todo era mucho peor. Tener diez añitos y sentirte sola de toda soledad, una extraña en el mundo, era una auténtica mierda. Había que sacarlo todo, como fuera. Y la idea era fácil: si cortas, sale. Tú cortas y el dolor y el miedo salen. Por fuerza tendrán que salir, ¿no?

Lo que pasa es que no valía cualquier cuchillo. Y menos los normales de cocina. Ame lo sabe porque allá se fue, a la cocina.

Me la imagino de pequeña, un mico de diez años, el pelo negro y largo, seguro que las gafitas ya en la punta de la nariz, entrando en la cocina de la casa familiar, en Arcos de la Frontera, Cádiz, 30.000 habitantes, un pueblo precioso, encalado en un blanco que estalla al sol. Entrando a buscar un cuchillo. Para cortarse en el brazo y poder sentir algo. Para sentir quizá que controlaba su dolor. Aunque para ello tuviera que causarse algo más de dolor. Lo que pasa es que, leches, aquello no funcionaba. Los de la cocina no cortaban, el rollo claramente no era ése.

Convendréis conmigo en que no es la mejor forma de comenzar un libro. Con una niña automutilándose, y encima haciéndolo mal.

Pero es que aquí sigue esta tragedia, diez años después. Con Ame ya no una niña en edad escolar, sino una mujer de veinte, sentada ante mí en una cafetería de Sevilla, estudiante de Historia, tirando *pa'lante* en la vida y contándome el pasado, pero aún bajo el embrujo, todavía bajo el volcán, recomponiendo los pedazos.

Carácter es destino y por eso Ame consiguió salir de una de las mazmorras más recónditas y jodidas que existen: la que su propio miedo creó.

Pero todavía hoy, debajo de esta chica que veo ante mí, en esta cafetería *random* cerca de la estación de Santa Justa —y llueve fuera, y Sevilla está gris, y no tiene hoy ningún color especial—, está la niñita que se escabulle hacia la cocina en busca de un cuchillo.

Y el cuchillo no corta y volvemos a empezar.

«Me di cuenta de que no eran cuchillos, eran cuchillas lo que necesitaba», me explica. De dónde lo sacó ya lo podemos imaginar. Tumblr, Instagram, esos pozos negros, espejos deformantes de los egos y las vidas editadas (y por ende falsas), hogueras de vanidades. Ahí, en internet, encontró Ame, con facilidad pasmosa, cómo machacar su cuerpo infantil. Y empezó a hacerlo.

«Al principio era una cosa inocente. No sabes muy bien por qué lo haces... Luego se convierte en una adicción y ya no puedes parar.»

Le pido que suba de nuevo la escalera, para explicarnos: «Primero usé cuchillas de sacapuntas, y alguna de afeitar que encontré. Luego ya una amiga me dejó una. También compré yo algún cúter».

Era su lugar favorito, su escondite, su vida verdadera. La otra dolía mucho más.

«También me ayudó alguna serie como *American Horror Story*, me enseñó cómo.» Más tarde intentaré entrever algún capítulo y me cagaré de miedo. Leeré una crítica elogiosa: «Fantasía depravada de terror y sexo». ¿Qué hacía una niña de diez años viendo una cosa tan tenebrosamente terminal? No soy capaz de pasar del tráiler, en el que una de las protagonistas, una niñita de sonrisa mórbida, dice: «Duele hacer cosas bonitas».

Lo bonito duele. Hay cosas que sólo nos podemos tragar con la droga del ideal romántico.

«No sucedía a una hora determinada y tampoco en un lugar determinado —me cuenta Ame—. Sólo tenía que estar aislada, lo importante era eso, y el impulso de sacar fuera lo que no podía contarle a nadie.» Sacar. Pero ¿qué había que sacar?

Con diez años y cortándose en el brazo, trazando en él líneas longitudinales con el filo, la sangre goteando hacia el suelo, Amelia es cualquiera de nosotros, pero con un dolor intransferible.

«Si vas a contarlo en el libro, avisa antes, porque puede ser duro», añade con esa bendita inocencia suya. Y voy y arranco por aquí, sin anestesia. Perdóname, Ame, pero es muy importante contarlo como es.

«Una vez que empiezas, ya no puedes parar. Es como si tu frustración, tu rabia y tu tristeza las metieras ahí, en cortarte. Muchas veces ni siquiera necesitas un motivo, acaba siendo una cosa automática que haces una y otra vez sin saber por qué. Y ya no puedes salir, hay algo que te empuja a volver a hacerlo.»

Ame escondida cortándose. Completamente aislada. Herméticamente encerrada.

La historia de uno es la de todos. Ahora lo sé: Ame se cortaba por nosotros.

2

La vida anterior de Flavia Menéndez, con sus muchos meandros, había sido sólo un preámbulo hasta aquella mañana de 2017.

Flavia siempre quiso cantar. Profesionalmente. Dedicarse a cantar.

No me extraña porque tiene una voz preciosa. Podéis encontrarla, bajo un nombre artístico que desafortunadamente no puedo desvelar, en YouTube. Lo mismo te canta un fado con la hondura de una Dulce Pontes que se acerca a la Niña de los Peines. O se adentra en la salsa como si en vez de nacer en Santiago de Compostela en 1974, lo hubiese hecho en Santiago de Cuba en 1930.

Flavia: una mujer alta, rubia, dominante, que desde el escenario canta sin miedo al viento. Eso se ve en los vídeos, que en 2023 todos tienen ya, ay, demasiados años. Porque ella quería cantar, pero la vida tenía otros planes.

Así que cuando se queda embarazada en 2001, con veinticinco años, y el dinero no llega, hace lo que tantos gallegos antes: coger maleta y avión.

Se va a Las Palmas, tiene otro hijo con otro hombre, vuelve más tarde a Galicia, y años después otra vez emigra —las cosas siguen duras— de vuelta a Canarias. En concreto a Fuerteventura.

Allí entra al fin en el redil. Con treinta y tres estudia Musicología, se saca una oposición y esa mañana de 2017, justo esa «puta mañana», como dice ella, allí está, la profe de música de primaria, en el salón de actos de un cole cualquiera de Fuerteventura, concretamente en Corralejo.

«Nos reunieron a todos los profes porque venían a hablarnos unas chicas que en realidad no sé qué titulación tenían, creo que ninguna. Venían de una asociación que yo en aquel momento ni sabía que existía, las mandaba la Consejería a hablar sobre educación sexual. Igual que venía gente de Cruz Roja a hablarnos sobre pateras, que a mí siempre me pareció muy interesante, porque el padre de mi segundo hijo es africano, pues nos reúnen porque vienen ellas. Empiezan con los nuevos modelos de familia. Y me parece muy bien lo que cuentan. Tienes familias monoparentales, parejas de lesbianas, parejas homosexuales... Vale, muy bien, hay que adaptar los contenidos a los nuevos tiempos y ahora tenemos esto también. Estupendo. Yo, de hecho, tengo dos hijos de distintos padres y siempre hay quien te mira raro. En mi casa siempre ha entrado gente muy variopinta, tengo colegas lesbianas y maricones.»

Flavia habla muy real, sin zarandajas.

«Mis hijos lo han visto todo porque esta gente ha venido a cenar y a convivir a mi casa. Yo misma me considero bisexual, mis parejas han sido chicos, pero me he enrollado con alguna chica... Quiero decir, mis hijos siempre han visto todo eso con normalidad, cero homofobia. O sea, que lo que empiezan contando estas chicas, para mí, bien. Lo que pasa es que luego empiezan a sacar materiales. Son cuentos infantiles, cuentitos para tener en la biblioteca del aula. Nos los vamos pasando los profes y echándoles un vistazo mientras ellas hablan. En los cuentitos aparecen personajes neutros, infantiles, que no se identifican con un sexo u otro.»

Es difícil lograr alguna intimidad hablando de esto por teléfono, a 2.000 kilómetros, ella en Fuerteventura y yo en Madrid, grabando la conversación desde un coche aparcado en doble fila en Carabanchel.

Pero, de alguna forma, Flavia y yo lo conseguimos en la primavera de 2023, cuando me va contando, seis años más tarde, aquella escena de 2017.

«Y entonces ya empiezan con la cosa», dice. La cosa.

«Estas chicas nos explican, porque están allí para formarnos, que, bueno, hay niñas que tienen pene y niños que tienen vulva. Y empiezan a hablarnos de todas las identidades sexuales y orientaciones sexuales que existen.»

Hoy, en 2023, todo este folclore ha pasado ya tanto al imaginario popular que, como se suele decir, se ha dado la *vuelta*. Hasta el Ministerio del Interior ha instruido a los futuros policías nacionales, en el temario de acceso a la oposición (capítulos 29 y 30), acerca de los «nuevos géneros y orientaciones sexuales»: «Antrosexual, birromántico, grisexual, escoliosexual...». Que cada cual haga lo que le dé la gana con su vida, desde luego, pero buscad sus significados en Google e intentad no sonreír.

En todo caso, hay que ponerse en la piel de la profe de mates, el de naturales y, sí, la de música, aquella mañana de 2017 en un *cole* de primaria de Fuerteventura. Hay que imaginarse sus caras escuchando, casi en primicia —Canarias fue una de las puertas de entrada a España—, esa neolengua que luego ha recorrido el camino desde los márgenes hasta las instituciones, y que pretende —y consigue, pues su público es cautivo— hacer la revolución mediante unos folletos, unos *palabros* y mucha purpurina.

«Yo recuerdo que los profes que estábamos allí, que éramos de diferentes edades y estilos de vida, empezamos a poner todos cara de póker. No entendíamos nada», a Flavia se le agudiza aquí el acento gallego.

«Nos empiezan a hablar de demisexual, no binario... Pero si nosotros damos clase a niños de siete, ocho años. ¿Cómo les vamos a contar esos rollos? Si son niños... Pero ¿de qué coño va esto?»

Difícilmente iba a imaginar Flavia, que quería ser cantante y que esta mañana de 2023, mientras habla conmigo, les dice «hola, cariño» a los críos que se va encontrando en el cole en el que trabaja, que sólo cinco años después de aquella charla iba a ir a Barcelona a ver a su hija querida... y en vez de ver a su hija, que acababa de empezar la universidad, vería a su hijo.

En el centro de su corazón, donde antes estaba su niña preciosa, que en aquel 2017 tenía catorce añitos y era «un pimpollo», ahora, en 2023, hay «un tío con barba».

«Hasta las cejas de testosterona.»

Y «un tío que ni me habla».

3

La fina línea que separa el bien del mal la cruza Rebeca, sin tener ni idea de que lo está haciendo, una tarde de otoño de 2020.

La cruza sin moverse, sentada en un butacón de la consulta donde lleva veintidós años trabajando como psicóloga, en un muy burgués chalé de Majadahonda, Madrid.

A Rebeca, mujer sosegada, de rostro armónico y vida acomodada, le basta escuchar el ring y coger el teléfono para meterse en el lío.

La llama una amiga de hace muchos años, casi dieciséis. «De hecho, nos conocemos de cuando tuvimos a nuestras hijas, porque nacieron a la vez y yo la ayudé mucho en aquel momento.»

Su amiga tiene «un problema con la niña». «Y necesito ayuda, me gustaría que la trataras —le dice a Rebeca—. Pero sé que no puedes, porque no os lo permiten.»

«Y yo: "¿Que no nos lo permiten? ¿Cómo no nos lo van

a permitir? No entiendo". Y ella: "No, no, qué va. Es que hay una ley que os lo impide".»

Rebeca, vamos a presentarla ya, llevaba y lleva, cuando escribo este libro, más de veinte años tratando a madres superadas por su maternidad y a adolescentes con depresión. A niñas que dejan de comer para mentirse sobre que controlan su cuerpo. A críos que en la puerta de la adultez pierden el camino entre la bruma.

En esa encrucijada en que la vida pasa de ser un parque infantil a un océano de responsabilidades, y que levante la mano el que haya lidiado bien con eso, muchos chicos y chicas de Madrid se han encontrado con las maneras suaves y el verbo sibilino de Rebeca. Que en 2023, cuando me lo cuenta todo, tiene mi misma edad, cuarenta y siete años.

«Entonces esta amiga me llama y yo le digo: "Bueno, pero vamos a ver, voy a informarme, espera, te llamo dentro de unos días".»

Rebeca llama al Colegio de Psicología de Madrid. Tengo una duda. ¿No puedo yo tratar como profesional a una persona con esta situación?

«Quien me contesta, la persona de atención a colegiados, para que tc hagas una idea, me dice de primeras que seguro que sí puedo hacerlo. Que la cosa no le suena de nada, que cómo no voy a poder. Pero que va a consultar al gabinete jurídico y me cuenta. Me quedo más tranquila. Al rato me llaman del gabinete jurídico. Es uno de los abogados. Se le nota que está perdido con el tema, me dice que cree que sí, que no hay limitación ninguna... Pero que va a consultar, él mismo, al lugar adecuado, que es la Unidad de Identidad de Género del Hospital Ramón y Cajal, y que espera poder decirme algo pronto.»

Tras esa llamada, Rebeca se sienta en su consulta de Majadahonda. Mira por la ventana. Observa el móvil. Piensa en Kafka. ¿Cómo no va a poder ella, con lo que lleva a la espalda, simplemente ayudar a una cría de dieciséis años perdida en la entrada del bosque de la vida?

Estamos en la primavera de 2020 y el torbellino de la COVID agrega extrañeza al momento, recuerda hoy.

«Al rato me llaman de la Unidad de Identidad de Género del Ramón y Cajal. Es una de las responsables. Me habla, al principio, de forma un pelín alterada: "Oye, pero por qué quieres saber tú esto, nadie nos ha llamado antes para preguntar esto...". Yo, la verdad es que me asusto un poco», me cuenta Rebeca, siempre con el tono sereno de quien casi cura con la palabra.

«Me asusto porque veo que esta mujer, que es psicóloga, se azora. Entiendo que de verdad nadie ha llamado antes para preguntarles una cosa así. Le explico bien mis dudas y mi extrañeza. Y ya entonces sí se tranquiliza y me habla amablemente, y me confirma que sí, que lo que me han contado es cierto, que en efecto yo no puedo tratar lo que le sucede a esta niña. Que, sobre eso en concreto, no puedo ni tocarla. Sólo puedo decirle que sí. Le digo: "Mira, es que me parece un caso bastante extraño, una cría que de golpe sale con esto, sin venir a cuento...". Y ella me contesta que desde que salió la ley madrileña tienen un aumento exponencial de casos de este tipo, y que incluso ellos mismos también están sorprendidos... Pero que es lo que hay: la ley los obliga a actuar así, punto.»

La ley. Es el primer momento en que Rebeca ve de cerca la línea que la separa de convertirse en una delincuente.

Es todo un viaje, también, retroceder al 17 de marzo de 2016, cuando esa línea queda marcada en la Asamblea de Madrid.

De mis veintipico años como periodista, los ocho de largo más divertidos los pasé en la sección de Madrid del diario *El Mundo*. No pocas veces tuve que trajinar por la Asamblea, un edificio que desde fuera parece una estación de autobús enclavada en Entrevías, en el Madrid pobre, rodeado de bloques en los que se realojó en los ochenta a miles de gitanos que llevaban décadas en chabolas.

Soltar pretenciosas proclamas rodeado de estos oportunos exchabolistas, en el barrio con mayor abandono escolar y violencia machista de Madrid, probablemente le masajea a uno mucho el ego.

Quien ha tratado con políticos sabe que la gran mayoría son seres incluso más dudosos de lo que sospecha el ciudadano de a pie. Lo pueden extender al trompetero Congreso de los Diputados, que también tuve que sufrir al pasar por las secciones de Investigación y Nacional.

Pero en la Asamblea se daba un matiz interesante. Constreñidos en lo que al final es un parlamento regional, pero con la ambición de al menos promocionar a la carrera de San Jerónimo, a los parlamentarios madrileños les flipa lo mismo que a los de cualquier lejana pedanía: arreglar de golpe el planeta entero. Legislar *urbi et orbe*.

O, como dijo una parlamentaria —vamos a omitir nombres y siglas de momento— el día en que se aprobó la ley trans madrileña, probablemente mirando a los ojos a Pericles, Voltaire y Churchill, «garantizar un derecho, el derecho a ser».

El derecho a ser. Ningún designio más alto ni más hipertrófico.

Porque junto con facilidades para las pocas personas que tienen la desgracia de necesitar hormonas y cirugía para sentirse sexualmente cómodas, sus señorías tuvieron a bien jugar a ser dioses sobre el papel y abolir desde sus escaños el sexo como realidad biológica. Hala.

«Estamos aceptando la revolucionaria idea de que las niñas pueden tener pene y los niños vagina», proclamó otra.

Incluso fueron más allá para proteger ese simpático impulso eugenésico y dejaron un bonito artículo 4.1 que reza: «Ninguna persona podrá ser presionada para ocultar, suprimir o negar su identidad de género, expresión de género, orientación sexual o características sexuales».

Muy bien —desde luego— por aquellos a quienes esto beneficie, pero aquello también dejó otro resultado por no ser matizado: la hija de la amiga de Rebeca cree que sólo resolverá sus líos mentales cambiando de sexo, pero Rebeca, que en su consulta ha visto «de todo», no le puede ni preguntar por ello.

Si la niña ha decidido que es trans, lo mismo da que lo haya decretado desde su lógica desorientación adolescente: también lo ha hecho plenipotenciariamente. Es trans y *sanseacabó*.

Aunque esté absolutamente equivocada, aunque ese camino vaya a agravar trastornos ajenos a la sexualidad de cuya existencia su madre está convencida: sólo podrán darse cuenta de su error ella misma y su empanada mental. Nadie la podrá ayudar, y quien lo intente podrá ser denunciado y condenado, por la ley y por el bien pensar popular, ese tribunal implacable.

Esto, que se agravará con la ley trans nacional, aprobada en la primavera de 2023, es lo que descubre Rebeca en el otoño de 2020. Y ése es el momento en el que decide, desde su chalé de Majadahonda, que tiene que cruzar la línea.

«Si la ley nos ha impedido hacer aquello a lo que nos obliga nuestra deontología profesional, que es ayudar al que lo necesita», me cuenta en 2023, ella también puede ir contra la ley y cumplir con su labor. «O delinques o incumples con tu deber.»

Ella eligió delinquir, pasar a una insólita clandestinidad en pleno siglo XXI, como si formara parte de la resistencia francesa a Vichy, o del maquis español, o fuera partisana en la Segunda Guerra Mundial, desde su consulta del Madrid acomodado.

—Eso sí, no pongas mi nombre y cambia algún dato para que no me puedan identificar.

—Por supuesto.

—Que, si me descubren, estoy profesionalmente muerta.

4

Ahora, con perdón, hablaré de mí.

No se puede decir que estuviera en mi mejor momento en el verano de 2021, cuando arranca mi papel en esta historia. Atropellado por una enfermedad demasiado cercana y demasiado dolorosa, llevaba algo más de un año recluido en un hospital, casi sin trabajar, con la vida colgando de un hilo, totalmente *out*.

Después de veinte años de buscarme mis noticias y publicar siempre material propio, en esos meses malvivía laboralmente de lo que me encargaba mi jefe, Gonzalo Suárez, que sabía que mi cabeza no existía —y así estaría otro año más—. Él —siempre se lo agradeceré— me abrevaba. Negociaba con las editoriales entrevistas sobre los nuevos lanzamientos y me iba pasando lo que más encajara con mi rollo.

Así buceé por ejemplo en *Nam*, una locura de testimonios de soldados estadounidenses en Vietnam, tipos sepultados en horror y a los que les daba igual morir que seguir vivos, como yo en aquel momento. Era periodismo de segunda o tercera mano, justo como mi vida entonces, pero me permitía mantener la ficción de que seguía en pie.

Así entré en contacto con Abigail Shrier, la periodista estadounidense que había escrito uno de los libros de 2020 en Estados Unidos, titulado *Irreversible Damage*.

Deusto, la editorial que publica estas líneas que lees ahora mismo, lo iba a traer a España ese septiembre de 2021. ¿Me apetecía leer el libro, entrevistarla y darle la mayor profundidad posible al tema en un par de páginas de periódico? Me apetecía mucho más buscar alguna historia propia y no comer de lo que otro periodista hubiera investigado, pero no había mucha elección. Debía fingir que mis ruedas seguían girando.

El libro de Shrier resultó perturbador. Trataba un tema, la transexualidad, al que apenas creía haber prestado atención en mi vida, aunque luego descubrí que eso no era del todo cierto. Diez años antes había conocido a una transexual que directamente no había sabido cómo tratar, más que con torpeza.

No, perdón, el libro no trataba de la transexualidad, sino de la última moda entre las niñas de los institutos de ambas costas estadounidenses, sobre todo de la Oeste: tontear con la transexualidad y mostrarlo al mundo como quien exhibe un raro y liberador trofeo.

¿Cómo? Pero qué disparate era ése, pensé al leer la contraportada.

Shrier comenzaba su narración glosando la adolescencia tipo de las mujeres yanquis de las décadas de 1980 y 1990, un *Sensación de vivir* de flirteos amorosos, epifanías pospuberales, batidos de vainilla y maratones de centro comercial. Luego, cuando para las siguientes generaciones internet entraba en escena, la angustia adolescente migraba de aquel mundo analógico a esta concurrida soledad digital. Y el grado de perversión se elevaba a *ene*.

Lo que antes era acoso en el cole, ahora se había convertido, escribía la periodista, en una sofisticada maraña de conflictos en las redes *asociales*, los juegos en línea y cualquier carretera secundaria o comarcal de internet. La adolescencia que antes consistía, para esas chicas, en buscar un lugar en un mundo unidimensional, ahora requería navegar en los distintos planos de una vida jeroglífica.

En paralelo, el entorno paterno, que Shrier definía como ya antes condescendiente con ellas y sus inevitables payasadas adolescentes, se había hecho ahora mucho más permisivo y entreguista. La sobreatención a los críos y crías se había multiplicado, y con ella la transigencia. En ese ultraindividualismo yanqui tan pasado de vueltas, muchos hijos eran una península del ego de los padres, venía a contar Shrier.

Hacia la década de 2010, en busca de espacio para traccionar, las niñas —porque esto, repitamos, es un fenómeno de niñas— habían encontrado al fin, gracias a estas facilidades, el lugar desde el que romper con todo, como obliga el canon adolescente.

Donde antes se ubicaba la anorexia como válvula de escape, ahora había aparecido un casi invisible detalle de la revolución feminista, una nota a pie de página que había ido creciendo hasta hacerse enorme: lo trans molaba, era la última frontera de la libertad individual e incluso nuestra prueba del algodón moral.

Ya no existían los sexos, sólo los géneros, que además eran algo completamente subjetivo, habían dictaminado eminentes pensadoras. Elige tu propia aventura. Tu cuerpo es una celda, yo te doy la llave.

Cada cría podía reinar sobre su propio género como quien elige el sabor del helado. Y ningún psicólogo o psiquiatra podía siquiera abrir la boca: eso supondría querer curar a los presuntos transexuales, y ya sabíamos lo que había sucedido cuando la psicología había intentado curar a los homosexuales, ¿verdad?

En esa puerta metía el pie Shrier. Lo que para muchas chicas era sólo un juego, puro maquillaje, se había convertido en una pistola cargada, contaba, para otras: las que tenían trastornos y de pronto veían en el iridiscente embrujo trans una solución carismática. Éstas eran las que se tragaban la bolsa de gominolas entera y acababan asestándose a sí mismas, sin que la maniatada ciencia pudiera hacer nada, ese *daño irreversible* que titulaba el libro.

Por supuesto, cualquiera que pusiera en duda esa autodeterminación de género iba contra la transexualidad, contra la lógica, contra su tiempo y contra el bienestar de los gatitos, procedía del Medievo y merecía un lugar en la historia a la diestra de Adolf Hitler. Las hogueras volvían a repartir entradas.

Como padre de una niña pequeña, procedí a cagarme en los pantalones.

Cada nueva parida generada en Estados Unidos, sea del laboratorio demócrata o del republicano, termina inevitablemente aquí. Cada nueva impostura de esa sociedad tan darwinista como hipócrita acaba bajo nuestras narices por puro contagio cultural.

Total, que leo el libro, entrevisto a Shrier y llamo, para dar contrapunto, a Mar Cambrollé, una de las militantes trans más prominentes de España a sus sesenta y seis años, presidenta de la Federación Plataforma Trans y la que más grita cuando hay que gritar.

Una heroína, sin duda: ella convocó, con una valentía difícilmente superable, la primera manifestación por la libertad sexual en España, cuando el auténtico *fascio* (no éste de plástico de las redes sociales) aún campaba por las calles de este país y la democracia era un anhelo. Aquello fue en 1977. Yo la llamo en 2021 y lo que me llevo, por hacer sencillamente mi trabajo, es una bronca de la leche.

A mi pregunta, en ese momento inocente, de cómo podía determinar la sanidad pública si una persona efectivamente debía cambiar de sexo, el chorreo fue de época. «Pero ¿tú quién eres para preguntarle a nadie qué se siente o cómo se siente? ¿Te das cuenta de que estás hablando desde el privilegio de quien nunca ha dudado de su género? ¿Quién es nadie, ni tú ni ningún médico, para poner en duda lo que siente nadie, eh?»

Las frases anteriores debería ponerlas con muchas exclamaciones, además de los interrogantes, para no quedarme corto con el tono de la bronca. Me alteró tanto su tono, y el ataque *ad hominem*, que empecé a advertirle educadamente que aquello no era ningún tema personal, continué diciéndole —algo más acalorado— que yo sólo era un periodista obligado a preguntar, y terminé gritándole yo también. No podía imaginar que esa misma intolerancia que yo recibía en ese momento por parte de una presunta víctima, por sólo formular una pregunta, iba a adquirir forma legal en no mucho tiempo.

En fin, publico mis dos páginas, incluyendo el testimonio de Cambrollé y también el de la psicóloga Rosa Almirall, gran ideóloga del tema en Cataluña, y vencido personal y profesionalmente, sin combustible en el depósito, vuelvo al horror del hospital y espero el siguiente encargo de mi jefe. Sin dejar de sentir, no obstante, la mosca detrás de la oreja: ¿cuánto tardaría esta movida imposible, este delirio, en llegar aquí?

A las dos semanas, en un rato fuera del hospital, el viejo impulso de coger el teléfono y quemarlo se apropia de mí. Tenía que saber si aquella locura estaría llegando a España.

No sólo estaba llegando: ya mucho antes de aquel momento, la primavera de 2021, se había ido tejiendo toda una telaraña de leyes autonómicas lista para captar moscas.

Dos años después, en 2023, con mi vida de nuevo en el carril de lo vivible y el cielo sobre mi cabeza limpio de nubes, aquella cabalgata telefónica se materializa en el libro que ahora estás leyendo. Dos años después ya tenemos una ley que materializa a nivel nacional aquello de lo que Shrier advertía, y que ella descubrió cuando, tras publicar una columna en *The Wall Street Journal* en 2017, comenzó a recibir una avalancha de cartas: eran padres que «denunciaban que en los colegios daban a elegir a sus hijos su género como si tuvieran un mando a distancia».

Dos años después lo trans es en España, como en Estados Unidos, la vara moral de medir. El *fascistómetro* de la agenda política. Y pobre del que suspenda.

Junto con la moda también está llegando el drama. Y su onda expansiva. Hace dos semanas, mientras escribo este libro, cuando le cuento lo que estoy haciendo a mi amigo Pablo —un tipo progresista y de su tiempo—, para mi sorpresa no me encuentro su incomprensión, sino lo contrario:

—Tío, me gustaría alucinar con lo que me cuentas, pero para nada. Mi mujer tiene tres amigas con hijas adolescentes que van al mismo instituto, en Pozuelo, y las tres están con ese rollo: dicen que son chicos y quieren que las llamen con nombre de chico...

—Coño...

—Y las madres acojonadas, claro.

El menú de género, dos años después, ya ha llegado a España.

5

¿Cómo llegó Amelia Guerrero, Ame —diez años, la cocina de casa de sus padres, los geranios en flor, la cal blanca de Arcos de la Frontera—, a sujetar el cuchillo en su mano, o cómo cree que llegó?

«Yo siempre fui una niña diferente, desde pequeña, pero no tenía ningún problema con esa diferencia», me cuenta en la cafetería sevillana donde la entrevisto en 2022.

«Con cinco años mi madre me ponía pasadores en el pelo y yo me los quitaba. Me gustaba jugar al fútbol. Si en primaria mis amigas jugaban con muñecas, yo jugaba con los chicos. Cuando mi madre me llevaba a comprar ropa, yo siempre elegía pantalones. No me ponía una falda ni muerta.»

Ame tiene cinco, seis años, y es el perfecto candidato robot de niño trans, ese sexismo inverso: una niña que juega con coches es necesariamente un varón. La naturaleza se ha equivocado de cajón en el armario y ha escogido el cuerpo que no era. Tenemos tantas ganas de liberar a los trans de su yugo milenario que no nos hemos dado cuenta de lo absurdo de generalizar ese esquema.

«Es verdad que crezco así, siempre en el lado que según la sociedad parece que no es el mío, pero sin ningún problema ni ningún conflicto. De pequeñita nunca pensé que nada estuviera mal conmigo, la verdad.»

Pero pieza que no encaja, pieza que empieza a rozar.

«Como me gusta el fútbol, me dicen que soy un marimacho. Como me gustan los videojuegos, pues lo mismo, y encima friki. Llegan los nueve, diez años, y las niñas te empiezan a preguntar quién te gusta, quién te gusta, quién te gusta. Y yo sabía perfectamente que me gustaban chicos o chicas, daba igual, no tenía ningún problema con eso, ni conmigo... Pero siempre decía un chico por encajar.»

Repite Ame: «Veía muy claro que a la otra gente le era extraño, pero a mí no».

Intento imaginar a esa Amelia infantil, que aún no sospecha la odisea que tendrá que vivir. Lo que tengo ante mí hoy en Sevilla es una veinteañera muy menuda, con la cara redondeada, flequillo y mechas rubias, un punto duende. Es el primer testimonio sólido que encuentro en España de víctima de moda trans y será días después portada del periódico.

«Ahí, con nueve años, empiezan a pasar cosas a las que en ese momento no doy gran valor, pero que tiempo después me daré cuenta de que sí lo tienen.» El sexo comienza a irrumpir, con toda su confusión y estruendo, en el jardín de infancia.

Ame juega en línea al Minecraft, un juego de «construcción de mundos», y lo hace muy sintomáticamente: ella también está intentando levantar el suyo, aunque cada vez parece más difícil contar para ello con los demás. «Si cuando era pequeña siempre andaba acoplándome a quien fuera para jugar, con nueve ya esa distancia de que soy distinta va haciendo brecha. Y cada vez juego más sola.»

Suerte que están los ordenadores. Desde pequeña Ame tiene acceso libre a «uno que tenían mis padres». Y a internet (inserte aquí el emoticono de una campana).

Suerte que están los juegos en línea para conocer gente. «Hice varios amigos, jugaba con ellos en línea... Pero empezaron a pasar cosas extrañas. Tiempo después me di cuenta de que uno de ellos, que tenía dieciséis años, estaba detrás de mí, que tenía entonces nueve. Eso no puede ser normal.»

Será uno de sus primeros choques con el sexo conforme la relación con sus iguales, ese molde social que nos cincela, se hace cada vez más difícil. «Las niñas, por lo que fuera, me tomaron de *punching ball*: yo era la rara, la extraña, se afirmaban ellas subrayando que yo era distinta.»

Cumple diez años y la biología —la ciencia que se ocupa del origen y evolución de los seres vivos, según Wikipedia— levanta la mano: Ame debuta con la regla «y siempre he tenido reglas fuertísimas, muy duras y dolorosas... Alguna vez he llegado a desmayarme de dolor». Al narrarme el episodio recuerda el enésimo desencuentro con sus amigas: «Cuando les conté lo de la regla a dos chicas que eran mis amigas, y que parecían más desarrolladas que yo, se enfadaron y dijeron que era mentira. A ellas no les había venido todavía. ¿Cómo es que a mí sí y a ellas no?». La regla le había venido antes a un marimacho que a ellas.

«Es ahí cuando empiezo a pensar que había algo mal

conmigo, a tener la sensación de que algo no está en su lugar.» Ame empieza a sufrir. ¿Se dan cuenta sus padres? «Ellos... Ellos no se dieron cuenta de lo que sucedía, o no quisieron darle excesivo valor.»

El padre de Ame es historiador y arqueólogo. La madre, licenciada en Administración y Dirección de Empresas, es funcionaria. No hablamos de pastores de la sierra gaditana, sino de personas formadas, sesenta y cuatro y cincuenta y ocho años cuando escribo esto. Ella es prácticamente hija única: tiene una medio hermana dieciséis años mayor. «Los dos son muy severos, decidieron que tenían que ser muy duros para educarme... Y son muy de izquierdas y esto tendrá un papel, ya verás por qué te lo digo.»

La soledad, la perplejidad ante sí misma y lo que empieza a percibir como un vacío social llevan a Ame a relacionarse más con el cuchillo y con internet que con sus iguales. El ordenador, el ordenador de sus padres, se convierte en su patio de juegos sin ningún control. Ame, sus monstruos y la mejor herramienta para construirlos. «Ahí ya empiezo a mirar mucho Tumblr y Facebook, y al cabo de poco tiempo Instagram.»

Eso sucede en 2013, justo el año en que explotan las redes sociales, ese salvaje Oeste aún ingobernado un decenio después, en el que se confunde la velocidad de la libertad con el tocino de la impostura, la falsedad, el acoso, la simulación.

Entra ese año en secundaria, pasa al safari del instituto. En el momento en que debe medir quién es a través de quiénes son los demás, lo único que encuentra fuera de sí misma medianamente amistoso es el espejo deformante de internet. En clase sólo hay acoso.

«Empiezo a vestir de negro, desarrollo mi personalidad siendo la diferente, y eso sólo me trae que los demás me discriminen más todavía.»

La crueldad preadolescente se fija un día en las cicatrices de sus brazos y el dolor ya no puede esconderse. «Los compañeros de clase se dan cuenta y empiezan a llamarme "Cuchillos" o "Cortavenas" sin que los profesores hagan nada.» La niña rara ha pasado a ser la niña que nos hace sentirnos normales porque ella no lo es. Nuestro seguro.

Una mañana esa distancia emerge con toda la crudeza. «Llegué al instituto todavía con sangre en el brazo —me cuenta hablando muy bajito—. Fue muy cantoso, porque los otros niños se dieron cuenta.» Tenían, todos ellos, once años.

«Y entonces la cosa llegó al tutor, que recuerdo que se llamaba Juan, le estoy viendo ahora mismo. Me sacó del aula y me dijo: "Mira, Amelia, tus compañeros y tus profesores estamos muy preocupados por ti. Si quieres hacer esto, porque te produce placer o alivio, hazlo. Pero hazlo en casa, no aquí, porque puedes manchar el colegio".»

—¿Te dijo que podías manchar el colegio?

—Eso dijo, alucina. De hecho, no recuerdo bien si dijo «manchar el colegio» o incluso «manchar la fachada del colegio». Claro, si yo le cuento eso al jefe de estudios no me iba a creer. En casa tampoco había manera... Sólo era una niña de once años intentando canalizar sus emociones...

—Claro...

—Ese profesor me dijo que al instituto le preocupaba

mucho que yo hiciera eso, pero estoy segura de que era mentira.

—¿Por qué?

—Pues porque no hicieron absolutamente nada.

Es difícil saber con exactitud cómo podía sentirse Ame en aquel momento. Aparte de sola.

6

Ahora quiero volver a aquella escuela de primaria de Fuerteventura, concretamente en Corralejo, en 2017.

Y a la bonita voz de Flavia rememorando el día en que la vida le iba a desvelar punto por punto, sin ella saberlo, lo que le acabaría sucediendo a su hija. Que en ese momento tenía catorce años y era «una niña preciosa, guapísima, que nunca había tenido ningún conflicto con su sexo». Volvamos a Flavia escuchando a las educadoras de Lánzate, la ONG que hoy, seis años después, sigue promoviendo «la diversidad» en los colegios de la isla.

Repitamos el nombre: Lánzate. Tú tira.

«A mí aquello que empezaron a contar de que los niños podían tener vulva y las niñas pene, yo qué sé, no me cuadró. Los críos, en los primeros cursos de primaria, siempre tienen en el aula, además de la típica lámina de las plantitas, otra con un niño y una niña. No son láminas nada explícitas, claro, apenas hay diferencias. Pero ellos, que se fijan en todo, ven que el niño tiene cuca y la niña tiene pipi, como dicen aquí. ¿Cómo les íbamos a contar ahora que aquello no era así? Tú imagínate el carajal que es eso para un niño pequeño.»

Flavia deja de hablar, da un pequeño pasito mental hacia atrás y coloca en su sitio exacto la que ha pasado a ser, conceptualmente, la *zona cero* de su vida. «Tú les metes en la cabeza a estos niños que hay una identidad que va por encima de esa pequeña diferencia anatómica que ellos ya han ido viendo, que aún ni siquiera es muy observable... Tú les dices que los niños pueden tener vagina y las niñas pirula, y los vuelves locos. ¡Que no saben nada! ¡Que son niños, joder!»

Son niños, joder.

«Recuerdo pensar en aquel momento: "Pero cómo les vamos a decir a estos críos que un perro puede ser gato. No podemos decirles eso, porque les vamos a liar la cabeza a tope. Otra cosa es que a quien veas diferente lo sepas manejar y que luego, ya más mayores, a todos se les puedan contar las excepciones. Pero para eso tienen que tener cierta madurez".»

Los cimientos de los críos se plantan con certezas. No hace falta ser Einstein, ni tampoco padre, para saberlo.

«Al final, aquel día los profes nos lo tomamos todo a risa, no le dimos gran valor. Al fin y al cabo en el aula tú tienes un montón de materiales didácticos y eliges los que crees mejores. No creo que ningún compañero les enseñara eso a los críos.»

Lo importante para ella es que «ya en 2017 estaban con la cantinela lista, intentando colocarla en los coles». Poco podía sospechar ella que entonces estaba naciendo otra Flavia que iba a alcanzar, por así decirlo, la mayoría de edad cuatro años después, hacia 2021. Cuando su hija, estudiante en Barcelona, tiene barba y sólo habla —ya llegaremos a eso— «de follarse tías a cuatro patas», dice Flavia que le cuentan.

Y cuando ella misma, desnortada ante el camino de la cría, se convierte en una «tránsfoba» y una «fascista» en el colegio en el que da clase.

«En ese 2021, además de profe de música, era tutora de una clase, y había una niña especialmente inteligente, una cría de origen venezolano. Ya sabes cómo son las mujeres de allá: hipersexualizadas, hiperfemeninas... Esta cría tenía once añitos y no era así, claro, pero sí que venía siempre con complementos graciosos. Igual llevaba una gorra de lado, o una muñequera de rock, cosas así. En Canarias, los niños de primaria van con uniforme, pero ella le daba un toque gracioso.»

Flavia admite que esta cría «era mi favorita, porque siempre hacía la pregunta adecuada y entendía todo más rápido que los demás. Cuando yo pensaba: "Aquí me van a pillar en esto", siempre era ella la que me pillaba».

Aterrada en ese 2021 ante la realidad de que su hija ya ha empezado a hormonarse, Flavia está tan «sensibilizada con el tema» como, dice, «obsesionado» el director de su colegio con las cuestiones LGTBI. «Que a mí me parece muy bien educar en la diversidad, desde luego, pero otra cosa es fomentar una transexualidad falsa y confundir a los niños.»

«Pero este señor es que vivía para eso, lo veía en todas partes. Siempre que la Consejería nos hacía elegir entre distintos materiales o acciones, elegía algo LGTBI. Como si no hubiera otra cosa. Por ejemplo, hizo unas sesiones para profesores sobre identidades sexuales, y menos mal que yo estaba de baja por ansiedad, precisamente por los líos de mi hija. Al parecer invitó a los compañeros a poner nombres de identidades sexuales a dibujos de niños, tipo Manolito, Manolita y Manolite... Un despropósito. Pero, cuando volví al cole, resulta que vino a dar un taller a mi clase su propia hija, la hija del director, que había estudiado Magisterio y estaba de prácticas. Y era, cómo no, un taller de diversidad.»

Al día siguiente, Flavia se encuentra al director por un pasillo. Y se produce el siguiente intercambio, tal y como lo narra ella:

—Ah, Flavia, ayer estuvo mi hija haciendo un taller en tu clase...

—Sí, sí...

—Bueno, y hay una niña que...

—¿Una niña?

—Sí, hay una niña con la que creo que vamos a tener que empezar el protocolo.

—¿Qué protocolo?

—El protocolo. El de transición de género.

—Pero cómo.

—Sí, hombre, el protocolo de transición.

«Te juro que no se me ocurría por quién lo podía decir», me dice Flavia. Que le pregunta al director:

—Pero ¿quién es la niña?

—Sí, hombre, la venezolana —contesta él.

«Te juro, Quico, que pensé: "Pero qué coño dice, si esa cría es claramente una mujer, pero una mujer de bandera, no me jodas". Le digo que yo no veo nada raro, pero él insiste. Ellos no tenían ni idea de lo que yo estaba pasando con mi hija, jamás se lo conté a nadie del colegio.»

A Flavia se le sale en aquel momento la rabia por la boca. Le pregunta a aquel tipo:

—¿Y por qué crees que es trans?

—Porque no se identifica con ningún estereotipo femenino.

—Pues claro, y de eso se trata, ¿no? En el currículo dice que debemos desmontar los estereotipos, tanto masculino como femenino. Y que los chinijos sean libres, que no les limitemos nosotros, que es precisamente lo que quieres hacer tú.

«Estoy segura de que no entendió nada, o no lo quiso entender. Pocos días después salió un artículo en la prensa canaria, no sé si en el *Diario de Avisos* o en *Canarias7*, sobre los excesos del rollo *queer*. Yo estaba tan jodida con lo de mi hija, y tan cabreada con la deriva del cole, que lo mandé al grupo de WhatsApp de los profes del cole. No al formal, ¿eh? Al otro, al de los memes y los cumpleaños. Al momento me escribe el director diciéndome que lo quite, que estoy haciendo daño a mucha gente. También la vicedirectora, que dice que soy una tránsfoba y que no tengo ni idea de lo que estoy diciendo.»

La hija de Flavia ya tenía en ese momento barba, pero ella no tenía ni idea de lo que decía. «Estaba tan jodida que no pude ni contestar. Sólo me callé. Eso sí, dejé aquel colegio en cuanto pude. Estaban hormonando a un chico de cuarto de primaria, que llevaba melenita, le gustaba bailar y tenía... nueve años. Nueve años, Quico.»

Me gustaría escribir la historia de Flavia como una carta de amor a su hija, la que ahora mismo apenas le habla. Siento que es lo que ella querría también.

Es una carta complicada. La hija de Flavia está convencida de que es trans. Flavia está convencida de lo contrario.

A ver si soy capaz.

7

Rebeca, la psicóloga madrileña que un día tuvo que decidir entre su ética profesional y la legalidad, rechazó no obstante aquel primer caso que la hizo caer del caballo cual Saulo de Tarso: el de la amiga que la llamó, le dijo «me gustaría que trataras a mi hija, pero la ley te lo impide», y le abrió los ojos a las nuevas formas de Inquisición.

«La verdad es que lo derivé, me pareció complicado y yo había estado tratando un tiempo a la madre, no era buena idea cogerlo», me cuenta. Pero la disyuntiva —delinquir y cumplir con su deber, o bien no delinquir e incumplirlo— no es que se le fuera a plantear de nuevo... «Es que lo que vino después fue una avalancha.»

La conversación con su amiga y su descubrimiento de que el dogma trans se imponía legalmente tuvieron lugar en el otoño de 2020. Cinco meses después «aparece en mi consulta otra madre, de Guadalajara, con otra niña». No venía sola: «Contaba que en su clase había otras tres que también decían ser hombres, y que todas querían transicionar. Me pedía ayuda».

¿Sería irrespetuoso para nadie decir que de golpe Rebeca se vio en una peli de ciencia ficción en la que las niñas se volvían niños como si alguien les lanzara un dardo envenenado? ¿Agrede esto a alguien? Es lo que ella describe.

«Yo llevaba dieciocho años como psicóloga clínica y no estaba preparada para lo que sucedió. De pronto salían casos de debajo de las piedras. Todo chicas, todas de la misma edad, en torno a los catorce o quince años. En lo que diferían era en el entorno: podían ser de hogares estructurados o desestructurados, sólo de figura materna o de familia nuclear, de entornos más o menos desahogados económicamente, de niveles educativos distintos... Pero en prácticamente todos los casos concurría lo mismo: no cuadraba lo que decían los padres con lo que ellas contaban. Es como si vivieran en mundos distintos. Vi muy claro que algo estaba pasando.»

En la propia Unidad de Identidad de Género del Ramón y Cajal, donde ella entendió que el transactivismo más integrista habría puesto pie, le admitieron textualmente que aquello a ellos también les parecía excesivo, me cuenta en 2023.

«Le dije a la psicóloga de allí: "Pero entonces, ¿cómo distinguimos entre una disconformidad de género y el contagio social?". Me dijo que realmente sólo se podía hacer terapia afirmativa, que era el curso que se estaba dando en el Colegio de Psicólogos de Madrid y que en realidad era una terapia que se había hecho para la comunidad gay, pero adaptada a los pacientes que sufrían disforia. Y yo le contesté: "Pero ¿qué tiene que ver la orientación sexual con la disconformidad de género? Si son cosas distintas". No hubo respuesta. Se encogieron de hombros.»

Rebeca, feminista de largo recorrido, con la cautela como primera divisa en su profesión, se ve de pronto legitimada para «intentar ayudar a aquellas personas... Porque otra cosa que se me impuso desde el principio fue la evidencia de que aquellas familias y aquellas niñas estaban completamente solas. Como la ley prohibía tocarlas, sólo dejaba decirles que sí a su autodiagnóstico, las crías estaban muy perdidas, y las familias eran tratadas como apestadas si ponían algún impedimento a que la niña, de pronto, decía que era niño. Nadie quería trabajar con ellas. Si se negaban a que sus hijas fueran transexuales, eran automáticamente tránsfobas». Siglo XXI y personas del primer mundo que no pueden ser tocadas por la ciencia porque un dogma ideológico se impone. El sueño de la razón produce cositas.

Rebeca hace una consulta más «a una profesional canadiense, para ver qué estaban haciendo por allá», y la respuesta no puede ser más desalentadora: «Allí estaban peor incluso».

Y así decide convertirse en una delincuente.

«Los casos de transexualidad que yo había estudiado en mi máster en Sexología se referían sobre todo a hombres adultos en los que se intuía algo cromosómico u hormonal, y unos pocos casos de rechazo de lo genital en niños muy pequeños, que muchos desaparecían con el paso de los años.»

Lo estudiado en nada se parecía a lo que empezó a desfilar por su consulta: adolescentes convencidas de ser chicos y como bombas de relojería, porque cada chica, dependiendo de lo que ella hiciera o dijera, podía traerle una denuncia por transfobia, por intentar realizar terapias de conversión. Finalmente, adolescentes clónicas —volvamos a la película de ciencia ficción, a la distopía retrofuturista—, «cortadas todas por el mismo patrón, repitiendo una cantinela calcada».

Vamos con el patrón y la cantinela.

«Todas con un grado de inmadurez enorme. Todas hablando con mucha seguridad del sexo y de orgasmos, pero se notaba a la legua que no habían tenido experiencia real ni orgasmo ninguno. Todas con escasas habilidades sociales. Bastantes con altas capacidades, con lo que eso suele traer de dificultades de socialización. Muchas, por no decir todas, saliendo del armario en grupo, un síntoma muy evidente de contagio.»

Y «casi todas», acabemos esta primera caracterización, «con una vida muy activa en internet y en las redes sociales, mucho más que en la realidad. A veces muy pasivas en la realidad y muy activas en internet».

Ésta no era para Rebeca la «transexualidad clásica», «sobre todo de hombre a mujer, que como intersexualidad no se manifestaba hasta la adolescencia, porque los niños no tienen sexualidad, y los escasísimos casos entre niños se trabajaban desde la aceptación y el respeto».

No, no era eso. Lo que Rebeca ve llegar a su consulta, obligadas por sus madres, pero con el radar de la transfobia de entrada a toda potencia, son «adolescentes enfadadas con su cuerpo y con la perspectiva de la adultez, muchas de ellas con trastornos que sus propias madres te anticipan: "Mi hija tiene muchos problemas, pero no éste del género"».

¿Y qué hace Rebeca con esas bombas de relojería?

«Primero, intervengo de forma muy respetuosa para

desactivar la desconfianza. Luego voy haciendo un pequeño vínculo con ellas: voy generando cariño, termino queriéndolas, de una forma muy natural. En realidad, sus familias a muchas apenas las conocen. La mayoría, en verdad, están muy solitas. Lo interesante sería estudiar en profundidad estos casos de disforia acelerada, compararlos con los casos que ahora tienen cincuenta años, hacer ciencia... Pero como las leyes impiden que se estudien, la única herramienta que nos queda es la impresión clínica. Y ésta la mayor parte de las veces te indica el camino del contagio social. Lo siento, pero es así.»

En pocos meses Rebeca pasa a formar parte de una célula *delincuencial* conocida como Colectivo Casandra: un grupo de psicólogas que, desafiando a la implacable Policía de la Moral, sigue haciendo su trabajo bajo el radar de la política correcta, la hipocondría —«para no parecer facha digo a todo que sí»—, el *buenismo* de pose y el rebaño abobado.

Cuando propicio, para un reportaje en el periódico, que Rebeca se junte con Sara, otra de estas psicólogas de Casandra —y nos vemos obligados a retratarlas de espaldas, como si fueran víctimas de violencia de género—, las dos, que llevan muchos meses hablando en el chat interno, se ven por primera vez en persona.

Y comparten una frase que se me queda grabada, preguntándose mutuamente por las falsas chicas trans que están tratando: «Están muy solitas todas, ¿verdad?», las oigo decirse la una a la otra mientras el fotógrafo les tira tres chispazos en un parque indistinguible para evitarles problemas legales.

—Yo lo que hago —volvamos a Rebeca— es darles cariño y esperar que ese punto de apoyo les haga ver lo absurdo de querer transicionar cuando es muy evidente que no lo necesitan.

—¿Y lo consigues?

—A veces sí, a veces no.

Lo que sí ha logrado hasta ahora, dedos cruzados, es evitar denuncias.

Rebeca tiene la capacidad de conceptualizar muy gráficamente, desde su perspectiva profesional, el bucle lógico en el que se envuelve el «autodiagnóstico».

«Es un poco lo del niño-dios, al que no le puedes decir nada. Como la teoría *queer* dice que sólo él sabe lo que es y los demás no podemos saberlo, su juicio es irrebatible —y autoconclusivo, añado—. Si a un niño le das el poder de definir quién es, le haces momentáneamente feliz, aunque es una felicidad pasajera, porque los niños, al final, necesitan referentes y límites, no alfombras rojas.» Límites.

«Lo absurdo además es que hoy en día la ley les da ese poder, pero ningún otro, lo que no tiene ningún sentido. Si el niño dice que es Supermán, o que quiere morir, o que es un avión, se le dice que no. Pero si dice que es niña, entonces se le dice que sí. Además, el bucle es imbatible porque, si te niegas a aceptar lo que dice, el problema en vez de tenerlo el niño, pasas a tenerlo tú: eres tránsfobo. Y de remate, el argumento es que los que detransicionan, cuyos casos podrían demostrar que la mercancía está averiada, lo hacen porque "es que nunca han sido trans".» Y remata Rebeca: «Quico, es un asunto religioso, tan potente como los dogmas de fe».

En sus primeros meses desafiando a la legalidad, a principios de 2021, esta psicóloga ve muchas niñas que parecen haberse frito la sesera con el *holograma* trans en un período de tiempo muy determinado y claustrofóbico: el lector ya ha adivinado que se trata del confinamiento de la COVID-19.

«Los padres repiten, uno tras otro: “Estuvo un mes metida en su habitación y salió diciendo que era chico”.» De nuevo la película en la que los humanos se convierten en zombis como si jugaran al tú-la-llevas.

Hablo con Rebeca en la primavera de 2023. Acaba de participar en un curso que no tiene nada que ver con este tema en el centro de Madrid, en el hotel Emperador, en Gran Vía. Allí se juntan durante cuatro días psicólogos, pedagogos, orientadores de colegio y educadores. Todos a la sombra del verdadero elefante en la habitación, del que no se habla «hasta el último día, en la última comida, y no lo saqué yo, por prudencia», cuenta la militante clandestina.

Pero, una vez que sale, se convierte inevitablemente en «el monotema». «Todos admitían que sus consultas se habían llenado de niños trans, pero vi una disposición distinta a la de dos años antes, cuando todos de alguna forma dejábamos hacer. Ahora, y lo cierto es que me sorprendió, había mucho escepticismo.» Comenzaba, comienza a emerger, cree Rebeca, el gran error, la resaca de la barra libre bienintencionada y abstrusa —mientras termino este libro, la Comunidad de Madrid da marcha atrás a parte de su propia Ley Trans.

«Una educadora de un colegio, por ejemplo, contaba que desde un principio había estado de acuerdo con los protocolos, pero que ahora estaba viendo, decía, "cosas que no son normales, por ejemplo, una niña que se ha cambiado cinco veces de nombre: primero Érica, luego Éric, luego Noa, luego no sé qué...".»

Otra psicóloga casi parafraseaba a Rebeca: «Dijo: "Es curioso lo seguras que ves a las niñas, soltando su rollo, pero luego rascas un poco y sale el acoso, el *bullying*, a veces el abuso sexual, o bien sufrido por ellas o por gente cercana..."».

A Rebeca le llama mucho la atención lo que cuenta, mientras toman una cerveza tras el curso, una orientadora de un colegio valenciano: «Nosotros hace años que seguimos lo que dicen los protocolos para informar a los chavales, pero en la última campaña me he quedado dudando de si en realidad estamos informándolos o lo estamos fomentando, confundiéndolos, incluso promoviendo que cambien de sexo».

El lector sólo tiene que abrir los ojos para ver la cantidad de productos culturales e incluso actividades que, con el sello LGTBI y bajo el argumento de normalizar ante los niños la diversidad sexual, en realidad la idealizan. «Y claro, una cosa es mostrar que algo existe, que es necesario, pero hay que medir a qué edad, y otra entronizarlo porque queramos restañar siglos de injusticia —dice esta psicóloga—. Además ante personas tan influenciables y absorbentes como son los críos pequeños, que son esponjas y a cortas edades se mueren por complacer a sus padres.»

Ejemplo: en 2022 y 2023 se realizó en varios puntos de España —en Madrid en La Casa Encendida y en Barcelona en el Mercat de les Flors— un taller llamado *Drag Kids! Travestimos en familia*, en el que se invitaba a padres e hijos «de entre seis y doce años» a «descubrir a través de la *performance* y el travestismo cuál es el cuerpo que queremos construir».

Pero volvamos al curso de Rebeca, donde se produce «inesperadamente un debate libre, desideologizado, y ahí es muy evidente que los criterios para valorar esto son completamente discrecionales: la ausencia de ciencia deja todo a las impresiones».

«Alguien dice: "De todas formas, si un niño dice con cuatro años que es niña es porque lo es". Y yo le pregunto: "¿Y por qué estás tan seguro?". "Pues porque es un niño al que le gusta llevar el pelo largo y los unicornios." Y yo: "Ya, pero ¿eso no es un poco sexista?". Es que, Quico, vamos a ver, un niño de cuatro años es un bebé que anda y habla, difícilmente puede saber nada de sí mismo.» Nuestro tiempo ha perdido completamente la perspectiva de qué demonios es un niño.

Otra profesora, también de Valencia, «decía que en su colegio antes los casos de transexualidad eran muy raros, pero ahora casi en cada curso había alguna chica. Y que cuando las orientadoras las entrevistaban sin afirmarlas aparecían con discursos claramente falsos, guionizados».

Esta docente hacía una comparación curiosa, tal y como la cuenta Rebeca: «Decía que era lo mismo que cuando los niños dicen que no ven bien porque quieren que sus padres les pongan gafas. A mí me pasó con mi hija. Me dijo un día: "Mamá, no veo bien" y la llevé al oculista, que me dijo que mi hija veía perfectamente. Pero tengo una amiga que sí picó, le terminó poniendo gafas a la niña y un día la pillaron: no las necesitaba, sólo quería tenerlas porque otros también las tenían. Los niños son así: prueban los límites».

Sólo que aquí las gafas son una transición social —con lo que eso tiene de coercitivo—, puede que una hormonación y quién sabe qué más después.

Cuenta Rebeca que otra psicóloga en ese curso comparó la fiebre trans con la anorexia, «y yo estoy muy de acuerdo. Hay muchos vasos comunicantes: son niñas que sufren por otras cosas, y que consiguen gestionar su dolor midiéndose con una igual. Y se montan la fantasía de que a esa persona le va mejor porque es más delgada que yo, o porque es trans. Y entonces tengo que adelgazar o ser trans. Entran en grupos cerrados por internet y se las valida. Y se sienten parte de un colectivo de moda, que ya no hay serie ni en la televisión pública en que no haya un trans...».

Rebeca ve en ambas cosas, disforia acelerada y anorexia rampante, un denominador común que señalan también muchos expertos: «La chica busca huir. En el primer caso, porque ve la sexualidad como algo negativo, que le puede traer problemas. En el segundo es un desaparecer literal, de forma psicoanalítica, por la vía de no alimentarse y menguar lo más posible. En ambos casos la pulsión de control es enorme. En la anorexia la sartén por el mango es la boca, pero es que lo trans lo supera: puedes llegar a cambiar hasta de nombre. ¡El nombre, algo que se te ha impuesto! Es una fantasía invencible».

Entrando y saliendo de aquel curso, en el hotel algunas participantes llegadas de fuera de Madrid «flipan con lo que llaman la diversidad de género que ven por la calle —explica Rebeca—. Yo lo veo y pienso que es estupendo vestir como te dé la gana, que es sinónimo de libertad, de que cada cual haga lo que quiera. Pero las chicas con problemas ven ahí otra cosa: una salida mágica a sus líos. Si no me gusta como soy, lo cambio. Es fácil y mola, son apenas accesorios».

En esa visión superficial de Madrid, no remite a ese fluir sexual sólo el paisaje humano, también el comercial: en una marquesina, un anuncio de la firma de joyería Tous es protagonizado por un ser completamente andrógino. En un escaparate, otro de Nike. Más allá, otro de Apple, multicolor, siempre un punto inescrutable. La publicidad como inevitable vector social. Las marcas a veces son las primeras en chupar el dedo y levantarlo para medir la dirección del viento. Y lo aspiracional, como explica Rebeca: «Veo allí, en la calle, lo que llevo escuchando muchos meses en mi consulta: que hay niñas que quieren ser como las *influencers* trans que siguen en YouTube, que son también modelos y según ellas se forran».

Son chicas, continúa Rebeca, «completamente inmaduras: cuando les digo que algunos de los bloqueadores hormonales les pueden provocar cáncer, dicen: "Ah, no, a mí eso no me va a pasar", sin más explicación». Una sociedad infantilizada: «Hace años que los psicólogos vemos que la adolescencia se ha estirado hasta los veintidós o veintitrés años por la falta de perspectivas de los chavales».

Rebeca sigue viendo en su consulta en 2023 a «chicas que pensamos que son muy listas porque tienen mucha más información que la que teníamos nosotros a su edad, pero no saben qué hacer con esa información, cómo manejarla. Que es lo mismo que no tenerla».

—¿Y esos niños de seis y siete años a los que sus padres obligan a tener opinión sobre cosas de adultos —le lanzo—, sólo para presumir de su supuesta madurez?

—Sí, sí, es así... Muchas de estas chicas que se reclaman trans al final sólo buscan ser especiales, se ven arrastradas por un narcisismo imparable y encuentran el lugar más especial de todos, el del desafío más profundo... Aunque luego todas se pongan los mismos nombres: Áxel, Zack, Noa...

—Compran una identidad distinta que al final también es clónica.

—Así es.

Niñas triunfales donde las generaciones anteriores han encallado: en el conflicto de géneros tan de este tiempo. Irrebatibles campeonas de la tolerancia por no sólo respetar lo trans, sino por querer serlo ellas mismas. «Varias que he tenido en consulta —cuenta Rebeca— curiosamente son hijas de mujeres muy feministas, que les han repetido la división de sexos como el ABC de su forma de ver el mundo... Y ahora ellas disfrutan rompiendo lo aprendido: la adolescencia ha de ser rebeldía. Claro que otros casos también se apoyan en la represión: tengo, por ejemplo, un chico muy afeminado que quiere transicionar a mujer, y que está muy enfadado con su padre y rechaza la masculinidad. Cuando les menciono a sus padres que no creo que él sea trans, y que como mucho podría ser gay, ellos me contestan: "Nooooo, qué va a ser gay". En un caso así se ve otra raíz del problema: la homofobia.»

Rebeca se va acercando a un trasfondo muy habitual en la fantasía trans: la patología. «Muchas de esas niñas tienen rasgos asperger o de trastorno de espectro autista, muy difíciles de diagnosticar en la adolescencia y que en la niñez no se muestran porque los niños se protegen imitando comportamientos, pero que emergen cuando hay que socializar y empiezan las dificultades.»

Ella vive en una gran capital europea en 2023, con los estándares de modernidad que eso debería suponer. Pero una parte importante de su vida no es muy distinta de la de los franceses bajo la ocupación nazi, los checos bajo la dominación soviética, Winston Smith en el Ministerio de la Verdad de Orwell o Mike Donovan contra Diana y los lagartos de la serie de televisión *V*: operar bajo el radar.

Lo mismo que pretende este libro, que se escribe, ay, para el futuro, porque en el presente quedará tachado, anulado.

—¿Y cuál es la historia de esa primera amiga que te descubrió, al pedirte ayuda para su hija, que el dogma *queer* había parasitado la ley y no podías atender a estas niñas como merecían?

—¿Quieres hablar con ella? Puedo preguntarle, a ver si le apetece. Su historia es increíble y por el momento tiene final feliz.

—Claro que quiero. Este libro necesita algún final feliz.

—La llamo.

Suerte, Rebeca.

8

Venga, vamos con ese final feliz. Pero empecemos por el principio, no tan feliz.

Hasta que tuvo doce años, Sara, la hija de Silvia, la mujer que un día llamó a Rebeca y le descubrió que ambas vivían una distopía moral como la de *El cuento de la criada*, de Margaret Atwood, sólo tenía una obsesión con su cuerpo: tener tetas. «Me decía: "Mamá, ¿cuándo me van a salir las tetas? Yo quiero tener tetas". Estaba todo el rato con eso, que a ver cuándo le salían las tetas, con las ganas que tenía de tener tetas de una vez.»

Eso, cuenta Silvia, sucedía cuando Sara era preadolescente. Luego llegaron a su cuerpo las hormonas. Y con ellas la guerra. Civil.

Silvia observaba a Sara a principios de 2020, a punto de cumplir doce años, y difícilmente podía imaginar que en los siguientes meses su hija, a la que había criado con largas «monsergas sobre feminismo», iba a: 1) tener sexo telefónico con gente de Sinaloa (México), 2) escribir una carta anunciando que o la dejaban cambiar de sexo o se suicidaba, 3) emparejarse con una niña trans, 4) acostumbrarse a dormir en el suelo de su habitación y no en la cama, 5) ser pescada robando en un H&M, y 6) conseguir dejar de pensar en sí misma como chico.

Pero todo eso iba a sucederle consecutivamente, como si su vida hubiera mutado en montaña rusa.

«La cosa empezó justo en el confinamiento de la pandemia, lo mismo que le ha pasado a mucha gente», me cuenta Silvia después de que Rebeca nos haga de puente. Silvia sí se llama Silvia —«hay que dar la cara para que todo esto se conozca, claro que sí»— y es economista. Y su hija también se llama Sara. Y la familia —«ponlo»— vive en Rivas-Vaciamadrid, una ciudad dormitorio de 85.000 personas a veinte minutos de Madrid.

¿Por qué insiste Silvia en dar el nombre de la localidad en la que viven ella y su familia? «Porque en Rivas se hace mucho transactivismo del más sectario y chungo, sobre todo en institutos y colegios.» Rivas, en 2014 el séptimo municipio más rico de España según la consultora AIS, ha sido gobernada por Izquierda Unida desde 1991 a 2023, cuando esto escribo, y jugó un papel capital en el nacimiento de Podemos, el partido de extrema izquierda que acabaría gobernando el país y casi dividiendo al PSOE con la agenda *queer* como herramienta.

Aquí debo desviarme a un *excursus* político.

En marzo de 2014, cuando Pablo Iglesias no era más que un profesor de Políticas de la Complutense que ejercía de tertuliano por los suburbios televisivos, fue la asamblea de IU de Rivas la que le propuso como cabeza de cartel del partido a las elecciones europeas.

Era un brindis al sol. En realidad, lo que se buscaba no era exactamente eso, un imposible teniendo en cuenta que Iglesias, asesor externo del partido, no era en aquel entonces santo de la devoción de la dirección de IU, con Cayo Lara al frente. La jugada tenía mayor profundidad: como habitualmente en política, era pura táctica. Enviado por IU a muchas tertulias por su habilidad dialéctica, Iglesias había soltado un órdago y había exigido a la dirección un puesto alto en la lista al Parlamento Europeo, con posibilidades de salir elegido.

A mí, entonces reportero de la sección de Madrid de *El Mundo*, me lo contó ese mismo marzo de 2014 un histórico de IU en la Comunidad, quien me citó una mañana en el centro comercial Sexta Avenida de Pozuelo y que, sin sospecharlo, me hizo ser testigo de lo que en poco tiempo iba a ser historia de España.

«Éstos son gente muy antisistema, y parten de Rivas y la Complutense para intentar quedarse con toda Izquierda Unida», me contó esta persona mientras tomábamos algo. Estoy escribiendo esto y, sí, aún tengo las notas que escribí aquí, en mi móvil.

«El problema no es que quieran quedarse IU, donde desde siempre conviven facciones, como todo el mundo sabe. El tema es que son muy peligrosos: tienen una agenda muy radical, muy experimental, y reciben dinero de Hugo Chávez.» Chávez gobernaba entonces Venezuela con puño de hierro y mi amigo me decía que había dado empleo como «asesor militar» a otro profesor de la Complutense que yo por fuerza tenía que conocer.

—Sí, hombre, seguro que lo has visto por ahí, un tío con gafitas que se llama Juan Carlos Monedero.

—Ni idea.

—Mira, éste es su blog. —Y me mostraba una foto de Monedero, creo recordar, saludando en un desfile militar.

Rivas, por su parte, llevaba mil años gobernada por Pedro del Cura, que según mi amigo protegía y alentaba a los «sediciosos». En Rivas era también concejala de Festejos una mujer que tres años antes había intentado liderar la lista de IU a la Comunidad de Madrid, aunque en la carrera quedó última, con noventa y siete míseros votos. Esta mujer se llamaba Tania Sánchez. Ese mismo año de su derrota, 2011, Sánchez había conocido a Pablo Iglesias durante la campaña a las generales, en noviembre. El flechazo debió de ser rápido y habían iniciado una relación que en ese momento en que me contaban la historia, 2014, estaba vigente.

Cuando le pregunté a mi amigo qué posibilidades tenía aquella gente de «quedarse IU», él soltó una carcajada.

—Ninguna, pero son muy revoltosos, se apoyan mucho en el 15-M y están hiperideologizados, mucho más que el PCE, por ejemplo.

—Hombre, ¿más?

—Sí, sí, alucinas.

—¿Y entonces?

—Nada, si no les dan algo —se refería a un puesto alto en la lista para Iglesias—, amenazan con irse y montar otro partido.

—¿Otro partido? Ja, ja —recuerdo que reí como el imbécil que soy—. Venga ya...

—Sí, su estrategia es ésa, dividir el voto. Usar a este Iglesias como reclamo.

—Pues vaya estrategia, ¿no?

No llegué a publicar el tema. No parecía el Watergate que Izquierda Unida andaba un poco desunida en un ayuntamiento de extrarradio, ni que unos pocos extremistas estuvieran recibiendo ayuda de una dictadura que buscaba desestabilizar mínimamente España. Si aparezco por el periódico contando aquello, me convertiría automáticamente en Antoñita la Fantástica.

Ni mi interlocutor ni mucho menos yo teníamos ni idea de que, tres días antes de nuestra conversación, Iglesias y demás ya habían registrado el partido Podemos en el Ministerio del Interior. Cuando hablábamos, el barco ya había zarpado del puerto. Dos meses después, en mayo, la papeleta con la cara de Pablo Iglesias sería la cuarta más votada a nivel nacional en las europeas, con 1.250.000 votos, a sólo 300.000 de la de IU, que no tardaría un año en quedar fagocitada por Podemos tras sustituir Alberto Garzón a Cayo Lara.

Tania Sánchez, de mujer en aquel tiempo muy asequible a la prensa, pasó entonces a ser *primera dama* del partido: aunque siguieron cohabitando tanto en el dúplex de ella en Rivas como en el pisito de Iglesias en Vallecas, la chica, con cierto capital político también, se había convertido en pareja del nuevo *Midas* de la política española.

Cuando ambos rompen un año después, Iglesias inicia una relación con otra joven nueve años menor que él, procedente de las Juventudes Comunistas. Una chica que en ese 2015 logra un escaño estando aún en la universidad. Irene Montero y Pablo Iglesias se mudarán luego del pisito de Vallecas a un chalé con piscina y rocalla en Galapagar —hiriendo de muerte a Podemos, la criatura que él creó—.

Y, tachán, con ella como ministra de Igualdad (y licenciada en Psicología) iban a instaurarse en la legalidad española las doctrinas más radicales de la fe *queer*: las que, para proteger a todo trance a cualquier verdadero transexual, niegan toda ayuda mental a muchas personas.

En 2023 sabemos que estas desmesuras —y alguna más— acabaron con las carreras políticas de ambos, pero eso no alivia en absoluto a Silvia, que durante años tuvo que sufrir que Rivas fuera laboratorio central de Podemos, y que en sus colegios e institutos públicos «se promoviera el rollo *queer* sin medida», explica ella.

Mientras Podemos nacía y crecía, su hija no era más que una niña «completamente normal» que cursaba sus estudios en un colegio público de la localidad. Silvia, de hecho, se precia tanto de su militancia feminista radical —no tan alejada de la ideología triunfal durante décadas en Rivas— que aún hoy le gusta presumir de que, «antes de que pasara todo», su hija «siempre fue muy activista sobre el hecho de que era imposible cambiar de sexo. Y lo fue incluso con sus amigas».

Me sorprendo: ¿antes de los doce años Sara les decía a sus amigas que era imposible cambiar de sexo? Pero ¿con qué edad comenzó a hablar del tema? «Yo empecé a ver ya en 2016 que abrir la puerta a que cualquiera pudiera ser mujer sólo con sentirlo era una locura, era borrar directamente a la mujer, y en Twitter, y en casa hablaba mucho sobre ello. En esa época mi hija tenía ocho años, así que ella ya hablaría con sus amigas de esto cuando tenía nueve o diez años.»

Nueve o diez años. Quizá a veces damos demasiada información a nuestros hijos.

Pero volvamos a la pandemia, justo cuando Sara cumple

doce. «Es verdad que se le juntaron varias cosas complicadas: el final de primaria, el hecho de que le dimos ya móvil y luego el confinamiento —comienza Silvia—. Que si los volvió locos a todos, a ella un poco más.»

En esa tierra de nadie que el planeta atravesó entre marzo y mayo de 2020, Sara pareció perderse como barco en la niebla. «Y eso que al principio estaba muy animada con el rollo de que nos quedáramos los cuatro en casa. Recuerdo escucharla decir: "¡Nos lo vamos a pasar genial!". Pero luego empezaron a pasar cosas raras.»

Pero muy raras, incluso para una adolescente. «Le empezó a costar levantarse por la mañana. Al principio fue anecdótico, pero paulatinamente fue quedándose más y más en la cama, y de pronto dormía todo el día.» ¿Todo el día? «Sí... Parece increíble, pero empezó a hacer eso y nos quedamos aterrados. Fue un tiempo muy extraño para todos. No sabíamos si ella dormía de noche, porque nosotros al día siguiente teníamos que trabajar y es cierto que en el colegio empezaron a hacer clases telemáticas, pero que no funcionaban nada bien... En esos meses le perdimos un poco la pista, es verdad.»

En un contexto de casi total privación, sin acceso a médicos y con el mundo entero en estado de emergencia, Silvia y su pareja se enfrentan solos a un vacío incontrolable que habita «en el cuarto de la niña». En mayo, cuando las restricciones comienzan a levantarse y nos dejan aquel mundo psicótico que todos recordamos, Silvia, desesperada, logra una cita en el médico de familia que le corresponde a Sara. «Llegué gritando: "¡Socorro, mi hija no se levanta de la cama!".»

Consigue que la deriven al neurólogo. Y allí todo empieza a emerger. «Le hicieron un primer diagnóstico de TDAH, TOC, depresión y posibles altas capacidades.» TDAH es trastorno de déficit de atención, y se traduce en impulsividad e hiperactividad. TOC significa trastorno obsesivo-compulsivo. Por lo demás, no hacía falta ser neurólogo para ver que Sara estaba profundamente deprimida.

Silvia no imaginaba una entrada tan difícil, en barrena, en la adolescencia. A la niña le prescriben entonces fármacos que sigue tomando hoy. «Su actitud hacia nosotros cambió drásticamente. Dejó de ser la niña que era, dejó de hacer tantas cosas... Hasta lo más superficial: yo tenía una niña cantarina y de pronto dejé de tenerla. ¡Mi hija dejó de canturrear por casa, una cosa que siempre hacía!»

Una mañana, Silvia se encuentra a Sara tirada en el suelo junto a su cama. La cría ha cogido la costumbre de dormir así «y no había manera de hacerla entrar en razón, era como si nos hubieran cambiado a mi hija por otra». Al lado de la niña dormida, su teléfono móvil. Silvia teclea la contraseña. Se encuentra «un chat muy extraño, en el que ella estaba hablando con gente que usaba expresiones que yo no entendía, hablaban como en código».

Se queda un rato leyéndolo. «Eran mexicanos. Gente de Sinaloa, de Puebla. Empiezo a bajar más en el chat y veo que Sara les ha escrito cosas que jamás habría imaginado que pensara. Cosas increíbles, totalmente pornográficas, como "te voy a comer la polla", cosas así.»

A Silvia la devora el pánico, «y mucho más porque intentábamos hablar con ella y era imposible, se cerraba en banda».

Se suceden los días, y las temidas noches, sin comunicación. «Hasta que le dije que hasta ahí habíamos llegado, que tenía que contarme qué coño le pasaba.» La conversación transcurre así, tal y como la recuerda Silvia:

—Es que me han dicho que no puedo hablar contigo.

—Pero ¿quién te ha dicho eso?

—Mis amigos.

—Pero ¿qué amigos?

—Los del chat.

—Pero ¿y por qué no puedes hablar conmigo?

—Porque eres una tránsfoba y si te digo cómo me siento me vas a echar de casa...

—Pero, mi amor, ¿cómo voy a echarte yo de casa? ¡Si eres mi hija!

—Es que mis amigos son trans, uno se está hormonando, la otra se ha operado y, mamá... Yo también me siento así.

A Silvia se le caen los palos del sombrajo. Se pone a rebuscar en el cuaderno Rubio mental de todos estos padres, a ver dónde se empezaron a torcer los renglones, y no halla mucho. «Sara siempre había sido la típica niña que lo quería todo rosa, que jamás había mostrado ningún rechazo hacia su sexo, que quería tener tetas a toda costa.»

A los pocos días, sintiendo que está caminando por una cuerda suspendida entre dos rascacielos y buscando soluciones, encuentra en la habitación de la niña un sobre. «Era la clásica carta que luego he visto que se pasan estos críos de unos a otros, que se copian...»

En la carta Sara contaba que era trans, que en realidad era chico, y anunciaba su seguro suicidio si sus padres no lo asumían.

El desafío estaba planteado.

9

La llegada de la adolescencia es para cualquier padre pasar de circular cuesta abajo a subir el Tourmalet, pero para algunos es aún peor.

El verano de 2020 es para Silvia «durísimo», quizá el Angliru. La mujer no entiende nada. «Yo, que hasta ese momento había tenido una relación excelente con mi hija, de pronto era una apestada y no sabía en qué parámetros mentales estaba ella.»

En septiembre, Sara empieza secundaria en un instituto público de Rivas. «El primer día les dijo a todos sus compañeros, en las presentaciones, que era lesbiana y que había pasado una depresión. Los críos empezaron a tratarla fatal, volcaron en ella todo su afán destructivo y empezó a estar involucrada en muchas peleas en el colegio.»

Sara, así de perdida, recibe varias charlas de temática LGTBI en el cole, e «incluso adoctrinamiento del tema trans en el recreo». Aunque asegura que estaba muy pendiente de la evolución de su hija «por motivos obvios», Silvia se enterará de todo esto «años después».

¿Adoctrinamiento en el recreo? «Había un grupo de niños mayores que estas asociaciones utilizaban para enseñar a los pequeños. Iban por los patios, en el recreo, invitando a mandarinas a los demás y soltándoles el rollo.» Ningún comercial mejor que un niño para otro niño. Bien jugado. «Así, vendiéndoles la burra, consiguieron que muchos chavales se declararan no binarios de un día para otro.»

La desorientación de Sara desemboca en nuevas negativas no sólo a ir a clase, sino siquiera a levantarse. No había pasado mes y medio desde el principio del curso y «ya estaba otra vez como antes: se quedaba en la cama y, si conseguíamos que se levantara, se negaba a entrar en clase». Además, la chica «ya no paraba de hablar del tema trans, y defenderlo con una escenificación de desafío hacia mí muy evidente».

Hacia mitad de curso, con Sara «completamente fuera de control», otra niña de su clase le envía a su madre un vídeo que su hija ha distribuido entre sus compañeros. «En él Sara sale diciendo: "Hola, me llamo Álex, soy un niño trans y mi madre no lo entiende porque es una tránsfoba". La otra niña me mandaba este vídeo no para ayudarme, sino para fastidiar más a mi hija. Ése era el ambiente que había en el instituto.»

Las cosas sólo empeoran. Académicamente, Sara y sus «posibles altas capacidades» no hacen más que suspender. En lo anímico, la niña está «completamente deprimida». En dos ocasiones, por la tarde, se escapa de casa. Silvia comienza a temer que algo aún más serio le pueda suceder.

«Empecé a pensar que la única escapatoria que tenía era sacar a mi hija de aquel instituto y buscarle otro en el que estuviera, por así decirlo, más controlada.» Es marzo de 2021 y ahí está Silvia, la autodenominada «feminista radical», buscando un colegio «que no fuera público, y sí más conservador», y haciéndolo «a lo loco, llamando a coles por todo Madrid».

En esa época una gota colma el vaso: la psicóloga que estaba tratando a Sara detecta que la niña está cortándose, autolesionándose, la clásica canalización del dolor que no cabe en ninguna otra parte, «y esta profesional no nos dijo nada. Cuando nos enteramos fui a echárselo en cara y me dijo, con toda su jeta: "Es que no valoré que fuera importante"». «¿Ah, sí? Pues muy bien, bonita, vete a tomar por culo, dejas de ver a mi hija. Lo que es importante o no lo valoraré yo, no tú.»

Es entonces cuando Silvia llama a Rebeca, la psicóloga de Majadahonda, y le descubre lo que, trasteando por internet, ha encontrado: según la ley, los psicólogos ni siquiera pueden confrontar a los niños autodeclarados trans. Sólo pueden «afirmarlos» en su convicción adolescente, y si acaso «acompañarlos».

La cabalgata de Silvia en pos de un nuevo instituto que detenga la caída en picado de su hija Sara desemboca, en marzo, a mitad de curso, en un centro concertado de Arganda, un pueblo a quince minutos de Rivas.

«Yo iba hablando con distintos colegios y contaba todos los problemas que Sara tenía, la depresión, los trastornos, pero no el tema trans... Y en éste de Arganda encontré gente que por lo menos me escuchó. En general, en esos meses durísimos no dejé de moverme y encontré gente increíble. Sin eso no sé dónde habríamos terminado, la verdad. Lo pienso ahora y se me pone la carne de gallina.» El viaje de Silvia, como el de todas estas madres y padres, deja al de Ulises en un paseo a por pan.

El colegio de Arganda parece ofrecer una oportunidad, «pero yo estaba convencida de que no podríamos entrar de ninguna forma, porque no teníamos los puntos». Sin embargo, la persona que atiende allí a Silvia huele su desesperación y no deja de insistirle en que vaya a las primeras jornadas de puertas abiertas de cara al curso siguiente. «Y yo le decía: "Pero si es imposible, no voy a tener los puntos". Y ella: "Que sí, tú ven".»

Sara ya estaba entonces «como un vegetal». Tenía trece años y «no era capaz de levantarse de la cama». Su habitación era «un vertedero de ropa». Tenía una novia trans «que era un poco mayor que ella, y las dos decían que eran gais porque eran hombres, imagínate la lesbofobia». Y la ensalada campera, me permito añadir.

Cuando Silvia conseguía plantarla en el colegio, «al rato la niña estaba en el despacho de la ayudante de la orientadora, negándose a volver a clase». Esta mujer, de nombre Isabel, «fue un amor, la única que en verdad me ayudó en el instituto... Y eso que tenía mil y pico alumnos, pero se desvivía por ayudar».

Hacia abril, ante la insistencia del colegio de Arganda, Silvia se acerca a conocerlo. «Me vieron tan rematadamente mal que me dijeron: "Hemos tenido una baja y podríamos meter a tu cría ahora mismo en primero de la ESO. Si nos traes los últimos informes de la psicóloga, la metemos directamente".»

Así lo hacen. «Y fue milagroso. De una semana para otra

cambió de colegio. Y es verdad que este nuevo no es tan abierto como el otro, es mucho más tradicional, por así decirlo. Pero, mira, algo debió de ver ella desde un principio, porque en ningún momento se ha negado a ir a clase. Sinceramente, creo que es porque les dejan los límites claros.» Segundo aviso: límites. «Llegó y dijo: "Me llamo Álex, soy emo y me gusta el manga". Y yo creo que le han seguido menos la corriente con estas gilipolleces suyas», cuaja la madre.

El cambio coincide en el tiempo, en ese final de primavera de 2021, con otro punto de inflexión: «Yo le iba contando a mi psicóloga, la que me estaba tratando a mí, porque yo ahí también necesitaba mucha ayuda, cómo iba Sara. Y ella, la psicóloga, iba viendo cómo yo me hundía poco a poco. Hasta que, cuando conseguimos cambiar a la niña de colegio, me dice: "Mira, tráete a tu cría, tráela, que la trato yo misma"».

La profesional «no tenía experiencia en adolescentes, nunca había tratado a ninguna, pero me vio tan desesperada que dijo: "Lo hago yo misma". Yo entonces estaba tan perdida que cogía cualquier cosa que me ofrecieran, a cualquiera le decía que sí, la verdad», suelta una carcajada extemporánea.

Silvia sólo acuerda con ella una condición, «aunque en realidad ni siquiera fue necesario hablarlo demasiado: le pedí que hiciera lo que quisiera, que explorara cualquier cosa, también si mi hija era trans o lo que pintase, pero que no se limitara a un enfoque afirmativo. No podía simplemente afirmar a mi hija, eso no. Yo sabía muy bien que Sara podía ser muchas cosas, pero no trans». De nuevo otra profesional que tuvo que desafiar la ley para cumplir con su obligación.

Justo cuando Sara aterriza en el nuevo colegio, y se abre un tiempo nuevo, llega el verano con todo su poder alienador. «Entonces sucedió una cosa increíble. Ella estaba como loca por salir de casa ese verano, tenía trece años y yo soñaba con conseguir algo que le proporcionara satisfacción, pero en un entorno seguro, donde no fueran a meterle mierda en la cabeza. Total, que encontré un campamento en Cercedilla, en la sierra de Madrid, que parecía muy chulo y en el que ellos presuntamente controlaban que los críos no vieran redes sociales, que estuvieran obligados a relacionarse entre sí. Lo montaba una empresa, nunca lo olvidaré, que se llamaba Madrid Outdoors, había niños de otros países incluso y recibían subvención del Ayuntamiento de Rivas. Me pareció una gran idea, tonta de mí.»

«Antes de apuntarla —sigue— tuve la prudencia de llamar a quien figuraba en la web como director del campamento, para explicarle lo que se iba a encontrar. Le dije: "Mira, mi hija es así y así, y ahora está con esta historia de que es chico, pero es una pamplina, yo sé bien que se lo está inventando, y lo que necesito es que si os viene con ese cuento hagáis como que no". Él me dijo literalmente: "Perfecto, ningún problema, estate tranquila".»

El día de marras Silvia lleva a Sara a la salida del bus, en el centro de Rivas. Va relativamente tranquila. Aunque a la cría le bulle un buen gazpacho en la cabeza, últimamente la ve un poco mejor, quizá por efecto del nuevo cole. «Llegamos y Sara ve a una niña con una pulsera de esas con la bandera multicolor LGTBI, y me dice: "Ay, qué guay, una niña como yo". Pero vamos, fue un detalle, no le di mayor importancia.»

Madre e hija se despiden con un beso y hablan regularmente durante las dos semanas posteriores, mientras la cría se relaciona con iguales en medio de la naturaleza, sin el lavado de cerebro de internet acechando.

Silvia va a buscar a su hija dos semanas después, en el mismo sitio donde la dejó. «Y alucino con lo que me encuentro. Para empezar, todos los chicos y chicas se refieren a ella como chico, y como Álex. "¡Adiós, Álex!", "¡Álex, tío, nos vemos!". Encima, viene como en plan machote, poniendo poses hombrunas a más no poder. Me quedé de piedra. Pero ¿qué coño habían hecho con mi hija?»

—¿Entonces?

—Cuando me fui a hablar con los del campamento, ya se habían ido... Y encima mi hija salió de allí diciendo que había conocido a una amiga del alma, otra chica que también era LGTBI como ella, y salían las dos tan felices...

—La de la pulserita.

—Claro. Pero lo más increíble es lo que la propia niña me contó luego, que al menos he tenido esa suerte, lo bocazas que es, que lo casca todo...

Sara le cuenta a su madre que no bien el autobús con todos los chicos y chicas llegó a Cercedilla, aquella misma tarde en que se fueron de Rivas, en las presentaciones, el propio director se dirigió a ella delante de todo el mundo. Y le dijo, según la cría: «Sara, me ha contado tu madre que tú dices que te sientes chico, pero que en realidad ella sabe que es mentira, que son pamplinas. ¿Qué piensas tú de eso?».

«Y Sara, claro, imagínate, se vio reforzada. Les dijo a todos en público: "Yo me siento chico, y quiero que me llaméis todos Álex". Y el otro le contestó: "Pues así es como te vamos a llamar, está decidido, estás en tu derecho. ¿Verdad, chicos?".»

Aquel educador, o lo que fuera, había decidido que Sara, con trece años y ni pajolera idea de la vida, podía decidir por su cuenta y riesgo quién era ella, y él otorgarle ese magnánimo poder, usando así su desorientación adolescente para jugar a ser inclusivos. «La cría me lo contó porque sabía que me iba a hacer daño, y vaya si me lo hizo. Me destrozó.»

¿Llegó Silvia a montarles el pollo a los del campamento? El *summum* de la impotencia: «¿Para qué? Estoy segura de que lo hicieron para salvarla de mí, de mi transfobia. Resultó ser gente muy ideologizada, pero ¿cómo demonios iba yo a saberlo?».

10

«De las primeras cosas que hice con once años, cuando empecé a bucear en Tumblr, fue buscar cuál era mi orientación sexual, quién era yo», dice Amelia Guerrero, la niña de Arcos de la Frontera.

La adolescencia es, para la psiquiatría, una trenza de dos mechones: narcisismo (la *Juventud, egolatría,* de Pío Baroja) y sexo. Quién soy, quiénes son los demás y cómo los voy a explorar y mezclarme con ellos. «Sé, porque llevo muchos años en las redes —me dice Ame en 2022—, que es un clásico de muchos niños. ¿Y si soy gay? ¿Y si soy bisexual?»

La cafetería sevillana en la que estamos se pone muy ruidosa. El camarero ha decidido forcejear cuerpo a cuerpo con la máquina del café. El estropicio por momentos ciega la voz de Ame en mi grabadora, colocada sobre la mesa, pero ella sigue hablando, monocorde, bajo la lluvia de golpes.

Ese día, el de nuestro encuentro, Ame se presenta y se despide con aire de inseguridad. No es capaz de acercárseme en ninguno de esos dos, quizá, complicados trances sociales para ella.

Tampoco yo sé si emplear mi efusividad normal, la que uso para generar confianza ante quien me franquea el paso hacia su intimidad. Su lenguaje corporal, en fin, parece endeble, pero su verdad la cuenta Ame con un curioso aplomo, aparentemente frágil, pero al fin duro como el diamante.

Aunque ha accedido a mostrarme sus pozos más oscuros —«quiero aportar mi granito de arena para que a otros no les pase»—, temo lo que pueda suceder cuando sus padres vean a su hija saliendo de semejante armario en el segundo periódico de España.

Pero volvamos al instituto al que Ame no quiere poner nombre «porque para qué, prefiero olvidar».

«Ahí, en primero de la ESO, con once años, la sensación de acoso hacía que no me pudiera relacionar con ninguna niña de mi edad, y que no pudiera reconciliarme con la imagen que iba formándome de mí misma.»

De nuevo el yo por medio del otro: «Si llego a tener alguna amiga, y alguna amiga como yo, podría haber pensado: "Oye, pues esta chica vive de esta manera y se expresa de esta forma, pero es chica. Es masculina, dicen que es un marimacho, pero no hay ningún problema con eso". Pero no había nadie. Ni así, ni de ninguna otra forma». Y remacha: «Yo lo que hacía era huir».

Aunque llevaba toda la infancia escuchando el estribillo del marimacho, Ame no recuerda el momento exacto, el clic, que le hizo pensar que era chico. «Pero fue ahí, en internet, hacia los doce, seguro.»

Empieza a vestirse como un chico. Ropa ancha, pantalones caídos. Se corta el pelo muy corto. Le pide a su madre que le compre ropa interior de chico, «y mi madre accede, entiendo que sin darle mucho valor. En realidad, ella lo iba a hacer durante toda mi adolescencia». Validación tácita: mamá, quien al final debe proveerme de límites, acepta sin rechistar que yo llevo calzoncillos en vez de bragas, luego es lo correcto.

Más: «En el verano hacía un calor horrible y yo tenía mucha vergüenza de tener pelos en las piernas, pero si me refugiaba mentalmente en que era un hombre, no sentía tanta vergüenza. Así que pasaba de depilarme y me metía mentalmente en esa idea».

A esos doce hay otra muesca indeleble en el relato de Ame Guerrero, otro paso clave. «En clase me llamaban "Cortavenas", "Cuchillos", cosas así. Recuerdo estar en la piscina de mi pueblo —así llama ahora, estudiando Historia en Sevilla, a Arcos de la Frontera— y que un chico se tiró en bomba justo a mi lado, gritando: "¡Cortavenas!". Me sentí como una auténtica mierda.»

Semanas después, ese mismo chico se le acerca por la calle. Ame cuenta la escena con cierta indefinición, como tantas mujeres narran abusos sexuales o tentativas. «Yo caminaba cerca de mi casa y me lo encontré. Se me acercó, diciendo algo así como "Eh, perdona por lo que te dije", y cuando me di cuenta me estaba arrinconando contra la pared e intentándome tocar. Tuve que salir corriendo y meterme en casa.» En los días siguientes, el chaval llama incluso al teléfono de la casa de Ame: «Le decía a mi madre que a ver si salía, aún lo veo hoy por Arcos y me da pavor», me dirá ocho años después, con veinte.

La pequeña Ame, de doce años, no entiende nada. Su cuerpo, el mismo que le genera rechazo y con el que no sabe cómo lidiar, resulta que le puede hacer acreedora de una violación. Ese cuerpo es claramente su enemigo.

¿Cómo no castigarlo autolesionándose más? ¿Cómo no desear tener otro?

La calle es un lugar cada vez más hostil. Todo lo que no sea internet es peligroso. «Me sumerjo mucho más ahí dentro, en el Messenger...» El chico que quería su cuerpo —o que se reía de ella y quería poseerla, peor aún— también aparece ahí.

«Con doce años ya casi sólo me relacionaba con la gente de los videojuegos, era todo lo que quería y lo que podía hacer, pero cada vez recibo más mensajes eróticos, o fotos de órganos sexuales, a veces incluso de gente que no te esperas, que crees que son tus amigos. Era coger confianza con algún chico y de pronto te llegaba eso.»

La pantalla del ordenador, la única ventana segura al mundo, se convierte en lo mismo que todo lo demás una tarde de 2014, cuando un amigo de su edad pide a Ame hacer una videollamada por medio de «una aplicación tipo Skype». Ame pincha en el enlace y lo que ve no es un chaval de su edad con ganas de jugar, sino un señor mayor desnudo tocándose sus genitales. Otra vez el cuerpo como arma. «Apagué corriendo el ordenador y estuve días sin encenderlo.» No había escapatoria.

Ame se encierra en sí misma. En ese segundo de la ESO tiene brevemente «un grupo de amigos», pero no hay manera de cuajar vínculos. «Empezaron a hacer lo mismo que los demás: reírse de mí, dejarme de lado...»

Sin parar de intentarlo, con la vida saliéndosele por los ojos como corresponde a una niña de ya trece años, conoce por Instagram a otra chica de su edad y de su mismo instituto. Al principio no hablan en el mundo analógico, sino en el digital. Luego se ven, físicamente, varias veces. Hay un primer beso. Ame vive ese primer arranque lésbico «como algo normal, aunque es verdad que para 2015 no era muy habitual a esa edad. Hoy sí se ve normal en los coles, pero entonces... Ella me veía en el insti muy triste, sola, yo creo que eso le llamó la atención y se acabó acercando». La cosa se diluye en semanas, una vez que el experimento ha concluido y la experiencia es anotada en el cuaderno de bitácora.

Ame es una peonza que gira sin rumbo, y ni siquiera su hogar, sus referentes, sus padres, pueden oficiar de centro de gravedad. «Nos enfadábamos por cualquier chorrada, por cualquier cosa que dijeran en la tele. Es cierto que yo siempre he tenido mucho genio, mucho carácter. Recuerdo una vez que mi padre me dijo, muy serio: "Mira, por la forma en que tú eres, nunca vas a tener amigos, ni nadie que te quiera de verdad". Me hundí.» Como para no hacerlo.

Hoy, cuando escribo esto, en 2023, Ame tiene muy buenos amigos, gente que la quiere, incluso ha recompuesto el vínculo con sus padres. Quienes, por cierto, cuando vieron el reportaje en portada del periódico no pusieron el grito en el cielo, sino que «se dieron cuenta de por dónde había pasado yo, de lo que me había sucedido. Mi madre incluso lo enseñaba a otros familiares: "Mira, mira, es Ame"».

Pero entonces, en 2015, con trece añitos y el mundo

convertido en un torbellino, Amelia Guerrero sólo encuentra un resquicio. Ya sabéis cuál.

«En Tumblr, en Instagram, en los foros... Me decían que yo podía decidir quién era. Que podía ser otra persona.»

11

Seguro que ya se han escrito doscientos mil ensayos que explican nuestra civilización exclusivamente a través de Harry Potter.

Al parecer, J. K. Rowling escribió el primer libro de la serie itinerando por cafés de Edimburgo mientras, desempleada y recién divorciada, cuidaba de la niña que acababa de dar a luz.

Su inconcebible peripecia vital, de madre deprimida a escritora más leída del planeta —tras el rechazo de doce editoriales—, no es para mí, no obstante, su mayor logro. Su mayor truco de magia es haber colado sus fantasías como contenido lectivo en colegios de todo el planeta. Por ejemplo, el de mi hija, que cuando esto escribo tiene nueve años y medio.

Y que un día, bajando al cole, feliz porque le había tocado «en el grupo de Gryffindor» —la hermandad escolar a la que pertenece Harry—, me pregunta:

—Papá, ¿qué superpoder te gustaría tener?

—No sé... ¿Cuáles hay disponibles?

—Uf, hay muchos: volar, viajar en el tiempo, ser invisible, ser otra persona...

Ser otra persona. Volar, viajar en el DeLorean de Marty McFly o ser Batman son superpoderes de chichinabo al lado de lo que puede suponer ser otro.

Y ahí pasamos de Rowling a Nietzsche, a Kant. Ser otro. Nada menos. Para empezar, no ser uno mismo, lejos de nuestras miserias. Pero luego, inventarte *en* otra persona. Siguiente estación: Dios.

El poder sugestivo de prometerle a un adolescente, ya de por sí un ser en construcción, que en realidad puede convertirse, a placer, al gusto, en «otro» es conceptualmente un panóptico, un lugar desde el que todo se ve, el célebre Aleph de Borges. Es droga pura.

Todos estos adolescentes con disforia de género sueñan con ser otro y tener otro cuerpo, y los muchos y muchas que además sufren trastornos quizá vayan mentalmente más allá a lomos de sus respectivas enfermedades.

Siguiendo inevitablemente con Harry Potter, y con los signos de este tiempo, ¿cómo llamábamos a prometer soluciones mágicas e instantáneas para problemas complejos? ¿No es eso lo que denominábamos populismo?

Nuestra época, en todo caso, también es el tiempo en que no se puede llamar a las cosas por su nombre. Populismo lo es, de la palabra *mentira*. Como mentira es la magia, nos pongamos como nos pongamos.

Cuando el cielo tronaba, y el hombre y la mujer no sabían por qué, y se morían de miedo, inventamos a los dioses. Hoy creemos que la superstición ya no existe, pero es otro espejismo: existe más que nunca, es una superstición hiperinformada, el terraplanismo perfecto.

En efecto, la transexualidad es una vara perfecta para medir esto: la ciencia no sabe aún exactamente qué la causa, pero todo el mundo está muy seguro de qué es. Gracias a internet, que nos iba a salvar de nosotros mismos, la mentira y la superstición galopan hoy como nunca lo hicieron. Y nos dividen.

Si aún atendiéramos a los postulados de la Ilustración, haríamos caso a Voltaire: «No estoy de acuerdo con tu opinión, pero moriría para que pudieras expresarla» —vale, al parecer esto no lo dijo Voltaire, sino una de sus exegetas, la escritora inglesa Evelyn Beatrice Hall.

Pero la modernidad dejó paso a la posmodernidad, y hoy no se muere para que el otro pueda expresar una opinión distinta de la mía: hoy se mata al otro socialmente —se le aparta no por sus ideas, sino *ad hominem*— si se atreve a simplemente sugerirla.

Como hizo por cierto la marabunta con Rowling, por sencillamente decir que es el sexo físico el que define el sexo legal de las personas, y no sus sentimientos, decisiones, deseos, caprichos, chakras e idas de olla.

Recuerdo también el momento en que mi hija me preguntó, tiempo atrás, con siete años, si la magia existía. Me miró y lo dijo con gran ilusión, tan preciosa como es ella, con la candidez de la que sólo es capaz una niña de siete años.

Os puedo asegurar también, sin entrar en detalles, que mi hija necesitaba en ese momento un poquito de magia.

Le dije: «Claro que existe, mi amor. Se llama ciencia».

12

A finales de verano de 2021, Silvia, la madre de Rivas-Vaciamadrid, está envuelta en tinieblas.

Cuando pensaba que el cambio de colegio de Sara iba enderezando las cosas, los quince días en el campamento como chico han devuelto a la cría a su madriguera trans.

Como quien lanza una botella con mensaje al mar, una tarde, a finales de agosto, casi vencida, con su hija medicada y dando vueltas a la noria como un ratón de laboratorio, Silvia escribe una frase en X, antes Twitter.

Hasta entonces ha estado usando esta red/plataforma publicitaria como vehículo de su activismo feminista radical. Esa tarde es su válvula de escape. Las mismas tiránicas y antisociales redes de las que busca proteger a su hija son al final, sintomáticamente, el refugio en el que ella misma llora.

A las 7.58 horas de esa mañana, 31 de agosto de 2021, escribe: «Hola, me gustaría saber si hay más compañeras RadFem con hijos o hijas que dicen ser trans. Me siento sobrepasada con esta lucha en casa porque siento que mi hija se me va de las manos con tanta estupidez social. RT por favor».

«RadFem» es el apócope del feminismo que ella predica, el radical. RT significa *retweet*, retuitear: decirle al mar que, por favor, lleve la botella lejos. Silvia sólo quiere lanzar lo más allá posible su lamento, quizá hallar a alguien que esté pasando por lo mismo, un rincón en el que llorar juntas. «Estupidez social» no es un hallazgo semántico, pero lo barajaré como subtítulo de este libro dos años después.

Transcribir aquí la catarata de tonterías que Silvia recibe aquel día como contestación no sería la estrategia más inteligente si algunos bobos seguimos escribiendo libros contra la idea de que bastan ciento setenta caracteres para comunicarse, imaginar, emocionar, argumentar. Pero esos mensajes de vuelta ilustran a la perfección la paradoja que plantea este libro.

«Qué triste y desafortunado tuit. Espero que tu hijo/a trans te eduque y no termines de arrepentirte mucho de tus palabras y del dolor que le harás pasar.»

«Si en tu casa no hay amor y tolerancia, ya lo encontrará fuera cuando crezca, en una familia de verdad aunque no sea de sangre. Luego vendrán las lágrimas porque "Ay, mi hije no me habla".»

«Habla con él para que entiendas que eres tú quien no le conoce, y si sigues así no le conocerás nunca.»

«Si tu hijo necesita un hogar, cuenta con todo mi apoyo porque tú no se lo vas a dar. Me ofrezco desinteresadamente.»

Y todo así.

El tuit de Silvia se convierte en un bumerán. Es rebotado 1.553 veces y genera decenas de respuestas, pero no todas negativas. Las redes sociales que ella ha temido y sufrido durante años abren una rendija en su ataúd. Y como siempre sucede cuando una causa sacude lo que conocemos como sociedad —recordemos: no un grupo de personas, sino un grupo de relaciones entre personas—, la política hace acto de presencia. Como los trileros de dónde-está-la-bolita o los robacarteras cuando ven gentío, los comerciales de los problemas sociales siempre aparecen al calor del barullo.

Al tuit de Silvia responde airadamente, como si de un *hooligan* de X, antes Twitter, se tratara, Carla Antonelli, diputada trans por el Partido Socialista en la Asamblea de Madrid. Que escribe: «Suele pasar. Odiadoras TERF tienen hijos trans y buscan "ayuda" para "solucionar su problema" entre su camarilla de lodo. Pobre chico trans. Si saben quién es, denunciar a trabajadores sociales, en muchas comunidades autónomas con leyes trans esto ya es delito».

Traducción: Antonelli, diputada regional madrileña desde 2011 —primera persona transexual en lograrlo—, pedía a quien conociera a Silvia que la denunciara ante las autoridades como «odiadora» tránsfoba, y que la alejara de su «hijo», de Sara.

TERF, en la odiosa neolengua de estos temas, es como se denomina a las feministas que no comulgan con el rollo *queer*, y es acrónimo de *trans-exclusionary radical feminist*, o sea, «feminista radical que excluye a los trans». Me vais a permitir que se me venga a la cabeza en este punto la película *La vida de Brian*.

Quién iba a decir en 2023, cuando escribo esto, que de aquel cruce dialéctico iba a nacer algo mucho más sólido.

Tras él, y gracias a la bengala al aire de Silvia, ella y otras siete madres comienzan a hablar, el círculo se va ampliando y se fortifica en una asociación, Amanda, que hoy agrupa a unas cuatrocientas familias que luchan por revertir el autodiagnóstico de sus hijos y el contagio de lo trans como solución *cool* a otros problemas.

Ellas y ellos lucharán dos años después contra la ley trans nacional, que vendrá a consolidar todas las autonómicas y cuya tramitación parlamentaria dividirá dramáticamente al PSOE, y se llevará por delante gran parte del consenso de su gobierno de coalición con Podemos. En la batalla caerá también Antonelli, que se dará de baja cuando el partido se parte en ese tira y afloja entre los feminismos *queer* y clásico, en otoño de 2022.

Ella, que encarna como pocas personas la innegable épica de la reivindicación trans, tuitea entonces que se va, «con un inmenso y profundo dolor, de una formación política para la que he pedido el voto desde hace cuarenta y cinco años, desde aquel 13 de agosto de 1977 en que aparecí en la prensa de la época y me calificaron de "travestí politizado"».

¿Cómo negarle la razón absoluta a alguien que ha atravesado semejante calvario? Todos sabemos lo que han sido y son los transexuales aún para algunos: la pura definición de monstruo, y un monstruo que además pone en duda la sexualidad de los demás. Imposible no entender que el 95 por ciento de la población occidental se sienta en la obligación de darles barra libre para lo que les dé la gana.

Sólo colocándonos ahí podemos entender la penosidad abrumadora de la labor de Amanda, que ha seguido el camino opuesto: no, no vale todo con tal de liberar a los trans de su cárcel secular.

Son, evidentemente, señoras tránsfobas empeñadas en que sus hijas no pueden ser trans. Bajo sus narices crecen bigotitos de Hitler. Sólo pueden ser un brazo tonto de Vox, dispuestas a salir con antorchas contra el Orgullo Gay, a apalear a seres inferiores.

El problema de este imbatible relato de buenos y malos, de este Excel moral con el que queremos limpiar nuestros pecados y sentirnos en el lado correcto de la ética, es que estas madres no son, imagino que salvo cualquier excepción estadística, ominosas fachas. Al revés: muchas, como Silvia, son feministas de muy primera hora. Muy politizadas, muy leídas y casi (con perdón) militarizadas. Muchas no entendían que la asociación ayudara a escribir este libro a un maromo, por maromo.

Por ese cisma en el feminismo, cualquier observador foráneo —como un servidor— podría entender que la ley trans no se ha hecho en realidad contra las «terapias de conversión», sino que era otra batalla más de la guerra entre mujeres: las viejas y las nuevas. El rollo clásico y setentero, y el líquido y digital: el *queer*. Aún hoy sigo pensando que el tema trans es sólo como Vietnam para los bloques de la Guerra Fría: el sitio donde nos pegamos, matando a los indígenas, y luego volvemos a casa a pasar la Navidad calentitos.

Aunque yo entro en contacto con ellas antes y empiezo a muñir la posibilidad de algún reportaje en profundidad y con material exclusivo, la primera persona que escribe en España sobre Amanda es el escritor y kamikaze profesional Juan Soto Ivars.

Juan, un murciano treintañero con muy buen pelo y que donde ve un charco se tira en plancha, prologa en septiembre de 2021 *Un daño irreversible*, el libro de Abigail Shrier.

De hecho, Deusto publica ese libro porque él se lo lee en inglés y en cuanto lo acaba telefonea a Roger Domingo, editor de aquel libro y también de éste, y le dice: «Échale un vistazo a esto, que es la hostia». Domingo lo compra por Amazon, en cuanto lo lee adquiere los derechos, decide publicarlo en España y le encarga a Soto Ivars el prólogo en un momento nada sencillo, cuando todo esto del tema trans suena aquí a chino mandarín.

Poco después, una trabajadora de otro sello editorial, Penguin Random House, contacta con Soto para contarle que la locura que Shrier describe en Estados Unidos ha saltado el océano: su hija —«o hijo, no recuerdo bien», me cuenta Juan— ha decidido que es niño —«o niña»—, y ella está metida en la génesis de una asociación de madres con el mismo problema: sus hijas han transmutado mentalmente en hijos (o *hijes*) como quien se compra una falda en Zara.

Yo publico en ese septiembre de 2021 la primera entrevista con Shrier en España, y trato de encontrar los primeros casos de este contagio social en suelo español.

Si de verdad esto está pasando, si los niños se vuelven trans por ósmosis y nuestro loco sistema sólo permite reafirmarlos en su chaladura, las historias contienen todo a lo que puede aspirar un periodista: un conflicto surrealista, buenos que en realidad son malos, la profundidad abisal de las relaciones padre-hijo, tumores sociales amplificados por lo digital, la política destrozando vidas como le gusta hacer, épicas luchas por amor paternofilial y toda la estupidez de nuestro tiempo concentrada en frascos de esencia.

Alguien me señala a José Errasti, profesor de Psicología en Oviedo, que desde que publicó en enero de 2020 en el *Huffington Post* una columna titulada «Transfobofobia» —el paralizante miedo a ser tránsfobo— se ha convertido en la persona clave del incipiente debate en España. Errasti anda en ese momento terminando de escribir *Nadie nace en un cuerpo equivocado*, el libro que traerá a España el debate sobre el fenómeno, y que también publicará Deusto en febrero de 2022.

¿Por qué Deusto? Otra vez la culpa es del *fascismo* militante de Soto Ivars. Errasti, un tipo de izquierdas de toda la vida, escribe el libro con Marino Pérez, catedrático en su misma facultad. Pérez lleva miles de años publicando en la editorial Alianza, aunque quizá habría que decir *autopublicando*.

La mecánica, según me cuenta José años después, es la siguiente. Marino, autoridad de la psicología clínica española, se tira unos meses escribiendo sobre lo que le da la real gana. Luego le da a un botón y se lo manda a la editorial. Alianza lo publica, se venden bastantes copias, y vuelta a empezar. Ni siquiera les consulta el tema.

Visto el lío que se arma con sus columnas sobre la delirante transfobofobia, Errasti le propone a Pérez hacer algo a cuatro manos sobre el particular y ambos se ponen a ello. Seis meses después, cuando terminan el manuscrito, Marino hace lo de siempre: le da al botón. Pero esta vez, riiiing, hay telefonazo desde Alianza. Anda: en la editorial no lo ven. El tema es excesivamente delicado.

Así empieza un peregrinar por sellos y más sellos. Y así descubre José que la transfobofobia con la que ironizaba estaba mucho más extendida de lo que creía.

Cuando la desesperación ya ha hecho acto de presencia y parece que se van a tener que comer el manuscrito con patatas, emerge de las sombras Soto Ivars, que conoce a Errasti de tiempo atrás. Él les dirige a Roger Domingo, que lee el libro y lo publica *ipso facto*. *Nadie nace en un cuerpo equivocado* se convierte en uno de los ensayos más leídos en España en 2022. Cuando escribo esto lleva unos veinte mil ejemplares despachados, una burrada para un texto divertido y potente, pero riguroso y académico.

Pero todo eso aún está en cocción cuando llamo a Errasti, en septiembre de 2021, explorando el tema. José resulta ser un tipo majísimo con una extraña cualidad: en cuanto cruzas tres frases con él, es como si le conocieras de toda la vida.

Errasti, que sintomáticamente en la Facultad de Oviedo da clase de Personalidad, así, con mayúscula, me dice: «Hay unas madres que están montando una cosa, pero es todavía muy embrionaria». Esa cosa es Amanda.

Me pasa el teléfono de Paloma. Llamo a Paloma, cuya hija, Nagore, lleva ya un año sana y salva tras su *secuestro* trans, y que no quiere sacar aún a la asociación del armario y exponerla a la transfobofobia. De esa llamada saldrán, en los meses posteriores, como si de cerezas se tratara, varios reportajes y, finalmente, este libro.

El primer reportaje con una víctima española lo publico en *El Mundo* en febrero de 2022, pero Soto Ivars cuenta en *El Confidencial* que Amanda nació ya en diciembre de 2021.

Paloma ya me ha contado por esas fechas que quieren al fin salir a la luz. Tras cuajar el grupo inicial, estas mujeres llevaban varios meses ocultas, temiendo que todo el mundo colocara en los ojos con que miran a sus hijas unas cruces gamadas. «Pero ya basta, hay que mostrarse y dar la pelea.» Obviamente, son personas de su casa, no acostumbradas a los insultos y el exhibicionismo, el embriagador oxígeno del debate público en las redes sociales y a veces también fuera de ellas.

Soto Ivars las saca al fin de ahí, y un año después ellas serán la guerrilla que intenta impedir, sin éxito, la entronización del *que nadie te diga quién eres porque sólo nosotros y tú lo sabemos* en la legalidad española.

Estas madres, ya en harina, se reunirán con el PSOE, con el PP y con el heladero de la esquina, pero no conseguirán traer luz a la interesada ceguera política. Son heroínas heridas, como las de las tragedias griegas: a la vez que pelean con un enemigo insondable, tienen que estar lidiando con los trastornos de sus hijas, salvándolas de envenenarse y amputarse, como dicen ellas gráficamente.

Pero yo no llego a cruzarme ahí a Soto, sino en la primavera de 2023, cuando él me envía un correo.

Sucede a finales de marzo, cuando acabo de publicar un libro no sé si más o menos suicida que éste. Cuento en él la historia de ocho hombres inocentes que fueron apartados de sus hijos durante años por brutales denuncias sin pruebas de las madres, que aprovecharon deshonestamente la legislación para mujeres maltratadas, cosa que ellas no eran.

Justo a la salida del libro, mientras me preparo para la tunda —o para algo peor: el vacío y el silencio—, me llega un descacharrante mail de Soto, que se presenta amablemente y procede a espetarme: «¡Cabrón, has escrito el libro que yo quería escribir!».

Luego, como si del *Quijote* se tratara, Juan dedica los meses siguientes a promocionar el libro con la entrega y el cariño de uno propio, y llega a decir de él auténticas barbaridades incluso en público.

Soto, en fin, huele lo que conecta el desvarío *queer* con el drama de los hombres que pierden a sus hijos a manos de mujeres deshonestas: ambos son excesos de la emergencia feminista, ambos conspiran contra la lucha por la igualdad entre mujer y hombre, y en ellos se advierte ese enfrentamiento entre dos tipos de feminismo: el pragmático y el pirado.

El excluyente y *queer* que representa Carla Antonelli, y el de Silvia, que ve desde el minuto uno cómo esa dicotomía hiere a su hija, cómo Sara se deja embelesar por los cantos de esa sirena que dice ser sireno. Ella, como madre, posee argumentos, fuerza y medios para pelear. Otros no tienen esa suerte.

«El inicio de segundo de la ESO fue muy muy duro, mi hija sólo quería que se dirigieran a ella en masculino: estaba peor que nunca», cuenta Silvia.

El colegio nuevo «me cuesta una pasta, pero es mucho más sólido, más seguro, que el instituto público de Rivas, y estoy segura de que ella misma se da cuenta de ello». El mantra, *again*: aunque no lo parezca, los niños necesitan límites.

En noviembre de ese 2021, Sara se planta. Quiere que le hablen en masculino en el *insti* y «de algún sitio saca que tiene todo el derecho a ello». «La psicóloga, que no me contaba absolutamente nada de lo que hablaban, me dice que ella va a empezar a hacerlo también, con la idea de seguirle un poco la corriente, para seguir curándole las heridas y que se dé cuenta ella sola de la tontería que está haciendo. Me asesoré y decidí hacerlo yo también, por ese mismo motivo.»

Es el único momento en nuestras dos largas charlas telefónicas en el que a Silvia se le escapa algo parecido a un sollozo: cuando se sitúa en el mes en que tuvo que ceder y hacerse la muerta para volver a atrapar a su hija. «¿Te imaginas lo que es llamar a tu hija como si fuera un hijo, sabiendo que está completamente equivocada? Se te remueve el estómago. Es... Es indefinible.»

Una tarde, la niña y sus trece años le anuncian que van a hablar plenipotenciariamente con la orientadora del cole para que allí empiecen a tratarla también como chico. A Silvia, una tipa de lo más plantada, la cabeza le empieza a girar. Coge el teléfono y empieza a llamar «a todo dios». Si Sara consigue meter su ensoñación y sus problemas mentales en vía administrativa «quién sabe qué podría pasar».

Araceli, de Docentes Feministas por la Coeducación, acaba siendo el paño de lágrimas de la madre esa tarde, «y me deja claro que ahí tengo que operar, que debo enfrentarme». Si la vida de cualquier padre es demasiadas veces palpar en una habitación a oscuras, no quiero imaginar la de estas madres atadas a la ensoñación trans.

Silvia —«por suerte mi cría es muy habladora y me va contando las cosas, no quiero imaginar el calvario que pasarán los padres que no puedan enterarse de lo que hacen sus hijas»— llama automáticamente a la orientadora del colegio.

«Le digo: "Mira, mañana mi hija te va a pedir esto, pero le tienes que decir que no, porque yo sé que es una gilipollez suya". Ella me contesta que me entiende, pero que, claro, "habrá que ver". Y termina: "Lo que sí va a haber que hacer es dar parte a la Consejería, a la Comunidad de Madrid". Le tuve que pedir paciencia, tiempo, no sé ni qué le dije. Yo sabía que si entraba en juego la Comunidad de Madrid envían a mi hija a Chrysallis, la afirman y se la llevan puesta. Lo importante es que al día siguiente Sara volvió a casa enfadadísima, porque la orientadora y sus profesores le habían negado tratarla como chico. Y ahí la verdad es que me vine arriba.»

Silvia encara a su hija y la perplejidad, el miedo y la impotencia se le salen por la boca. Si su historia fuera un drama de sobremesa de «Estrenos TV», ésta sería la escena del discursito. «Le dije: "Mira, hija, nadie va a conseguir nunca que tú seas un chico, ni siquiera tú. Yo soy tu madre y te lo tengo que decir. Tú eres Sara, te vas a morir como Sara y ni con todas las cicatrices del mundo te vas a convertir en lo que no eres. Tengo que ser sincera contigo, porque soy tu madre y para que te mientan ya tienes al resto del mundo".»

Sara, cuenta Silvia, se queda petrificada. «Yo pensaba:

"Ésta no me va a volver a hablar en la vida, esto se acabó aquí. La voy a perder". Pero, para mi sorpresa, se me queda mirando fijamente y me dice: "Mamá, ¿nos vamos a tomar un helado?". Y fue la mejor tarde en muchísimo tiempo.»

Silvia se siente tentada de situar ahí el momento en que su pesadilla tocó fondo. Ella misma había perdido su suelo en plena tormenta: para que atendiera a Sara, había dejado de ir a su propia psicóloga, que le había dicho que no le iba a contar absolutamente nada de la evolución de las sesiones, «excepto si la cría ponía su vida en riesgo».

Pero los dioses *queer*, como los otros, a veces aprietan, pero no ahogan. En el invierno de segundo de secundaria, brotes verdes: Silvia comienza a detectar que Sara va relacionándose mejor. «De pronto va encajando más, la veo relacionándose mucho más fácilmente. Ella tiene mucha sensibilidad, pero no la sabía orientar, se le acababa haciendo, cómo decir, muy destructiva.» La cría incluso empieza a figurarse un futuro laboral: quién sabe por qué le da por que quiere ser psicóloga criminal.

Silvia ve el trabajo que la niña va haciendo en su terapia durante ese tiempo como un desmontar una cebolla, o más bien como quien abre una *matrioska*. «La psicóloga fue quitándole capas y más capas de malestar, hasta que consiguió que la niña se mirara al espejo, viera quién era en realidad y comenzara el camino de aceptarse.»

En esos meses, ya muy movilizada a través de Amanda, Silvia tiene los bemoles de llevar su activismo hasta la Unidad de Género del Hospital Ramón y Cajal, la que cree la guarida del dragón. La psicóloga que está viendo a Sara y que antes la vio a ella conoce a la profesional que dirige la unidad. Para su sorpresa, cuando ambas hablan con ella y le hacen ver su perplejidad por la obligatoriedad del enfoque afirmativo a todo trance, la profesional «también se llevaba las manos a la cabeza», cuenta Silvia.

«Yo aluciné, porque claramente no era de nuestra cuerda, pero nos dijo que le parecía excesivo todo, la imposibilidad de hacer un diagnóstico y que sólo se pudiera hacer un acompañamiento programado. En aquel momento —sigue Silvia—, yo detecté que ella ya estaba muy preocupada por que le pusieran denuncias los colectivos *queer*, porque todo lo que no fuera decirle sí a quien se declaraba trans era terapia de conversión. Pero, fíjate, con el tiempo empezaron a temer también que nosotras los denunciáramos. Nadie esperaba que saliera alguien diciendo: "Pero qué es esto, adónde coño vais".»

En enero, el día que cumple catorce años, Sara se pone en su papel más granujilla y la pillan robando en el H&M de Rivas. Pero lo que empieza como una trastada juvenil, Silvia va a convertirlo en escalpelo *antitrans*.

«Estaba con la amiga esta lesbiana que tenía, cogieron no sé qué chorradas e intentaron irse sin pagar, y en la tienda llamaron a la policía. Cuando llego, los agentes, que les están diciendo a las niñas que probablemente serán condenadas a hacer trabajos para la comunidad, han levantado un atestado. Me lo dan y en vez del nombre de mi hija pone "Álex". Le digo al tipo: "Perdone, pero mi hija se llama Sara". Y él: "Ha firmado como Álex y así es como se ha identificado, señora". Y yo: "Pero se llama Sara". Y él: "Señora, lo que pasa es que él se ha identificado como Álex y nosotros tenemos que responder a eso, ¿entiende?".» El hombre probablemente sólo repetía las consignas que le habían dado en alguna charla de género de esas de «bigotesexuales» y cosas por el estilo.

«Me empecé a enfrentar a él y entonces me lleva a un aparte. Y alucino con lo que me dice: "Señora, que sepa que lo que está usted haciendo con su hijo está muy feo, si sigue haciéndole esto puede terminar en suicidio". No daba crédito a lo que estaba oyendo. Aquel gilipollas, dándome órdenes a mí sobre cómo tratar a mi hija, increíble.» Parece que el hombre se había estudiado bien los apuntes.

Silvia saca la lengua a pasear: «Le dije: "Mire, el día que su hija, si la tiene, le diga que se quiere cortar las tetas me habla, ¿vale? Métase en sus asuntos". Era, por supuesto, un policía local de Rivas».

Silvia se vuelve hacia su hija, que está llorando. «Estaba con su amiga y con el padre de la niña, que había llegado antes que yo y trataba a mi hija como chico, el hijo de la gran puta. Yo alucinaba: ese día te juro que quería matar a todo el mundo.»

Coge a Sara, se la lleva de un tirón y le dice: «Mira, se acabaron las gilipolleces, se acabó toda esta mierda. El policía me ha dicho que como vuelvas a poner un nombre falso en un documento oficial te imputan falsedad, y con ese antecedente ya sabes lo que pasaría: no podrías ser psicóloga criminal». Y le calza el mensaje que sintetiza parte de este libro: «Que una cosa es el jueguecito y otra lo serio».

«Te puedo asegurar que se quedó muy planchada.» La trastadita *tiktokera* de *voy a robar purpurina a H&M para hacerme la manguis* había chocado con la realidad sin filtros.

Silvia cree que algunos de esos choques de Sara con la realidad *real* la van aterrizando.

La cría sigue medicándose, como durante toda esta historia y aún cuando se publica este libro, para el trastorno de hiperactividad y para la depresión. Pero en la segunda parte de segundo de la ESO, ya en 2022, parece cada vez más tranquila, menos sombría.

Un día de mayo, cuando Silvia va a buscarla a la psicóloga, ésta le dice:

—Bueno, Silvia, Sara tiene algo que contarte.

—¿Sara? —dice la madre. La psicóloga aún llevaba todo el curso llamándola Álex.

—Sí, Sara.

«La niña había vuelto a aceptar su nombre. Para mí fue un punto de llegada.»

«Ahora, con quince años, ya se está empezando a pintar —me cuenta Silvia cuando escribo este libro, en el verano de 2023—. Pone Sara en todos sus perfiles de redes sociales, está en una dinámica positiva. Se sigue vistiendo un poco como chico, pero va más arreglada, más femenina. Me dice: "Mamá, pero cómo me dejabas llevar esas pintas, por Dios".»

El trabajo de la psicóloga fue, obviamente, diferencial. «Llegó a ella con lo que me explicó que era un trastorno oposicionista desafiante, y salió sin intención ninguna de arrancarse los pechos.»

Salió, sí. «La psicóloga nos acabó mandando a la mierda, por pesadas», se ríe Silvia. El sortilegio trans había decaído. «Ahora vamos toda la familia, los cuatro, a un psiquiatra una vez al mes, porque la verdad es que hay muchas cosas que ver.»

Cuando escribo esto, Sara sigue medicándose, pero «es otra», dice Silvia, que respira diferente al contarme el desenlace.

La niña «llama a aquellos años "la época oscura"».

Suerte, Silvia y Sara.

13

A mí me encanta Santiago de Compostela. Sobre todo de noche, cuando toda esa piedra cobra vida y genera una especie de halo mágico. Los callejones, el tiempo detenido, el licor café...

Hacia 2001 tenía yo en Madrid unos amigos originarios de allí con los que hacía música, y subíamos de vez en cuando a Santiago a tocar ante sus colegas, una pandilla realmente maja.

Recuerdo mil garitos, pequeñitos y recoletos. Donde no te encontrabas a un virtuoso del violín, aparecía alguien aporreando etílicamente una guitarra. Y ese aire, que pesa... Te vas del norte, pero el norte no se va de ti.

Más de veinte años después no me cuesta imaginarme allí a Flavia Menéndez —sobre aquellas fechas además: tenemos la misma edad—, aunque ella igual pasaba más tiempo en A Coruña, donde intentaba hacer camino en lo que denomina «el audiovisual».

Nos situamos en ese 2001.

«Yo lo que sí quería era ser madre joven, eso sí. Tenía un noviete desde hacía dos años, y con veintiséis, un día, pum, me quedé embarazada. Nunca pensé en no tenerlo, tenía clarísimo que lo quería, o mejor dicho la quería.» Porque nace niña, y hace «muy feliz» a su madre.

Con los abuelos en Santiago oficiando de coche escoba (símil ciclista: ayudando a destajo), Flavia se entrega a la pequeña... Pero no así el padre, cuenta ella. «Él trabajaba en la noche y no quiso cambiar nada: siguió trabajando en la noche, y trabajando la propia noche, no sé si me entiendes. Ahí sigue veinte años después.» Resultado de la ecuación: «Nos separamos al cabo de un año y medio. Éramos unos críos muy tontusos —me encanta el *palabro*—. A él se le hizo muy grande la paternidad. Me dolió mucho, pero lo entendí».

Recién separada, Flavia saca el machete y pelea el día a día. Se desvive por la enana, acaba compatibilizando «el audiovisual» con la hostelería y una tarde, harta de destrozarse la espalda en una cafetería cualquiera por dos duros, se cose unas alas y las abre.

«Tenía una prima en Las Palmas e hice lo que siempre hemos hecho los gallegos. Fíjate cómo será que, de hecho, hay una zona en Lanzarote —me cuenta en 2023— a la que todo el mundo llama Los Gallegos», suelta una risa muy galaica. La niña tiene en esa primera ida a Canarias algo más de tres años. «Nunca ha visto líos entre sus padres», asegura ella. Es una enana, dice, «normal, feliz, sin problemas».

Al poco de llegar a Las Palmas, Flavia conoce a un hombre, senegalés. «Nos gustamos, nos enrollamos y sin buscarlo me quedé embarazada. Pensé en abortar, pero luego me dije: ¿y por qué no lo tengo?» Es niño y nace cuatro años después que la cría. «Galicia, Las Palmas y Senegal, muy lógico», se ríe Flavia de su peregrinar íntimo.

Cuando la cría tiene seis años, tal vez morriña mediante, los tres regresan a Galicia. Son, o a ella se lo parecen, «años buenos, de tirar *pa'lante*, pero buenos». La niña «es muy responsable, con mucho mundo interior y con pocos amigos, pero muy selecta. Un poco tímida, es verdad... Casi la única perreta que me montó de niña fue un día que todo el colegio tenía que ir disfrazado de pirata con bigote y ella se empeñó en ir de princesa. Jamás tuvo ningún conflicto con su género, nunca».

Vuelven, ya se ha dicho, a Galicia, y la enana ve de vez en cuando a su padre, pero la vida vuelve a ponerse perra y mamá corta otra vez por lo sano. Estudia Musicología rápido, se presenta a las oposiciones en Fuerteventura, consigue plaza en tiempo récord.

«Nos fuimos para allá y ellos, los dos, es verdad que llegaron un poco de morros, un poco morrocotudos. "Bueno, mamá, pero ahora ya no nos movemos más, ¿eh?" "Vale, chicos, ok. Aquí nos quedamos."» Es 2015. La niña llega para empezar segundo de secundaria, con catorce años. Su hermano, con diez, está terminando primaria. «Conseguí una casa preciosa, en un sitio muy bonito, en Corralejo. Y dije: "Pues aquí nos quedamos".»

¿Duda, incluso ahora, *a posteriori*, de si la nena pudo tener algún problema de desarrollo que ella no viera? «En aquel momento en absoluto, para nada. Sí era muy sensible, con mucho sentido de la injusticia, muy selecta con sus amigas y muy responsable, hasta demasiado. A veces venían a casa a buscarla y ella siempre se quedaba estudiando. Y yo le decía: "Pero, tía, para estudiar siempre hay tiempo, pero para pasarlo bien con tus amigas no. No tienes que sacar sobresaliente en todo. Que te dé el sol, ríete, no te amargues". Pero ella nada, era hiperresponsable.»

¿Podría emboscarse tras el estudio para tratar de controlar, a través de él, problemas que su madre no fuera capaz de ver? «No lo creo, la verdad», responde Flavia. ¿Dificultades para relacionarse, por ejemplo? «Sí, es cierto que le dije millones de veces que debía disfrutar de su vida y cuidar de su salud. En su forma de ser responsable había algo... obsesivo.»

Flavia repite tanto que su hija «nunca fue de pandillones borreguiles, sino muy selecta, de pocas amigas pero muy buenas», que me tienta a pensar en una niña con dificultades en el, es verdad, misterioso arte del roce y el baile con otras miradas, otros intereses, otras vidas.

Cuando la chica empieza a desarrollarse, aparece un evidente «rechazo» a su cuerpo. «Todas lo pasamos a esas edades, de una forma u otra, pero ella un poco más, es cierto.» No sólo del propio. «Una tarde llega a casa y me cuenta: "Mamá, es que hay dos niñas de mi clase que no es que lleven vaqueros cortos, es que van en braga vaquera, se les ve todo: la cacha y el tanga. Van en pelotas, maquilladas como puertas, y encima se meten conmigo". Y me cuenta que la habían llamado fea, gilipollas y no sé qué. Yo le digo: "Y tú ¿qué les has dicho?". "Pues que yo seré fea, pero a mí al menos se me ve la cara, que a ellas hay que buscarlas debajo de kilos de pintura."»

En esa época, con «catorce o quince años», la hija de Flavia viste —en Fuerteventura— «siempre de negro, en plan gótico», lleva «peinados asimétricos, con alguna mecha azul y tal», y es «la lista de la clase», sigue su orgullosa madre: «Ella repetía muchas veces que flipaba con el bajo nivel de exigencia en el cole, decía que allí eran todos muy anacletos y muy chonis».

¿Se desconecta de lo social la cría en el regreso a Canarias y lo envuelve en juicios negativos sobre un entorno al que no se adapta? «No, yo creo de verdad que no —explica Flavia terminante—, pero sí que estuvo siempre más volcada en su mundo, en dibujar y escribir, que lo hace con un talento alucinante... O lo hacía, porque ahora ya no», cuenta en 2023. Cuando el mundo de fuera cuesta, a veces hay que crear otro dentro.

«Otra cosa curiosa es que tenía un asco enorme al contacto físico. Le daban dos besos y ella se los limpiaba, no lo soportaba. Es escrupulosa a veces hasta la exageración.»

Pasan los meses y la chica empieza a dar pistas.

«Empezó a ponerse ropa ancha, que no le marcaba la cintura ni las tetas. Y yo, tonta de mí, siempre le decía: "Jo, con lo bonita que eres y el tipazo que tienes, ¿por qué no lo luces y te subes un poco el vaquero?". Y a ella aquello la ponía muy retraída, muy cortada. Una vez me dijo: "Es que odio mis caderas". Y yo le dije: "Joder, pero si tienes unas piernazas y unas caderas superbonitas. Te darás cuenta dentro de unos años de lo bonitas que son tus caderas cuando ya no lo sean tanto, como las mías". Que yo también tuve mis complejos, como todo el mundo: yo odiaba mis tetas porque son pequeñas, ni se me veían. Pero lo de ella no era disforia, no es que odiara su cuerpo para nada: era pudor. El pudor que hemos tenido todas. Yo la veía en el baño y ella: "No entres, por favor". Y yo: "Pero con lo bonita que eres...". Y ella: "Déjame en paz".»

Flavia hace una parada técnica. Suspira. La cabeza va por sus propios derroteros.

«Nunca más me dejó volver a verla desnuda.»

14

Flavia Menéndez va descubriendo cómo sus hijos descubren a su vez la vida.

Y su vehículo principal en ella: sus cuerpos. Los cuerpos de nuestros hijos e hijas. ¿Puede haber algo en este mundo más sagrado, más violentamente hermoso?

«Él, mi hijo, cuando empezó a crecer era muy bocazas y en casa no nos cortábamos, hablábamos de todo sin tapujos. Igual que me empezaron a hacer preguntitas sobre drogas y yo les dije lo que sé de duras y blandas, luego él le preguntaba a su hermana: "Y a ti, ¿no te gusta nadie?". Y ella: "Pues no". "Pero ¿ni un chico ni una chica?" "Déjame en paz." "Pero ¿no te has dado un morreo con nadie? ¿Ni chico ni chica?" "Que me dejes, que paso." "Pues yo estoy seguro de que a mí los tíos no me van a gustar... Sé reconocer cuándo un tío está bueno y cuándo no, pero yo creo que los tíos no me van a molar", decía él. Pero ella no se definía, no soltaba prenda.»

Todo lo físico parecía conllevar una sensación de asco para su hija, cuenta Flavia.

«Él le tocaba mucho los cojones. Le decía: "Joder, pues a mí me encantaría hacerlo con esta profesora, o con esta otra. Será mayor, pero está buenísima". O le provocaba: "Tía, pero ¿tú te masturbas? ¿Nunca te has hecho una paja?". Y ella contestaba: "Puaj, qué dices, asqueroso, que yo no hago esas cosas". Y yo tenía que intervenir: "Oye, a ver, asqueroso no, que eso es una cosa normal".»

«Yo entiendo que hacerte pajas con esa edad es una cosa normal, de descubrimiento del cuerpo, y que si luego no hemos pasado por ahí no podemos disfrutar con el otro.» El otro. A esas alturas Flavia ya veía que no había demasiado *otro* en la vida de su hija.

«Ella tenía dos muy buenos amigos, un chico y una chica. Pero se apartó de ellos cuando conoció a una chica con la que tuvo un vínculo tan cerrado que yo llegué a preguntarle si le gustaba.» Es el único episodio en el que Flavia puede recordar un mínimo aroma a flirteo juvenil en su cría. El único que ella conociera, siquiera de refilón.

«Le dije: "¿Te gusta esta niña?". Y ella: "Pero qué dices, mamá". Y yo: "Oye, pero que es normal, por qué no te va a gustar". Pero ella nada: "Es que no entiendo por qué me lo preguntas". "Mujer, si es normal... Y es que os veo una ondita como muy tierna." "Que me dejes en paz, que no me preguntes eso, joder."»

Flavia, ya lo he contado páginas atrás, se podría considerar «bisexual», no puede importarle menos quién se enrolle con quién.

«Pero yo creo que con esta chica algo, interés de algún tipo, sí que hubo. Consumado o no, no lo sé. Pero algo debió de haber porque en cuanto la otra se echó novio dejaron de verse, desapareció de su vida.»

En este punto la narración se vuelve brumosa, ponemos los faros antiniebla. La madre admite su desorientación en los años en que la cría buscaba su sitio.

«En el colegio también hacían cosas raras. Un día me entero por mi hija, que tendría catorce o quince años, de que en clase la orientadora les está contando cosas de educación sexual. Y digo: "Bueno, pues muy bien. ¿Y qué os han contado?". "El beso negro." ¿El beso negro? Mi hija, a esa edad, no sabría ni qué coño era el clítoris. Pensé: "Pero ¿cómo os están explicando eso si ni conocéis vuestro propio cuerpo?".»

Cuando le pido que piense tranquilamente en aquel tiempo, que vuelva allí, a la bonita casa de Corralejo, Fuerteventura, y a sus hijos adolescentes pululando por el hogar, hay algo más que se le viene a la cabeza: el manga.

«Ella estaba muy muy metida en el manga», dice Flavia, y no puedo evitar torcer el morro.

Cuando yo era crío no hacía falta rebuscar mucho en la prensa o en la tele para escuchar que el *heavy* era música de Satán. Gritaban mucho, ponían cara de enorme estreñimiento y llevaban pelos raros —el mítico *hair rock* de los ochenta, en el que importaba más la laca que las guitarras.

Luego les tocó a los juegos de rol. Algún lector recordará quizá al «asesino del rol». En 1994, en Madrid, dos *colgaos* idean un juego macabro de búsqueda de víctimas propiciatorias y uno de ellos acaba apuñalando a un pobre viandante en el barrio de Hortaleza.

La prensa —yo tenía diecisiete años, pero lo recuerdo

bien— coge el estribillo del rol como algo maligno y no lo suelta por un tiempo. Yo había jugado al rol con amiguetes y era una cosa bastante gilipollesca. Todo se resumía en que tú hacías como que eras un guerrero, un gánster, un detective... Y en realidad eras un crío sentado junto a otros críos intentando llenar como fuera un domingo por la tarde. Puedo imaginar a mi abuela alucinando aquellos días con el telediario.

Pues aquí estoy, treinta años después, dispuesto a vincular la moda trans en los institutos con el manga y el anime. Ojo, que si la cría se te pone con el manga puede acabar cambiando de sexo. Están la heroína, el fentanilo y el manga.

Y, obviamente, no es así.

Pero después de hablar con muchas víctimas de la ensoñación trans, puedo afirmar que algo hay. El manga y su ambigüedad sexual salen demasiado en los casi cuatrocientos casos que registra hoy la asociación Amanda.

Flavia: «Ya cuando nos fuimos de Santiago a Fuerteventura a vivir, que mi hija entró a cursar segundo de primaria, ella estaba muy metida en el manga. También se vestía así, como un... Cómo los llaman... *Otaku*, como un *otaku*». Un *otaku* es una persona que va disfrazada de dibujo animado manga. Por Madrid se ve de vez en cuando a alguno —aunque quizá es una cosa más de la década del 2000—, y una vez, en Tokio, me tomé un ratito para ir a Akihabara, el barrio donde quedan, se exhiben y hacen sus cuchipandas. Supongo, en esta época de pandemia de ego, que para hacerse selfis para Instagram y TikTok. Sería allá por 2006. Se concentraban en un parque y era una cosa bastante infantil: mucho curro de maquillaje, ropajes y tal para un atuendo que no pasa de ser un *egotrip* adolescente, un poco de terapia ocupacional para la vanidad.

Así que la hija de Flavia era *otaku* en Fuerteventura, algo así como un esquimal en el Congo. «Ella tenía cajas y cajas de mangas, miles de tebeos, ya con doce o trece años. Y yo pensaba: "¿Qué coño será esto que lee?". Así que cogí alguno y me lo tragué. Y molaba. Eran historias muy locas pero muy chulas, oscuras, extrañas, muy atractivas.»

Inciso para lectores que no hayan visto un cómic manga en su vida. Estéticamente son una cosa muy pop, muy chicle: figuras muy estilizadas, de ojos enormes, pelos disparados, colores flúor y movimientos eléctricos.

«Bueno, y o muy sexualizados, o completamente asexuales», dice Flavia. Es cierto, hay muchas veces intencionalidad sexual, cierto aire a *guarreo* —el sexo es demasiado jugoso como para obviarlo al dibujar—. «Existe una imagen femenina muy promovida en el manga —explica ella—: cara de niña, lacitos, falditas de tablillas, una cinturita prepúber y luego caderazas, culazo y tetones enormes, como de niña-puta.»

No podría definirlo mejor. Se puede ser cero *carca* y ver un aire evidentemente pedófilo en alguna iconografía femenina que propone el anime: niñas con carita de once años y atributos sexuales de veinticinco. «Hay ahí un rollo muy perverso, muy reprimido. Son historias muy enfermizas, como muy pervertidas y muy puritanas a la vez: todo lo sexual es muy evidente, pero está siempre soterrado, como latente.»

«Yo ya sabía también que Japón es la capital mundial de las parafilias, de los rollos sexuales raros: que no hacen el amor en tres años pero consumen porno del más chungo, y que ni se masturban con la mano, se rozan con cosas y rollos así. Es una sociedad que tiene algo extraño con el sexo —teoriza—. Me puse a mirar a ver cómo eran los cómics, pero claro, a velocidad de ratón, no como ella, que los devoraba. Recuerdo uno que era rollo *Los juegos del hambre*: crueldad, asesinatos y pruebas imposibles. Le dije: "Pero ¿tú lees esto? ¿No es muy cañero?". Y ella: "Ay, déjame, mamá". Y te juro que en algunos momentos pensé en intentar controlar aquello... Pero ya no podía. Ella vivía dentro. Cuando le quise poner filtro, me di cuenta de que era imposible, y la verdad es que decidí no darle más importancia.»

La niña se llevó su vida *manga* de Santiago a Fuerteventura y no es difícil imaginar que allí era, por decirlo burdamente, la rara del instituto. La distinta. La que forja en su distinción su propia identidad, y quizá se parapeta tras ella. La que vive una vida interior y crea su mundo: «Dibujaba y escribía con una imaginación desbordante, eso es así».

Como cuarentón *alto*, me cuesta valorar qué demonios es el manga y cómo puede impactar en una mente adolescente. Apenas vi en su momento *Akira*, una de las películas clásicas del anime, y alguna de aquellas del tal Miyazaki —no conseguí flipar con ellas, aparte de la belleza de sus dibujos.

Le escribo, cuando estoy pergeñando este libro, a Ame Guerrero, que también estuvo ahí dentro y podría ser ella misma un personaje manga, pequeñita, el pelo largo, los ojos grandotes. Sé, porque me lo ha contado, que es una estudiosa de la influencia del anime en la cultura trans.

«Es que hay una inversión de roles en el manga —contesta—. Los hombres biológicos aparecen feminizados: tienen la cara redonda o los rasgos muy estilizados. Las mujeres, lo mismo pero en la otra dirección: son menos curvadas, tienen el pelo corto e incluso algunas están musculadas.» Intercambio de papeles. ¿Os suena?

Ame me envía algunos dibujos: chicos vestidos con falda, o con finos rasgos femeninos, y chicas duras, amenazantes. Puedo entender el juego: superar el esquematismo de género (normativismo, en la jerga) para crear mundos. Lo que pasa es que la realidad no es un tebeo, claro.

«El anime en sí no es ningún problema —prosigue Ame—. Pero si captas esa inversión de papeles y luego en las redes sociales te bombardean con que lo típicamente asociado a la mujer es lo que te hace mujer, y lo típicamente asociado al hombre es lo que te hace hombre, ves un mensaje trans en el manga cuando en realidad, hasta hace pocos años, no lo había.»

Interesante. Cuenta Ame que «en este tipo de tebeos siempre ha existido el término *trap*, que significa "trampa" en inglés, para referirse a un hombre que se maquilla y viste como una mujer, pero es hombre y se considera tal. Bueno, hasta la pandemia, a partir de entonces sí es verdad que he empezado a ver animes "no binarios", "trans" y cosas así».

Pero para Ame hay más. Estos personajes andróginos «tienen una vitalidad increíble, son fuertes y resistentes, pueden con todo, luchan contra lo injusto y pasan por etapas dolorosísimas de las que salen fortalecidos».

Esto casa bien con la épica de la narrativa trans: el relato mítico del héroe, uno de los formatos de narración más poderosos y repetidos creados por el hombre, el molde de casi todos los cuentos, mitos y leyendas con las que nos hemos contado a nosotros mismos por los siglos de los siglos: el ser gris que se hunde en el más profundo de los abismos y que, cuando ya todo parece perdido, cuando sólo queda entregar la cuchara y cruzar la laguna Estigia, de pronto resucita, regresa, triunfa y reina.

Pero no resucita de cualquier manera: lo hace, tras superar el estado de crisálida, convertido por fin en Sí Mismo. Al fin es él. Él de *verdad.*

A finales de segundo de la ESO, cuando su hija tiene trece años y Fuerteventura va pareciendo cada vez más un hogar, Flavia descubre que a su hija sus compañeras no la llaman en clase por su nombre real.

«La llamaban Crona.» Como su personaje manga favorito.

Su hija, como toda adolescente, empezaba a ser otra. Pero no quien Flavia esperaba.

15

Rebobinemos hacia Ame Guerrero con trece años en Arcos de la Frontera: apestada en su instituto y cercada sexualmente en la calle e internet, se empieza a convencer de que «hay cerebros azules y cerebros rosas».

Ella tiene cerebro de hombre, por eso actúa como un hombre. «Puro neurosexismo, pero explícaselo a una niña.» El «mundo *queer*», así lo llama ella, le ha hecho una promesa que no podrá rechazar: «Yo podía ser otra persona».

Todo encaja. «Yo no era dócil, tenía mucho carácter, y eso es propio de los hombres. Me gustaban las mujeres, y es porque era hombre. Jugaba al fútbol, de portera en concreto: era hombre. Jugaba a los videojuegos: hombre. Era una friki de *Star Wars*: era tío. Me llevaban diciendo toda la vida "marimacho" porque era hombre. Me quitaba, en cuanto me los ponían, los pasadores del pelo, los vestidos...»

Ame narra con caracteres de epifanía religiosa un hallazgo de aquella época, en sus trece o catorce años.

En el ordenador de su padre, esa ventana a la verdad,

encuentra una imagen de sí misma muy pequeñita, «tendría cinco años o así». Era una foto de Carnaval. «Mi madre me había cortado el pelo como a un chico... Recuerdo que yo le decía a la gente que me buscara en la foto, que a ver si me encontraban.» Aquella personita escondida, ya entonces oculta, y que «parecía claramente un niño», era ella. «Otra evidencia: yo era un niño y había sido un niño siempre. Mi percepción de ser mujer se había roto totalmente y fue sustituida por otra que, al menos, me aliviaba.»

Ame halla al fin un oasis, una zona de confort, un refugio antiatómico: ser hombre. Cada ataque de pánico sólo se calma así, «pensando en que era hombre». «Aún hay momentos en que me pasa hoy», me confesará en 2022, tanto tiempo después. Ame sabe que es una tía, pero aún hoy, habiendo intelectualizado y analizado cada detalle de por qué se deslizó por el tobogán *queer*, a veces se encuentra a sí misma fantaseando con ser tío.

En aquel entonces, con trece, sólo puede vivir ahí. Desprovista de las auténticas redes sociales —familia, amistades, colegio—, Ame navega —o más bien achica agua— en las otras, las del simulacro. Las de esa intimidad falsa que se ha dado en llamar *extimidad*.

«Cada día descubría un foro nuevo de gente LGTBI que me decía que podía ser quien yo quisiera, que no estaba obligada a sufrir.» Imbatible autoayuda, más aún cuando «las reglas se me hacían aún peores: del desmayo pasaba al vómito, y de ahí a un dolor increíble». Ser mujer, lo miraras por donde lo miraras, era una verdadera estafa.

En el colegio, en tercero de la ESO, Ame describe un acoso sistemático y constante, «y además todos los profesores lo veían y no hacían nada. Han pasado muchos años y al orientador le tengo un rencor enorme. Decía, el muy caradura, que eran peleas normales entre adolescentes. Se reían de mí, me hacían el vacío...».

Ame, conformando lógicamente su personalidad con lo que la vida le va dando —si te da naranjas haces naranjada—, es la gótica del cole. La que viste de negro cual viuda negra bajo la calorina gaditana. «Modifiqué incluso mi forma de andar, aprendí a caminar encorvada, para que no se notaran mis curvas y mi cuerpo, para esconderlo aún más, y eso que mido 1,56. Recuerdo que a veces tenía curiosidad por el maquillaje, pero rápidamente la reprimía: "Qué estoy diciendo, si soy un hombre". Me fastidiaba mucho tener la cara redondita de chica, quería ángulos, quería dureza.»

En el manual de huida de sí misma que es en aquel tiempo Ame Guerrero llega el capítulo inevitable: «Con trece años ya estaba convencida de que necesitaba hormonarme y hacerme una mastectomía, quitarme los pechos. Pero tenía una relación tan mala con mis padres que era imposible plantearlo. Aun así, estaba convencida de que lo haría cuando llegara a ser mayor de edad».

Por si le quedaban dudas, la vida le manda otro mensajito. No hay escapatoria.

—Aquel año hice varios amigos de juegos en línea y uno, en vacaciones, se vino a dormir a mi casa. Fue sólo una noche, en vacaciones. Con toda la inocencia del mundo lo invité a venir, a charlar caminando por el pueblo y pasar la noche... Era más alto y corpulento que yo y...

—¿Qué pasó?

—Pues que abusó de mí.

—Pero ¿cómo?

—Pues eso, lo que estás pensando. En mi propia habitación.

—Joder...

—Sí...

—¿Con trece años?

—Sí, yo tenía trece años. La verdad es que no lo sabe casi nadie de mi entorno. Ahora, tantos años después —me cuenta en 2022—, se lo he dicho a mi amigo Enriguas. Entonces ni siquiera se lo conté a mis padres... Era implanteable decírselo.

Con trece años, ese 2015, Ame sentada en la cama de su habitación. La acaban de violar sobre esas mismas sábanas y no puede ni contárselo a sus padres. Duerme cada noche donde todo sucedió.

En el colegio, los niños se ríen de ella y los profesores lo toleran —«algunos incluso cotillean en broma con los otros alumnos».

No tiene amigas con quienes desaguar tanta pena. Y su cuerpo ni le gusta ni le da tregua: desearía hacerlo desaparecer. ¿Quién no querría darle la vuelta a la realidad como si fuera un calcetín?

«Con el tiempo me he dado cuenta de que aquél fue el acontecimiento más importante de mi vida, que aquel tipo me robó lo que quedaba de mi infancia. Les insinué a otros dos amigos de internet que algo había pasado, él se enteró y me amenazó. Recuerdo que yo iba a ir al Salón del Manga de Jerez, pero no fui por si acaso aparecía.»

Ame entra en barrena. Busca ayuda como puede. «Tuve unas peloteras enormes con mis padres para que me pusieran un psicólogo, sabía que no estaba bien y necesitaba ayuda, pero ellos al principio se negaban. Sólo iban al colegio a hablar con el orientador, no hacían nada más.» Su madre al fin contacta con una psicóloga «que no medicaba» y Ame —o lo que queda de ella— empieza a acudir a la consulta.

Es la peor época de su vida. No llega a pedir que le cambien el pronombre a masculino, pero anuncia a sus escasas amistades que quiere que la llamen Ame «porque sonaba más neutro, no tan femenino». En su fuero interno es un chico, sólo quiere «que pase el tiempo» para colocar su cuerpo donde está su mente.

En su proceso de demolición corporal, empieza a vendarse las mamas para que no le abulten en el pecho y oficien de reclamo sexual. «Luego ya busqué un *binder*, la faja anatómica que te oprime y hace desaparecer tus pechos.»

El *binder*. Cuando transcribo aquella entrevista con Ame Guerrero en la primavera de 2022, internándome en la selva de la neolengua que pretende liberarnos del fascismo y crear un mundo nuevo de luz y color, pongo «binder» en Google. Leo que, como prenda, «minimiza la ansiedad y la depresión, e incluso la ideación suicida». Un trozo de tela.

Puedo entender que a las personas que de verdad necesiten cambiar su cuerpo, porque lo rechacen, una faja que les haga verse de otra forma los puede ayudar. Pero de ahí a asignarle cualidades médicas, analgésicas, mágicas y antisuicidas... Por no hablar de lo chungo de aplastarte el pecho doce horas al día, del efecto sobre los pulmones, la piel, etcétera. Como si de un cilicio mortificante se tratara, poniendo a prueba el credo a base de dolor y abnegación. De nuevo prosternados ante el altar de la fe de turno.

Pues nada, esta mujer de veinte años estaba con catorce maltratándose de esa forma, volando ilusoriamente hacia otro planeta, haciendo algo eternamente adolescente: construyéndose a sí misma, sacando sus raíces del suelo para plantar otras.

Pero con un dolor, tantos años después, aún incomprensible. «Pensaba mucho en... Tenía muchas ideaciones suicidas.»

Ame lo dice y le da dos vueltitas con la cuchara al café frío que tiene ante sí. Hay que pedir otro.

16

La historia de Flavia, en fin, toma velocidad de crucero poco antes de la pandemia de la COVID-19. Y ya no va a parar. Ni siquiera ha parado cuando escribo esto.

Es principios de 2020 y su hija tiene casi diecinueve años. «De pronto empieza a acostarse muchas tardes. Llega del insti y se mete en la cama. Y yo le decía: “¿Estás bien?”. Y ella: “No sé, creo que tengo un poquito de fiebre”. Le ponía el termómetro e igual tenía 37, un poco de febrícula. La llevo al médico, le hacen analíticas, no encuentran nada. Le compro papaya, le hago unas papillas de plátano, lo que fuera. Pensaba que podía faltarle magnesio o fósforo o hierro. Le salió un poquito de anemia, pero tampoco justificaba esos bajones.»

Dice Flavia: «Claro, ahora es fácil identificar esos síntomas con una depresión... Igual en esa época ella estaba triste y yo ahí con la papaya. No se me ocurrió que igual estaba sintiendo un contraste muy grande entre lo que sentía y lo que vivía. Quizá no vi lo que le pasaba de verdad».

El confinamiento por la pandemia no contribuye a mejorar la vida de nadie, pero ese 2020 guardaba otro punto de inflexión para Flavia. El hombre senegalés con el que había tenido a su hijo al llegar a Las Palmas en su primer exilio canario, del que se había separado años después, muere de cáncer en noviembre, con Flavia a su lado en el hospital. «Aunque nos habíamos separado, él siempre estuvo muy en su papel de padre de mi hijo, y era una persona muy querida por todos: por él, por mí y también por mi hija. Fue un mazazo terrible que a mí me desbarató en un momento que para mi hija seguro que fue importante, porque me necesitaba.»

A principios de 2021, aún con diecinueve años, la niña introvertida y que no parece haber siquiera rozado los placeres de la carne le comunica a su madre que ha decidido comenzar a hormonarse.

Flavia lo cuenta como quien cuenta un sueño. «Me pilló totalmente fuera de onda. Nunca había dicho absolutamente nada de sentirse mal con su cuerpo y de querer ser hombre. Nunca dijo: "Yo me siento hombre" o algo así. Me lo tomé como si me dijera que se iba a poner un *piercing* en la nariz o mechas fucsias. La verdad es que no la tomé en serio. Me pareció otra fase de su adolescencia, sin más.»

Cómo culpar a Flavia de decodificar el desafío de su hija, una chica sin un encaje fácil en el mundo, como, dice ella, «una llamada de atención». «En abril, ya con veinte años, me dice que ha ido al Hospital Universitario de Canarias, en Tenerife, y que le han dicho que puede empezar a medicarse. Y yo le digo: "¿Cómo?". Y ella: "Sí, me han hecho un test psicológico y dicen que estoy bien, que no tengo ningún problema y puedo empezar a medicarme".»

«Entonces empezaron a caérseme las fichas del tetris —formula Flavia—. Empecé a pensar: "Pero esto es real, van a darle medicinas para cambiar su cuerpo". Me quedé anonadada. ¿Cómo iban a darle nada a alguien sano y que no había mostrado ningún signo de tener ningún problema? Le pregunté: "Pero ¿cuánto tiempo duró esa visita?". "Cuarenta y cinco minutos." ¿Cuarenta y cinco minutos? ¿Y en ese tiempo habían decidido darle medicación de por vida?»

Flavia cuenta la progresiva salida de la *cueva* de su hija como quien asiste a una representación de la que no forma parte.

«Me negué a verlo, incluso recuerdo que me obligué a sentir alivio porque no tuviera ningún problema psicológico. Yo, la verdad, estaba aún en el duelo del padre de mi hijo, sentía que debía caminar hacia delante y me empeñé en verlo como una tontería, como algo sin valor.»

Junio. Madre e hija recogen la casa familiar. La cría, después de sacar matrícula de honor en el bachillerato, se va a estudiar a Barcelona. Flavia y el crío —que en ese momento está fuera de vacaciones— se van a mudar «a un piso más pequeño».

«Recuerdo que estábamos recogiendo no sé qué en su habitación y me dice: "Pues nada, mamá, que me he empezado a medicar". Me tiré en un sofá, cuan larga soy. Y le dije: "No". Y ella: "Sí".»

—No.

—Sí.

—No.

—Sí.

—Pero, mi amor, qué me estás contando... Pero ¿qué te estás tomando?

—Es una crema, mamá, una crema de testosterona. Te la pones y la piel la absorbe.

«Empecé a pensar: "Hostia, pero esto es real. Es de verdad. No es una tontería pasajera, no es broma, es de verdad".»

Como si de *Cumbres borrascosas* se tratara, Flavia empieza a sentir en ese momento que le sube la temperatura. Se toca la frente. Está ardiendo.

«Empecé con una fiebre enorme y al día siguiente ella también. Pensé: "Bah, una gripe sin más, pasará". Pero no pasaba. A los equis días fuimos al centro de salud. Yo soy un poco negacionista de todo en general y de la COVID en particular, no nos habíamos vacunado ninguno y temía que me echaran la bronca. Salió que sí, que teníamos COVID.»

Lo que sigue es más *La casa de Bernarda Alba*: «Nos encerramos en casa y yo estuve tres semanas con unos dolores increíbles y fiebre muy alta. Me levantaba con 38 y a lo largo del día llegaba a 41. Así todos los días, de la mañana a la noche. Había días que estábamos tan absolutamente cansadas que ni hablábamos entre nosotras, fue la hostia. Mi hija a la segunda semana ya estaba mejor, pero yo nada. Un par de amigas nos hacían la compra y dejaban las bolsas en la puerta. Laura, mi peluquera, que es la leche, vino, me limpió la casa y hasta me limpió a mí y me hizo un masaje. Por cierto que Laura, que es un poco bruja, cuando entró en casa y sin que yo le contara nada dijo: "Chica, yo no sé qué os pasa aparte de la COVID, pero aquí tenéis un lío gordo. No sé qué es, pero tenéis un problema muy grande"».

«Seguro que era COVID —cuenta Flavia en 2023—, pero seguro también que tuve un bajón de defensas salvaje.» Aquella fiebre fue la puerta de entrada a un laberinto mental del que aún no ha salido. «Empecé a darle vueltas a todo. Es verdad que mi hija nunca se había definido sexualmente, yo sospechaba que a lo mejor le gustaban más las chicas que los chicos. Y, bueno, siempre le habían dado asquete las cosas del cuerpo, el de ella y el de quien fuera. Pero jamás había manifestado que necesitara cambiar de sexo, nunca.»

Repite varias veces: «Es que, Quico, sin la propaganda *queer* estoy segura de que ni se le habría ocurrido, completamente segura». Qué veía Flavia y qué ve: «Una chica un poco perdida, con dificultad para salir de su mundo y relacionarse, pero nada más».

Pasa el verano. Un verano «extraño, en el que todo flotaba en el aire». Flavia habla con su expareja, el padre de la niña. «Estábamos los dos completamente anonadados, no hay otra palabra. Decidimos que teníamos que aceptarlo, que no nos quedaba otra. Nos quedamos gilipollas, ésa es la verdad.»

En septiembre, la cría vuela definitivamente del hogar a la universidad en Barcelona y a Flavia empieza a darle vueltas la vida en la cabeza. Viaja a Barcelona. «Quería simplemente ver cómo estaba, cómo había aterrizado, si necesitaba algo. Paso allí de viernes a domingo, con ella. Noto que le sobro y me lo hace ver claramente. Se tira todo el rato mirando el móvil, hay un día que ni siquiera se levanta para desayunar conmigo, roza la mala educación. Vuelvo a casa preocupada. Veo que ella se ha desconectado, me planteo si será la testosterona...»

De vuelta en Fuerteventura, Flavia siente que va despertando del mazazo inicial. No sólo le aterra la idea de su hija medicándose de por vida, y dejando de ser «la persona que era»: «Es que me doy cuenta de que es una equivocación total, algo que no tiene ni pies ni cabeza y que procede de una pura desorientación adolescente y de la dificultad de adaptarse al mundo».

Se pone en pie. Telefonea a su ex. Aunque la relación entre padre e hija ha sido «discontinua» en el proceloso camino de los años, ambos nunca se han perdido de vista. Flavia sabe que él tiene influencia sobre ella. Coge el móvil y marca. La conversación posterior, tal y como ella la cuenta, es un cuchillo:

—Tenemos que hablar...

—Hablar, ¿sobre qué? —contesta él.

—Pues sobre nuestra hija, de qué va a ser.

—Dirás nuestro hijo.

—Bueno, yo considero que sigue siendo nuestra hija. Tú haz lo que quieras, pero a mí es que no me sale llamarla hijo. ¡Es que no me nace!

—Es que es nuestro hijo, lo ha decidido él y nosotros no somos nadie para oponernos.

—Ya, pero a mí me sienta mal, me hace mal.

—Mira, yo si la sigues llamando «nuestra hija» prefiero que no hablemos de esto.

—Pero a ver, incluso podría decirte que me parece mal que la llames «hijo», pero te respeto y no me meto. Pero, vamos, que no me vas a obligar tú a llamarla en masculino.

—Si sigues llamándole chica, te bloqueo en el móvil. Te lo advierto.

—Pero qué dices, a mí déjame llamar a mi hija como quiera, estaría bueno...

—Pues te lo repito: si vuelves a hablar así de nuestro hijo, no te vuelvo a hablar.

—Pero qué coño dices, lo que está pasando es muy *heavy*, joder, no podemos estar aquí discutiendo gilipolleces, tenemos que estar juntos en esto...

«Me bloqueó. Hasta hoy —me cuenta Flavia en la primavera de 2023—. Me quedé alucinada. Imagino que se comió cuatro trípticos de Chrysallis o del Ministerio de Igualdad, y hala.»

Le comparto mi estupefacción, pero tras la suya hay cierta comprensión: «En realidad, estoy segura de que le sentó tan mal todo, le pareció tan fuerte, tan insoportable, que ha preferido aceptarlo a ciegas y tragárselo sin hacerse preguntas. Es como si dijera: "Esto me revienta tanto que o lo meto dentro de mí a golpes o voy a sufrir una barbaridad"».

Desde ese octubre de 2021, Flavia ve a su hija cortar amarras. «Empezó claramente a verme como su enemiga, como el poli malísimo por oposición al padre, que le daba palmaditas.» La chica protocoliza la ruptura según la suma manifestación actual del desprecio: «Quitó el doble *check* del WhatsApp». Como los *checks* ya no se ponían azules, mamá perdió gran parte de sus superpoderes.

«Comenzó a entrar fuerte en el discurso del transactivismo de que las madres somos tóxicas.» Imaginemos la chuchería conceptual para una cría en plena construcción: tu madre es, como imaginabas, basura, algo de lo que huir. Está equivocada, lo ha estado toda su vida, nadie ha estado en el lugar moral adecuado hasta que has llegado tú. Los hados han decidido que seáis tú y tu narcisismo adolescente quienes pongáis al mundo en su verdadero lugar.

Mientras su hija se radicaliza, Flavia sufre el proceso paralelo. «Empiezo a leer mucha información de endocrinos, psicólogos y psiquiatras, y de gente que ha estudiado el dinero que gana esta industria, porque es una industria, claro. Yo sé que mi hija es muy inteligente, así que le empiezo a pasar toda esa información. El riesgo de la hormonación para el corazón y el hígado, por ejemplo. Ah, y luego le paso lo que sucedió en el Reino Unido con la clínica Tavistock.»

Tavistock.

Que España aprobara su ley trans en la primavera de 2023, ocho meses después del cierre en el Reino Unido de la clínica Tavistock, dice más de este país que la tortilla de patatas, la siesta, la deuda pública y la indigencia habitual de nuestro debate político.

Los británicos cierran en 2022 ese hospital público. En él habían centralizado durante los treinta años anteriores la atención a los menores británicos que se sentían transexuales. Lo cierran porque constatan, tras un profundo estudio independiente, que a miles de chicos y chicas —sobre todo ellas— con problemas y trastornos personales se les ha empujado tácita y erróneamente a creerse transexuales, a la hormonación y el bisturí.

¿Cómo se ha hecho? Por la vía de dar por buenas sin

más ni más sus dudas adolescentes, sustituyendo alegremente un diagnóstico médico diferenciado y una asistencia de salud mental por:

- el brioso empuje de las redes sociales,
- la compasión ciega y los buenos sentimientos generalizados hacia lo trans,
- no poca hipocondría social (barra libre a lo que sea para no parecer yo un *viejuno*)
- y buenas dosis de negligencia por parte de los poderes públicos.

En el caso, que al destaparse rompe contra la opinión pública británica como el iceberg contra el *Titanic*, se evidencia que se han producido daños inconfesables a varias generaciones de niños británicos con problemas y trastornos que nada tenían que ver con su sexo —la investigación no especifica cuántos; se da por hecho que pueden ser miles.

El estudio arroja que a estos críos, que buscaban la solución mágica a sus problemas ahí, pero en realidad necesitaban límites y referencias, se les ha dado la razón en plan «sí, *bwana*» como si sus padres fueran en realidad los niños y viceversa. O sea, que a ellos sí se les han aplicado una verdadera terapia de conversión: de no trans, a trans.

Alguno de ellos, por ejemplo Keira Bell, al crecer llega a demandar al Estado argumentando, con una lógica aplastante: «¿Cómo pudieron dejarme hacer eso?». Es decir: «¿Cómo no supisteis cuidar de mí y permitisteis que mis deseos infantiles fueran derechos?».

Ocho meses después de que el Reino Unido dé marcha atrás a la barra libre de transexualidad, España, con la nueva ley, blinda a los niños y adolescentes que decidan ser trans por la vía de impedir a cualquier profesional de la salud mental tratarlos más allá del «lo que tú digas» afirmativo.

Tavistock.

Por supuesto, durante los meses anteriores a la aprobación de la ley en España, padres y médicos cercanos a este pequeño drama se ponen en contacto con todos los partidos políticos involucrados. Da igual. Nadie en el Congreso de los Diputados se anima a cuestionar una norma que el Reino Unido admite como una locura. Sólo la Comunidad de Madrid, un año después, dará marcha atrás mínimamente, pero está por verse cuál de las dos legislaciones se aplica, si la nacional o la autonómica.

Tiempo después entrevistaré a Susanna Moll, la única senadora del PSOE que vota en contra de la ley, y que meses después ya está sentada de vuelta en su casa de Mallorca, los lunes al sol, expulsada de su responsabilidad por negar la religión verdadera. Consigo entrevistarla en primicia, que me cuente con cierta inocencia su pasmo ante la ceguera deliberada de sus compañeros de bancada: «Yo he hablado con muchos, les he explicado lo que es esta ley... Pero quizá no han entendido lo que supone».

Moll verbaliza otro de los imposibles de esta historia insólita: «Es que en realidad el cambio de sexo no es posible, la hormonación y la cirugía no consiguen un cambio de sexo real. A lo más que podemos llegar es al cambio de sexo como ficción jurídica, la ciencia no puede cambiar de sexo de verdad a una persona». Todas nuestras células contienen nuestros marcadores sexuales. La cirugía que facilita la transexualidad es estética. No cambia órganos reproductores.

Las palabras, viene a decir Moll, han vuelto a enredarnos —ay, la trampa de las palabras—. Igual que hemos malentendido por ejemplo el concepto de igualdad —que no quiere decir que mujeres y hombres *seamos* iguales, sino que debemos ser *tratados* como iguales—, el cambio de sexo al que podemos aspirar será jurídico, social. Si queremos moral. «Pero nunca biológico», dice ella.

Flavia Menéndez, en fin, empieza en ese tiempo de rearme a leer mucho, «y cuanto más leía, más cabezazos me daba contra las paredes».

Le comienza a circular a su hija una selección de lo que va desenterrando. Al principio la cría responde: «No tienes derecho a mandarme esto, me estás insultando». Me explica Flavia: «Todo lo que no fuera afirmarla era insultarla». Luego, el silencio va haciéndose más y más puré de silencio desde el otro lado.

Flavia busca la ayuda de sus propios padres, en Santiago, «pero nada, ellos no se daban cuenta de lo que pasaba, me repetían frases como las que yo me repetía al principio. Mi madre me decía: "Será una fase más, una tontería, como si se pone una cresta o se hace un tatuaje". Un día mi padre me encontró llorando por las esquinas y me dijo: "Pero, mujer, ¿qué te pasa?". Y le dije: "Papá, que mi hija lleva muchos meses metiéndose testosterona", y aun así no lo entendió. Me volví muy loca».

Por suerte, su madre acaba entrando. «Terminó leyendo algo de lo que yo le pasé y hubo un momento en que cayó en la cuenta. Me dijo: "Hostia, Flavia, es cierto, esto es una completa locura". Se hundió, vino a Canarias a verme y lloramos juntas.» Estaban compartiendo lo que en la neolengua se llama *peak trans*: el momento en que lo trans pasa de liberación a delirio.

Es un episodio clave en todas estas historias de ensoñación *queer*: el rearme en plena guerra de padres y madres destrozados por el espejismo de género. Flavia, la mujer que quería cantar, está en esos meses en los dientes de sierra de la batalla.

Se le corta la regla —ella también siente que deja de ser mujer.

Una noche, con su hijo en casa, se descubre pensando en suicidarse.

Será la primera de varias.

17

Con catorce años Amelia Guerrero es un coche sin conductor.

«Nada era suficiente para ser hombre, porque ésa es la sensación: una vez que encuentras ese camino, no puedes parar y nada te colma. Primero me había fijado en mi vello corporal, en las piernas y las axilas. Luego, como no lo veía suficiente, me corté el pelo. Como no bastaba, empecé a borrar mi cuerpo con ropa amplia, y luego a vendarme el pecho. Pero como necesitaba aún más, quería hormonarme y soñaba con amputarme.»

Ame sitúa aquí el momento en que vio a sus padres asustarse realmente.

«Ahí tomaron conciencia de que me autolesionaba de verdad. Me quitaron el móvil, yo notaba que me espiaban y que vivían todo como una vergüenza para ellos, una vergüenza que no sabían afrontar. Sabían que en el colegio me humillaban, pero sólo eran capaces de aparecer por allí cuando los llamaba el orientador. Y el orientador sólo los llamaba para ver si había algún problema en casa.»

La pureza del testimonio de Ame radica en que, incluso en lo más oscuro de su confusión, nunca llegó a denominar disforia de género ni ninguna otra cosa a sus sentimientos, no envolvió aquel tiempo en palabra ninguna. Sólo eran, para ella, sentimientos. «Simplemente, yo sentía que había algo que no estaba bien en mí, algo que no estaba en su sitio. No le ponía nombre.» «Durante mucho tiempo me obsesionó lo que me dijo un chico con el que saldría tiempo después, todavía en la adolescencia», me cuenta. Fue como una maldición: «Me dijo muy serio que muchos hombres se acercaban a mí en los videojuegos y en otros sitios de temática friki porque había pocas mujeres en ese ámbito, y que una vez que consiguieran ligar conmigo me iban a abandonar».

Así contado parece la típica estrategia de *folla-conmigo-y-no-busques-más*, pero a Ame aquello le hizo verdadera pupa: «Empecé a desconfiar de cada tío que aparecía por mi vida, y me obsesioné con que iba a pasar lo que él dijo: que no iba a ser más que un bien de consumo para hombres. Ésa fue la época en que más daño me hice físicamente, y hasta hace unos meses, a pesar de haberme alejado radicalmente de esa persona hace años, el pensamiento seguía ahí», me contará en 2022.

Cuando todo parece ir a peor, se abre un resquicio de luz. Algo empieza a suceder en las sesiones de Ame con Andrea, la psicóloga que le ha buscado su madre.

«Ella no fue directamente al tema trans. Simplemente hablamos de cómo moverme en el instituto, de cómo estar allí. Me di cuenta de que tenía una imagen horrible de mí misma, una autopercepción muy negativa. Ella me fue haciendo ver, de forma muy inteligente, que yo me había defendido como había podido de las cosas que me habían ido sucediendo: el acoso, las agresiones sexuales... Empezó a cambiar mi visión de mí misma.»

Ame Guerrero no lo sabe entonces, pero se sitúa en esos años, con catorce, quince, entre una espada y una pared. A un lado la promesa maximalista del cambio de sexo como salvoconducto mágico y la carrera «sin fin» para conseguirlo. A otro, ella misma y sus problemas: su escasa autoestima, las dificultades sociales, la no aceptación de su cuerpo, la ausencia de un entorno. Los abusos sexuales.

Con quince —a perro flaco todo son pulgas— sufre un ataque epiléptico «de los que los neurólogos dicen que a veces son provocados por nervios, por estresores».

Comienzan a medicarla con un ansiolítico llamado Keppra, que «es bastante fuerte a nivel cognitivo y te desestabiliza hormonal y emocionalmente. En esa época se me agolpan las ideaciones suicidas y ahora hay muchas cosas que no recuerdo, porque esos fármacos te provocan grandes pérdidas de memoria».

Año y medio después, otra crisis epiléptica.

Sin embargo, Ame ha cruzado el cabo de Hornos. Andrea, la psicóloga, ha conseguido colocarla ante un espejo real y no deformado. Su imagen de sí misma ha cambiado de rumbo ligeramente, pero lo suficiente. Comienza a darse cuenta de que «algo iba mal conmigo, más allá del hecho de querer ser hombre».

Su deseo de hormonarse comienza a desvanecerse. Ame Guerrero, que era carne de cañón en manos de la ensoñación, consigue traccionar después de poner un pie, o los dos, en el infierno.

«La psicóloga, lógicamente, no me hizo ninguna terapia de conversión. Simplemente me ayudó a ver mis problemas. Hablamos del acoso, de lo que sucedía en casa...» Cómo cuenta Ame que sucedieron las cosas en la consulta de Andrea: como si describiera a un gato caminando sibilinamente alrededor de aquello que desea, como el negativo de una fotografía, como quien camina cuidadosamente por los bordes del cono del volcán.

«Me fui dando cuenta de que Tumblr e Instagram habían creado un problema con mi cuerpo que yo no tenía. Te hacen ver que transicionar es libertad, cuando es lo contrario: encadenarte a un camino que no va a tener final.»

Pero en aquellos dieciséis años la pelea con su cuerpo es aún a machete. La vida sigue sin fluir en casa y en el instituto, pero ella misma, con el punto de apoyo de la psicóloga, va reconstruyéndose. Desde abajo.

«En un momento dado, creo que tendría dieciséis, en una sesión que tuvimos y sin que viniera mucho a cuento, porque jamás hablamos del tema trans, le dije: "He empezado a utilizar el color rosa". Y ella me contestó: "¿Ah, sí? Pues me parece muy importante".» Ame me mira muy seria: «Te juro que en ese momento no me di cuenta de qué estaba pasando, de qué valor podía tener eso, pero se me empezaron a saltar las lágrimas sin saber por qué. Me estaba empezando a reconciliar».

Uno sólo se reconcilia con quien ha estado peleando.

La enemiga de Ame era obviamente ella misma.

18

De no hablarle cuando fue a visitarla en Barcelona, a principios de 2022, la hija de Flavia Menéndez ha pasado a «hacerme puro *ghosting*, a hacer como que no existo».

Hace unos meses ella tenía una hija, pero ya no. «Empecé a sentir que me la habían robado, que la habían suplantado, que era otra.»

No deja de pensar, obviamente, en por qué. Ese viaje interior coincide con otro fuera de ella, en ese curso 2021-2022. En el colegio en el que Flavia da clase, lo LGTBI es «mucho más que una opción para enseñar diversidad: lo ocupa todo».

Se sorprende convertida en una tránsfoba en la mirada ajena y casi en la propia. Lo que a su alrededor antes eran unas banderitas y algún eslogan de tanto en cuando, cada vez le parece más una imposición aparentemente bienintencionada, pero perversa.

«Empiezo a detectar algo que ahora está muy extendido aquí —me cuenta por teléfono desde Fuerteventura—: Es el orgullo de la gente que tiene hijos trans. Están felices de que sus hijos sean trans, les parece lo más.» ¿Hijos como instrumentos de la vanidad de los padres, como *spots* publicitarios de los egos de papá y mamá? Flavia jura haberlo visto.

«A mí, en esos primeros meses, hay gente de mi alrededor, mi familia, la mayor parte de mis amigos, que me dicen: "Pero, tía, alégrate, si es lo que ella quiere tienes que alegrarte". Eso me lo decía sobre todo gente que no tiene hijos. Y yo contestaba: "Pero, hijo de puta, ¿tú tienes puñetera idea de lo que me estás diciendo? ¿Cómo coño voy a estar contenta de que mi hija, cuyo cuerpo está sano, vaya a hormonarse y por lo tanto a enfermar, por una movida que medio se ha inventado, medio la han inducido?".»

En esas primeras etapas del viaje de su hija, algunas sospechas se convierten en certidumbres en la cabeza de Flavia: «Empiezo a ver cómo esto ahora se fomenta en los colegios. No es que se informe a los críos y a las familias de que cada cual puede tener la vida que quiera: es que se fomenta que no existe el sexo como tal, que es una cosa fluida, que es guay cambiarlo. Está bien visto, es progresista, liberador y moderno».

Flavia, siempre desde una visión de izquierdas, comienza a ver parte del feminismo como «equivocado, sobre todo en el rollo extravictimista. Y eso que yo siempre he tenido que pelear contra esas cosas, yo he cantado en orquestas en las que las chicas cobrábamos 200 euros menos que los chicos y me he largado. Y luego he cantado en otras en las que la empresaria era una mujer y pagaba a todos por igual. ¡Joder, y hay que pelearlo, eso siempre ha sido así, y se ha peleado y se pelea! Pero este rollo de que sólo somos víctimas todo el rato... A mí que no me digan: eso es una puta mierda. El problema de ese supervictimismo es que lo distorsiona todo y a las mujeres nos acaba quitando la razón».

Es entonces, en ese primer año de horror ante la deriva de su propia maternidad, cuando el director del cole en el que trabaja se empeña en que la niña venezolana con la gorra de béisbol tiene que ser por fuerza trans, y es entonces también cuando Flavia vive una situación que termina por sacarla de quicio, y puede que del mundo.

Una tarde va por una de las calles principales de Corralejo cuando escucha barullo en lontananza. Intenta evitarlo, pero finalmente se ve envuelta en una especie de concentración popular.

No eran más de «cuarenta o cincuenta personas», pero «armaban un jaleo considerable». A la cabecera, la bandera trans: las dos franjas azules y rosas, y la blanca en medio. «Lo que pasa es que el megáfono lo llevaba un tío de la ONG Lánzate, un tipo que yo había visto muchas veces porque suele ir a dar charlas en colegios cuando ni es médico, ni es psicólogo, que se sepa. Eso sí, cobra de la Consejería [de Educación] por vender estos rollos en los colegios y en los institutos.»

Qué iba gritando esta persona, cuenta Flavia: «Gritaba: "¡La infancia es trans! ¡Por los derechos de una infancia trans!". Y entonces me enfrenté. Me planté delante de ellos y les empecé a gritar: "¡No, no! ¡Los niños son niños! ¡Ni son homosexuales, ni heterosexuales, ni trans ni hostias!"».

La cosa no acabó fatal por el canto de un duro. «Me gritaron de todo, hija de puta, fascista de mierda. Me ofrecieron una mano de hostias, me llamaron por supuesto tránsfoba.»

¿Qué hizo Flavia? ¿Perdió los papeles? «Lo que más me sorprendió es que estaba muy tranquila, no me alteré para nada. Les dije lo que les tenía que decir, e incluso tenía ganas de que me pegaran un puñetazo, que lo hicieran de verdad, para al menos poder denunciarlos.»

O quizá, pienso yo, para motivar aún más ese dolor insoportable que la estaba mortificando. Tanto que en aquellas semanas se ve obligada a ir al médico de cabecera y pedirle que le dé la baja: no es capaz de trabajar.

«Me dijo: "Mira, te doy una baja y te receto unas pastillas, pero lo más importante es que aceptes lo que quiere tu hija". Y yo le contesto: "Pero vamos a ver, que mi hija no es trans, hombre, que lo que tiene es una empanada enorme y quizá algún trastorno. Y entonces, si es así, la solución cuál es: ¿que yo me medique y ella se medique y todos nos mediquemos? ¿Todos enganchados a las pirulas? Pero ¿qué coño es esto?".»

Deja de trabajar. Sigue en pie «por mi hijo pequeño, que se ha comido todo esto y se lo sigue comiendo», pero el escrutinio de su vida pasada no le deja vivir la presente. «Empecé a pensar, por ejemplo, en una amiga mía desde mis tiempos del instituto, una chica que siempre fue lesbiana, pero que también se había enrollado con algún tío. Pues esta tía, que es psicóloga, ojo, hará cosa de siete u ocho años ahora se metió en rollos de educación sexual y empezó a hormonarse. De un día para otro. Yo, que desde luego no imaginaba que iba a estar donde estoy ahora, recuerdo que le dije: "Pero, tía, ¿qué coño quieres, tener barba? ¿Qué rollo es ése?”. Y ella que sí, que quería llegar hasta el final, y yo no entendía aquel rollo, la verdad. A esa chica yo la llamaba siempre en plan cariñoso “nena” o cosas así, y me pidió mil veces que no lo hiciera, pero yo no era capaz, ¡no podía! Y hubo un momento en que se cabreó conmigo. Me dijo: “¡Joder! ¡Es que sólo me llamáis nena mi hermana y tú, coño! ¿No podéis respetarme?”.»

¿Estuvo esta amiga cerca de su hija? «Pues... Sí, es verdad que ellos la vieron varias veces cuando ella ya estaba en ese rollo. Una vez, por ejemplo, estábamos tomando un refresquito en Las Palmas y empezó con el tema delante de los niños. Mi cría igual tenía trece. Se puso a hablar de eso y le hice señas para que cortara el rollo. Luego hablé con ella aparte. Le dije: “Mira, delante de los niños, por favor, no hables de estas cosas. Date cuenta de que son muy influenciables”.»

Su amiga, dice, se «mosqueó», «y yo tomé la determinación de no juntarlos más con ella». Con el tiempo, «la relación se fue enfriando y terminé mandándola a la porra».

Tras un año en Barcelona con escaso contacto, Flavia llama a su hija una tarde y le implora: «Pero, mi amor, vamos a ver, podemos estar en desacuerdo en lo de tu transición, vale, pero tendremos al menos que poder comunicarnos, que incluso la comunicación hemos perdido y eso no puede ser». «Entonces ella sólo me echa cosas en cara. Que yo fui una madre nefasta, que los maltraté tanto a ella como a su hermano. Que tengo problemas mentales, me dijo incluso, me diagnosticó de no sé cuántas cosas».

También la chica, al igual que Flavia, buscaba porqués a la actitud de su madre... Y quizá a su propio decurso vital.

«Y me decía que yo era la loca, que los había maltratado siempre, que había sido una mala madre. Cosas que no esperaba escuchar, la verdad.»

La única visita que le hace a su hija en 2022, en abril, tiene perfiles trágicos. «Ella ya estaba muy cambiada, con la cara desfigurada, muy diferente. Tú, como madre, no te puedes explicar eso en una niña que no tenía ningún problema con su sexualidad. Yo le dije: "Hija, estoy fatal, yo no puedo con esto". Estuve todos esos días tomando Lexatin, no podía verla sin echarme a llorar, se me caían las lágrimas delante de ella... Yo sabía que a lo mejor ella tenía problemas, que le estaba costando encontrar su lugar en el mundo, pero estoy segura de que no necesita cambiar su cuerpo, no lo necesita. Le conté lo mal que me sentía, lo duro que aquello era para mí. Le dije: "Jo, cómo podemos estar así, vaya mierda venir para esto...". Y ella contestó: "¿Ah, sí? ¿Estás mal? Pues jódete. Cuando yo estuve mal, tú no me ayudaste". Empecé a desconfiar de mi labor como madre. Empecé a pensar: ¿y si tiene razón? Aquella época en que ella había tenido febrículas, y que igual estaba deprimida... Pero yo sólo la animé, lo único que hice fue ayudarla. ¿Y sabes a qué me recordó, Quico? A la única vez que me echó una bronca ella a mí cuando era pequeña, tendría cuatro años. Estábamos en Las Palmas y la llevé al colegio con la ropita que ella llevaba siempre, y fue un día raro, bajaron las temperaturas mucho y llovió. Y cuando llegué a buscarla al cole estaba toda morrocotuda, enfadada, y recuerdo que me dijo: "¡Tonta-idiota!". Eso de "jódete" era lo mismo: sólo un pataleo infantil.»

Otro episodio aún más serio le hace poner en duda su labor como madre.

«En esos meses que estuve de baja no llegué a medicarme, pero tenía pensamientos muy oscuros, no sabía cómo encajar las cosas y no podía comunicarme con mi hija... Busqué una psicóloga. Me la recomendó una amiga y también la elegí porque era lesbiana. No sé, pensé que podía ser buena idea. Fui tres veces a ver a esta mujer, explicándole lo que me causaba que mi hija quisiera cambiar de sexo, el dolor que me producía. Y al principio ella estaba muy afirmativa, rollo Chrysallis. Pero yo empecé a pasarle documentación y comenzó a cambiar de postura. Se dio cuenta, me dijo, de que todo el mundo sigue el discurso afirmativo por puro buenismo, por compasión hacia los verdaderos trans. Pensé: “Esta tipa es sabia, es capaz de entender y cambiar de idea”. Ella me dijo: “Ostras, es verdad, esto es muy grave, podemos provocar unos errores enormes. Mira, si quieres veo a tu hija también y luego hacemos una sesión conjunta”. Rogando y rogando conseguí que mi niña aceptara cincuenta minutos por videoconferencia.»

La psicóloga primero tiene una sesión de cincuenta minutos con la chica, por Skype, y cita a Flavia pocos días después.

«Cuando entro en la consulta, lo primero que me dice es: “Bueno, tienes un hijo inteligentísimo”. Y a mí, que le había dicho un montón de veces que no podía pensar en tratar a mi hija como si fuera un hombre, se me empezaron a revolver las tripas. Mi hija, Quico, jamás ha llegado a pedirme que la trate como un hombre, nunca. Y ahí estaba esta tipa diciéndome que tenía un hijo inteligentísimo.»

—Pero ¿cómo hijo?

—Hijo, claro. Pero ¿qué te pasa? ¿Te encuentras mal?

—Yo... Ya te dije que sólo de pensar en tratarla como si fuera varón...

—Pero es que él lo tiene todo clarísimo. Está segurísimo de lo que es, es encantador y lo veo muy seguro de sí mismo.

—Pero...

—Pero lo que sí te puedo decir es que tu maternaje ha sido pésimo, un desastre.

«Maternaje. Usó la palabra *maternaje*. ¿Por qué coño no podía decir maternidad? ¿Es que tienen que usar siempre su puta neolengua? El caso es que me dice que mi maternidad ha sido muy mala, y que lo que tengo que hacer es enviarle una carta a mi hija, una carta escrita a mano, "pidiéndole perdón por lo que le hiciste y diciéndole que la quieres".»

Flavia sale de la consulta como pez que boquea fuera del agua. «Me moría. ¿Qué coño era eso de que tenía que pedirle perdón? ¡Si llevaba dos años diciéndole que la quiero, a diario! ¿Por qué tenía yo, que siempre me he desvivido por mis hijos, que pedirle perdón por nada?»

La víctima, el gran héroe presuntamente herido de nuestra era, que garantiza nuestra valiosa culpabilidad. El victimismo como ideología triunfal, deporte planetario, fuego purificador.

—Llegué a casa y escribí una carta, pero no a mi hija. Le escribí a esta psicóloga. Para decirle: «Señora, gracias por su trabajo, pero hasta aquí hemos llegado. Adiós». Porque para esto me habría ido, qué sé yo, a una iglesia...

—¿Qué quieres decir?

—Ideología, Quico. Esto es ideología. Pura y dura.

Flavia se toma un tiempo. La escucho resoplar al otro lado del teléfono. «Incluso mi madre empezó a echarme en cara si no habría enfocado yo mal la maternidad, por el hecho de no tener una pareja estable: "Mira a ver qué hiciste, Flavia". Y es verdad que yo no tuve una pareja estable, es cierto, y su padre sí, al menos unos años. Mi madre me llegó a decir: "Deja de luchar, deja a la niña hacer lo que quiera y revísate".»

El ventilador de la culpa había comenzado a funcionar. «Tuvimos una crisis muy gorda ambas. Ella también ha sufrido lo suyo y terminó echándome la mierda a mí.»

Sin embargo, un fin de semana en Santiago ambas se encuentran: «Tocamos fondo juntas. Nos dijimos que ninguna habíamos descuidado a nuestros hijos. Es absurdo discutir si aquella noche te arropé o no te arropé: los padres que hemos estado, sabemos que hemos estado, punto, no hay que andar sumando palitos. Pero mi hija fue cada vez más dura, llamándome maltratadora, loca, maquiavélica, controladora, como siempre aprovechando la figura de su padre, que sí le da vía libre a lo que ella quiere...».

Y Flavia tuvo que viajar al pasado, ese lugar al que la vida inevitablemente te arrastra. «Yo nunca había querido contarles nada de su padre, pero tuve que hacerlo. Cuando empezamos éramos superjóvenes y fue mi único noviete, la verdad. Nos quedamos embarazados muy jóvenes y él... No pudo. Se metía coca y te aclaro que yo nunca lo hice, porque soy muy nerviosa y me venía fatal. Yo hago al contrario, si acaso fumo un porrito para templarme. La coca la probé con dieciocho años, cuando empezaba a cantar, y me viene fatal, me tensa y me bloquea. En Galicia meterte una rayita es una cosa normal, mucha gente lo hace, no quiero parecer una mojigata, pero él trabajaba de noche y cuando la niña nació no quiso dejarlo. Al revés, estiraba más las noches. Se iba a trabajar y aparecía al día siguiente. Hubo un momento en el que le dije que no podía seguir así y me contestó que él no iba a cambiar ni de coña. Se marchó a A Coruña y nosotras nos quedamos en Santiago. Sufrí mucho la separación, pero él lo hizo de forma radical. Yo le subía a la niña a A Coruña pero no había ninguna comunicación entre nosotros. Ella no vio cristos ni nada, pero no había comunicación ninguna. Yo curraba en una cafetería, no veía futuro en Galicia y nos largamos a Las Palmas. Un año después él fue allí y me pidió volver, pero ya era tarde. Yo ya había conocido al que sería el padre de mi hijo.»

La voz de Flavia se pone tierna al otro lado del teléfono.

«Yo nunca le habría contado esto a mi hija, te lo juro. Pero con su padre afirmándola sin tener ni idea de lo que estaba haciendo, y con ella idealizándolo simplemente porque le daba la razón... No me quedó otra opción. Le dije: "Mira, llevo diecinueve años mordiéndome la lengua, pero si ya eres mayor para hacer lo que te dé la gana, también lo eres para escuchar esto. Cuando eras pequeña él se quitó de en medio, no quiso cambiar de vida, prefirió seguir a lo suyo. Hoy te dice lo que quieres oír, pero no siempre estuvo ahí para ti, es la puta verdad". Yo sé que él, hoy, veinte años después, sigue con líos con la coca, y lo saben también mis hijos porque en Fuerteventura hubo un incidente muy desafortunado y se enteraron de que la consume e incluso la vende. Prefiero no contártelo, la verdad.»

Flavia, con todo casi perdido, abre la caja de los truenos. «Le dije: "Mira, a ti tu padre te parece maravilloso porque te dice lo que quieres oír, pero cuando naciste tu padre no estuvo ahí porque básicamente no estaba dispuesto a levantarse temprano para cuidarte, prefería dormir de día y salir por la noche. Así que cuando pienses que soy una represora y una chunga, e idealices a tu padre, piensa en eso. Y en que a lo mejor él está equivocado al afirmarte, como antes lo estuvo al no querer cuidarte". Es muy tóxico lo que hice, lo sé. Pero sentí que había que hacerlo.»

Flavia había pasado el punto de no retorno. Como se dice en ciclismo, ya bajaba a tumba abierta. O sea, con la posibilidad de dejarte la vida en cualquier curva.

19

Estamos en 2020. Amelia Guerrero tiene diecinueve años y hace uno descubrió que la ensoñación que dominó su adolescencia, convertirse en hombre, era «un enorme error, un discurso que había comprado».

Que «la hipersexualización que socialmente se nos impone» le había supuesto un listón inasumible.

Que el motivo por el que tapaba y hoy por hoy sigue tapando su cuerpo en la playa, llevando bañador de hombre, es «la visión de mí misma que me imponen, no la que yo tenía naturalmente».

La sombra, hoy, aún no ha desaparecido del todo. A veces se sigue refugiando en una identidad masculina que es una agarradera cuando el metro toma la curva a demasiada velocidad, pero esa Ame que deja atrás Arcos de la Frontera y desembarca en Sevilla para estudiar Historia empieza a ser otra.

Como un artificiero que ha desactivado una bomba, con el mimo con que se besa a un tigre, la niña que entraba en primaria con el antebrazo goteando sangre ya mira al espejismo de frente.

Ame ha tenido que llegar a la universidad para tejer un entorno. «En cuanto llegué, conocí gente vinculada al feminismo, gente que se ríe de lo *queer* y sabe que la disforia la produce la sociedad y no tú. Y todo fue cambiando.»

Así han aparecido «Enriguas, Manu, Zoe, Teresa». Que entre bromas y veras han destapado la desnudez de la ensoñación trans de Ame. El emperador, al menos el de los rincones menos ventilados de internet, iba desnudo. Una cría no podía verlo, pero una mujer ya hecha y derecha sí.

Pero la vida no trae sístole sin diástole. Con diecinueve años, en 2021, Ame empieza una relación con un chico. Siente que bajo ella ya hay suelo. Cree que puede abrirse y mostrarse. «Llevaba muchos años diciéndome a mí misma que me habían tocado dos capullos, que había tenido muy mala suerte. Que no es que la gente fuera mala, sino que me había tocado la china, la carta mala.»

A las dos semanas, en casa del chico, en Málaga, ambos tienen sexo. «Unos días después, él se empeña otra vez y yo me niego... Y me doy cuenta de que... Me doy cuenta de que días antes en realidad también me había negado. Yo me había negado, pero él me había forzado.»

¿Qué sucede esa segunda vez? «Me resisto, pero me fuerza otra vez. El que pensaba que era mi pareja. En su casa.» Todo el camino recorrido, el trabajo de años, se hunde «en dos días».

«Vuelvo a pensar que esto me ha pasado sencillamente por ser mujer. Y que él me ha hecho daño sólo para demostrarme que puede. Vuelves a los pensamientos de siempre, a querer refugiarte donde siempre, en la idea de que por ser mujer eso te va a suceder todo el rato, en rechazar tu naturaleza. Yo confiaba en esa persona... Me di cuenta, además, de que la primera vez que abusó de mí lo dejé pasar para no afrontar el dolor. Lo bloqueé.»

Ame se queda paralizada tras ese segundo abuso. «Intentando que no se diera cuenta de lo que había hecho, le dije simplemente que me iba, que cogía un autobús de Málaga a Cádiz, que no se preocupara. Pero se empeñó en llevarme en coche.»

Ambos se suben al coche de él. El chico empieza a conducir. Ame se da cuenta de que algo extraño sucede. «Si el límite de la autopista era 120 kilómetros por hora, él iba todo el rato a 90, como parado.» O como si fuera cavilando. «Fui temblando todo el trayecto. No podía dejar de pensar: "Éste se para en cualquier sitio y me hace lo que le dé la gana". Por suerte llegamos, me despedí y pude bajar del coche sin más. Le di la espalda en ese momento y no he vuelto a verle nunca más. En una semana se cargó la confianza que estuvimos construyendo durante meses. Y lo que yo llevaba trabajando años y años.»

Al menos ahí, con diecinueve, sí tuvo el hombro de un entorno sobre el que llorar: «A mis padres no les dije nada, pero se acabaron enterando porque hice un protocolo de Enfermedad de Transmisión Sexual en el centro de salud y resulta que para darme el resultado llamaron a casa. Y entonces hablamos».

Ame estaba en ese momento enzarzada con sus padres por otro motivo. En ese otoño de 2021, ella, que había vivido lo que había vivido, llevaba ya meses escuchando por todas partes que el gobierno preparaba una ley para regular la transexualidad y hacer justicia de una vez con los transexuales, la penúltima frontera de la igualdad y la pureza moral.

Ni puedo ni quiero juzgar a los padres de Ame, pero no puedo evitar quedarme perplejo cuando ella me cuenta, en esa cafetería sevillana de 2022, que incluso después de haber sufrido un calvario semejante tiene que escuchar a sus padres tildarla de tránsfoba por oponerse a la dichosa ley.

«Les expliqué todo: cómo perjudica, en vez de beneficiar, a la gente que sufre disforia de género, porque los acerca a hormonarse y operarse cuando probablemente tengan problemas que solucionar muy alejados de un cambio de sexo. Como me pasó a mí, vamos. Les dije que más que despatologizar lo que hay que hacer es desestigmatizar. Que por culpa de esta ley no se pueden hacer estudios reales para valorar cada caso, y que si la ciencia no puede estudiar bien esto, de lo que hasta ahora se sabe muy poco, no se les va a poder dar calidad de vida a las personas que de verdad sufren disforia. Les dije que en realidad todo el tema trans es un enorme negocio, que en Estados Unidos genera unos beneficios enormes a las farmacéuticas y al negocio sanitario, y que es la interiorización de una dinámica capitalista muy chunga.»

Pero a ellos, dice, «les dio igual, porque creen que son muy de izquierdas y tienen que posicionarse a favor». Todo era, al final, un tema *ad hominem*, como hoy en día el 90 por ciento de los debates. «Me dijeron que yo era una fascista y una anticuada... ¡Yo! Mi madre me dijo: "No me esperaba esto de ti". Alucina.»

Ame, sin embargo, va restañando poco a poco el vínculo, e incluso ha rescatado últimamente un episodio que podría ser mucho más determinante de lo que ella cree.

«Yo no me acordaba, me lo recordó mi madre: al parecer, con trece años le dije que no me sentía bien siendo niña. Me lo contó hace no mucho. "¿Y qué me respondiste tú?", le pregunté. "Que bueno, vale, que yo no estaba muy de acuerdo con eso, pero que esperases un poco de tiempo y que cuando fueras mayor ya veríamos."»

El sentido común no suele ser mal consejero. Se me ocurre que quizá Ame tuvo más ayuda de sus padres de la que recuerda. O quizá no.

La despedida bajo la inesperada lluvia sevillana es extraña. Te dan ganas de abrazar a una persona que te ha abierto su caja negra de forma semejante, y a la par te da miedo hacerlo. Es en su cuerpo precisamente donde Amelia Guerrero ha focalizado su desdicha. Por deformación profesional, estoy muy hecho a hurgar en intimidades. Pero todo tiene un límite.

«He desarrollado un apego evitativo por todo el mundo, una desconfianza que me impide acercarme, una indiferencia hacia las relaciones personales, amorosas o sexuales... Una apatía total. Cuando te pasan las cosas que me han pasado a mí y la vida te hace ver que no eres nada, terminas no sintiendo nada», dice como quien pone una lápida.

Nos despedimos, al salir de la cafetería a la calle, como dos vecinos que se han encontrado en el ascensor, casi con embarazo.

Puedo comprender a los compañeros de clase que veían en Ame a «la rara». Tampoco puedo dejar de pensar en la fuerza de voluntad de esta chica secreta que se atreve a contar su experiencia con semejante desenvoltura a cientos de miles de personas.

Esa primavera de 2022 mi periódico publica la entrevista dos semanas después. Ame ocupa la foto de portada. El fotógrafo, Gogo Lobato, ha conseguido un juego interesante. La chica aparece ante un fondo evanescente en dos colores: rosa y azul. El gobierno quiere hacer de la ley trans una gran batalla cultural —el último artificio de la política: los señuelos divisivos— y su caso destapa un problema muy evidente.

Yo sabía que le íbamos a dedicar dos páginas, pero no imaginaba a Ame en la portada del diario. Los periódicos ya impactamos muy poco en la opinión pública, pero me alarma tanta exposición: una cría habla contigo un par de horas y de pronto toda su intimidad, secretos de un montón de años, pasan a ser de dominio público.

En mi trabajo, por muy honesto y cuidadoso que seas, a veces te sientes como un ladrón. La llamo un par de días después para preguntarle cómo está, cómo lo ha encajado todo.

La respuesta también es inhabitual: «Ah, bien, todo bien».

Esta chica era bastante más dura de lo que creía.

Suerte, Ame.

20

Cuando en 2022 la mente de Flavia Menéndez es un puzle irresoluble, alguien le aporta una pieza que, de pronto, hace que el tetris encaje.

—Pero, Flavia, si en el instituto de tu niña había algunos profesores que la trataban en masculino y se referían a ella como chico —le cuenta la madre de una amiga de su hija.

—¿Cómo?

—Me lo ha dicho mi hija, que había profesores que la trataban en masculino.

Flavia va al instituto y pregunta. ¿Le hicieron a su niña lo mismo que a la venezolana de su propio colegio, a la que el director decidió, de buenas a primeras, «iniciar un protocolo»?

«Me recibe la directora y me presento. "Ah, recuerdo perfectamente a tu hija, una de las mejores alumnas que hemos tenido." Y le digo a quemarropa: "Oiga, me he enterado de que algunos profesores la trataban en masculino. ¿Cómo puede ser que hayan hecho esto sin consultar conmigo?”.» La mujer, cuenta Flavia, se pone «muy nerviosa», niega con la cabeza, se va a un ordenador, pregunta el nombre completo.

—No, no —dice—. No se empezó nada con ella, constaría aquí.

—Y entonces, ¿cómo me puede explicar que hubiera profesores que la trataban en masculino? Porque lo cuentan excompañeras de mi hija, y sus madres...

—Hombre, si eso ha pasado... Quizá ha podido pasar, pero si acaso informalmente...

—¿Informalmente?

—Sí, como mucho...

—Pues casi peor. Porque ustedes son educadores, y lo sé porque trabajo en lo mismo, y no pueden hacer con una adolescente lo que les dé la gana, tienen que informar a sus padres.

—Estoy de acuerdo, tiene toda la razón. Pero es verdad que en aquel tiempo había en el colegio una orientadora que... Que se estaba pasando con algunos contenidos y le tuve que dar algún toque.

«Cuando me dijo eso recordé aquello del beso negro», me explica. Flavia, ella misma autodeclarada bisexual, con amigos de todas las orientaciones, parece la última persona a la que le escandalizaría la idea de lamer un ano para obtener y dar placer sexual. Otra cosa es que le pareciera razonable que se lo enseñaran, con envoltorio revolucionario, rebelde y liberador, a su hija cuando tenía catorce años. En tiempos en que, si acaso, se cursa íntimamente primero de sexo. O preescolar.

«Coño, te explican el seno y el coseno para convertirte

en profesional de lo que sea, pero te explican el sexo y lo que entraña para convertirte en persona.»

Así descubre Flavia el papel que ha podido jugar el instituto, y particularmente su «orientadora», en el camino de su hija. «Le tuve que dar un toque», llega a verbalizar la directora. «¿Hasta qué punto?», pregunta Flavia. «Bueno, ahora tenemos otra», fue la respuesta. «Joder, Quico, es que ahí empecé a enterarme de que la habían animado, las animaron.»

En esos días, preguntando a otras madres, Flavia consigue rastrear que su hija no había ido sola al hospital de Tenerife a iniciar su transición. «Otras cuatro niñas también fueron, todas con la misma cantinela: que eran trans, que su cuerpo era el equivocado.»

Todas, sostiene Flavia, de su mismo curso. «Y todas animadas por la orientadora.» Flavia se queda callada al otro lado del teléfono. Yo también.

«Quico, ¿y por esto quién paga? ¿Quién asume la responsabilidad? Imagínate, como yo creo, que mi hija no sea en absoluto trans. Que esté confundida, perdida, dolorida porque le cuesta integrarse. ¿Quién paga por meterle estas ideas en la cabeza?»

Años después de ese primer impulso en el instituto, cuando ya está en transición, la propia cría, explica su madre, sospechaba incluso de sí misma. «Cuando le pasé estudios y cosas que veía, le mandé un perfil de personas con síndrome de Asperger y le pregunté si se identificaba de alguna manera con ellas. Me contestó: "Sí, lo había leído, pero no cambia nada". Pero luego, cuando me enteré de que todas esas niñas se fueron a la Unidad de Género de Tenerife, una amiga me dijo que durante un tiempo mi hija estuvo sospechando que lo tenía, que podría tener asperger. Ella misma sabe que hay algo —me explica Flavia—. Es que estoy completamente segura de que esto es una inducción, un trastorno obsesivo-compulsivo con el propio cuerpo. Ella sólo comenzó a sentirse así cuando su cuerpo empezó a cambiar. Si la posibilidad de hormonarse y operarse no existiera, ella jamás habría pensado en hacerlo.»

He aquí el epicentro de lo que Flavia piensa: «Esto es una necesidad creada, no real. Si no tuviera esta válvula de escape, sería la anorexia o cualquier otra cosa».

Cuando hablamos por vez primera, en la primavera de 2023, Flavia se declara «acojonada». En esos meses, su hija apenas le cuenta nada, pero sabe, le llega por la gente de alrededor de la cría, que está «completamente eufórica, supongo que por la testosterona, que dicen que te sube una barbaridad».

También que «de no ser una persona sexual en absoluto, a la que le daba corte siquiera hablar de sexo, ha pasado a estar hablando todo el día de follarse tías, de ponerlas a cuatro patas y hacerles de todo».

Hay más información, que Flavia recibe por estas carreteras secundarias. «Al parecer, está obsesionada por las armas, dice que quiere tener una pistola... Yo ya no sé si reír o llorar, es alucinante, esto es una puta locura.»

A Flavia la atienden en psiquiatría en la sanidad pública gallega: cuando hablamos ha empezado a medicarse para mantenerse a flote. «Me sienta fatal, me da náuseas, me han tenido que cambiar la medicación, pero sin ella ya no puedo seguir.»

Curiosamente, las cosas cambian unos meses después, cuando estoy escribiendo su historia y le pido algunas precisiones. Tras dos años hundida, casi reptando, Flavia está de pie. ¿Qué ha sucedido? «Pues que he aprendido que quizá tengo que ponerle límites. Los límites que quizá antes no puse. Límites a esta pataleta de adolescente que me está montando.» Límites.

En junio de 2023, Flavia me cuenta que su hija, después de dos años de ausencia, la ha llamado el pasado Día de la Madre. «Y me emocioné, porque estoy como un pastelito —dice—. Y le dije que quería que me contestara a dos cosas: cuándo nos vamos a ver y si se plantea en algún momento dejar la medicación. De lo segundo me dijo que no sabe, que igual la deja o igual no. Y de lo primero que sí, que nos vamos a ver, pero que para ello hay que olvidar el pasado y empezar de nuevo. Yo le contesté que para nada. Que no tengo nada que olvidar del pasado. Que cada minuto que estuve con mis hijos de pequeños es una joya que guardo en mi corazón y que no me voy a desprender de ninguna. Que si ella quiere olvidarlo, es cosa suya.»

«Le puse límites. Le dije que si no me quiere en su vida porque soy la única persona que no le valida este delirio, pues vale, pero que tenemos que restaurar nuestra relación, sanarla, curarla. Y que yo voy a estar siempre ahí para ella, siempre. Por primera vez en años, se abrió. Me dijo: "Mamá, es que tengo miedo de estar ahí en casa contigo". Y yo le dije: "Hija, yo también tengo miedo. Pero aunque estés en Barcelona y yo en Fuerteventura, aquí estamos tú y yo solas. Por muy lejos que te vayas".»

Mucha suerte, Flavia. Suerte, sinceramente, a las dos.

21

Con su propio escroto le hicieron, en el año 2000, una vagina.

Con su propia prolactina de varón, que ya de por sí «llegaba a niveles femeninos», y gracias a mucha hormonación, consiguió unos pechos de mujer.

La barba costó lo suyo quitarla: bandas de calor «para abrir el poro», primero cera para arrancar los pelos, luego depilación eléctrica... Me cuenta el proceso con entusiasmo, me manda fotos al móvil. «Ay, me da yuyu», le digo. Se ríe. Es una tía maja, la verdad. «Y todavía hoy, tantos años después, me quito yo con las pinzas pelos que me salen... Pero, vamos, como cualquier mujer.»

Hoy, en 2023, aún «cada dos meses tengo que ir a que me abran los conductos de la uretra, para que no se me cierren. Me meten una cánula y ya está». Y ya está.

Cuando María José Hernández Parazuelos nació, en 1957 en Madrid, nació hombre. No puedo escribir aquí con qué nombre, porque ella no me lo dice. Pero nació en un mundo que veía «una monstruosidad» lo que ella es hoy —o una enfermedad, cosa que siguió siendo para la OMS hasta 2018.

Casi medio siglo después, con España ya en color, María José presidirá Transexualia entre 1996 y 2001. También liderará la Federación de Asociaciones de Transexuales del Estado Español. Será, durante muchos años, coordinadora estatal de transexualidad del grupo federal LGTBI del PSOE. En él estará hasta 2015.

Quiero decir: María José es transexual, y ha transitado el «infierno» que tenía que transitar para poder «ser mujer».

—¿Y qué se siente? ¿Es como salir de un encierro?

—No, es equilibrio.

Incluso para poder inscribirse como mujer en el Registro Civil, María José se fue una tarde de 2001 a los juzgados de Toledo, a que un forense viera «qué había abajo». «Me pidió que me desnudara de cintura para abajo, se puso a metro y medio, y simplemente miró.»

Y sí, al parecer había lo que tenía que haber.

Es decir: no hay estación de esa odisea, de ese viaje que debemos admitir increíble, que ella se haya saltado.

Pero María José, mira tú por dónde, además de ser una admisible heroína también es tránsfoba.

Porque después de haber peleado todo lo peleable para *normalizar* su persona, y de haberlo hecho en condiciones de verdadera opresión —ante un régimen en verdad autoritario y no ante el cómodo *fascismo* de X, antes Twitter, de 2023—, «si aun siendo lo que soy no estoy de acuerdo con la secta *queer* es que soy tránsfoba. Y que me autoodio».

Otro de los rincones menos ventilados de este debate: el odio como justificación para todo, reversible en autoodio para desacreditar cualquier argumento. Ningún ataque más *ad hominem* y más anulante, por cierto: te odias y no lo sabes. Las víctimas reciben hoy, en las sociedades occidentales más tolerantes de la historia, odio y más odio, paladas de él. A este punto le veo una innegable latencia *freudiana*.

¿Por qué no comulga María José con el credo *queer*, con el *tú eres lo que quieras ser*? «Porque es falso que tu mente te diga lo que eres, o que lo elijas porque sí. Y porque es cierto que hay un contagio social que dice que ser trans es guay, y que puede llevar a muchos adolescentes a equivocarse y a sufrir —me cuenta—. Esto no es una fiesta, esto es muy jodido y sólo se puede llevar si realmente, desde lo más profundo de tu ser, lo quieres y lo necesitas.» Tiene sesenta y seis años, las ha visto de todos los colores «y a mí ya no me venden burras», añade.

¿Cómo llego yo a María José? De forma un tanto atropellada.

El 9 de marzo de 2022 una madre de Amanda me telefonea. Me pilla en una de las mañanas más estresantes de mi vida laboral. El periódico me manda de urgencia a Ucrania a cubrir la recién iniciada guerra, por espacio de doce días. Tan de urgencia que me planto en Polonia con mi pasaporte español... caducado.

O consigo que me hagan uno en la embajada española en Varsovia, en las cuatro horas antes de coger un avión hacia la frontera con Ucrania, o mi viaje habrá sido en balde y habré hecho el más absoluto de los ridículos periodísticos, uno más.

Podría intentarlo, porque la frontera ucraniana es un caos sobre todo de salida, pero no es la mejor idea entrar en un país en guerra sin documentación en regla. Además, tengo que inventarme una charada. No puedo decir en la embajada española que soy periodista: los funcionarios tienen orden de evitar que cualquier nacional suyo entre en un avispero.

En medio de varios frenéticos viajes en taxi por Varsovia en busca de papeles, fotos de carné, moneda local para pagar los trámites, etcétera, me llama esta madre. Y me ofrece una pista de algo que llevo buscando un tiempo y que estoy seguro de que existe: «Mira, hay una mujer transexual, que además ha tenido una representatividad fuerte en ese colectivo, que está muy en contra de este delirio *queer* y contra la ley trans tal y como está planteada».

La emplazo a hablar a mi regreso, al cabo de dos semanas, le pido que me mande el contacto y coloco la llamada en mi primera carpeta mental, donde guardo como oro en paño lo más valioso. Una carpeta que va a saltar por los aires en breve.

Consigo el pasaporte mintiendo que soy comercial y en realidad lo necesito para volar a Israel (en este trabajo no siempre se puede decir la verdad), entro en Ucrania y empiezo a hacer historias, pero seis días después pillo una COVID asesina que me impide casi ponerme en pie.

En mi última semana en el país soy un zombi bajo las sirenas de ataque aéreo, pero me las apaño para seguir publicando. Cruzo la frontera de vuelta a Polonia caminando 20 kilómetros con dos maletas a rastras, rodeado de refugiados, con fiebre alta y reventado. Cuando llego a España ya no sé quién soy, y la carpeta mental de las exclusivas está vacía.

Un año después, cuando estoy escribiendo este libro, otra madre me hace la misma llamada: hay una transexual de intachable transexualidad que piensa que empujar a los niños a cambiar de sexo no es la idea más prudente, y que hablaría conmigo.

En mi hipotálamo se enciende una lucecita roja. Vuelvo a Varsovia, al mensaje por WhatsApp de aquella primera madre, pum: ahí está, el mismo contacto que me mandan ahora.

Llamo a María José Hernández Parazuelos. Que, muy cabreada con la tramitación de la ley, parece llevar tiempo sentada esperando a hablar conmigo.

Y que sin apenas *magreo* comienza su relato. «Yo recuerdo tener seis años y decirles a mis padres, mirando a mis abuelos: "¿Y por qué el abuelo no es abuela, y la abuela, abuelo?". Con nueve los escolapios me obligaban a ponerme uniforme de niño, pero yo no quería. Iba en chándal, lo que fuera, para evitarlo. Con doce nos encontramos en un merendero a una amiga de mi madre, una amiga de la infancia a la que llevaba muchos años sin ver. Y la mujer, de forma espontánea, dice señalándome: "¿Es la mayor?". A lo que mi madre respondió: "Es un niño". Y yo me cagué en los pantalones. ¡Me cagué literalmente!»

María José cuenta todo esto de carrerilla, como si fuera un relato mítico. Imposible discriminar, quizá incluso para ella, lo que fue literalmente así de lo reelaborado —todos lo hacemos y más cuando esa relectura nos explica el presente—. Lo que parece impepinable en todo caso es que «desde los ocho o nueve años yo cogía la ropa de mi madre, me la ponía con la complicidad de mi hermano y me miraba en el espejo».

Habrá quien tache esto de autoginefilia. Auto-gine-filia: el gusto por verse a uno mismo como mujer. O, más fácil, lo que se solía denominar travestismo. María José lo siente de muy otra manera: «Yo no disfrutaba viéndome a mí mismo vestido de mujer: es que, vestido de mujer, yo me descubría a mí misma. Descubría quién era, que es muy distinto».

Con dieciséis, hurgando en la librería de El Corte Inglés de la calle Princesa de Madrid, encuentra al fin una definición de «transexualidad»: «Decían que era una desviación, una perversión. Y me dije: "Pues nada, soy un desviado"».

A los diecinueve, en 1976, el paso definitivo: cae en sus manos *El enigma*, la novela en la que el historiador Jan Morris cuenta cómo consiguió cambiar de sexo en Marruecos en 1972. «Allí estaba todo lo que yo quería, era evidente que necesitaba eso. Lo que me faltaba era estabilidad emocional para llegar ahí. Pero no sabía aún que el miedo iba a frenarme mucho.»

En clase de Arte Dramático, poco después, María José interpreta como monólogo un texto del periodista Ramón Sánchez-Ocaña —¿recuerdan *Más vale prevenir*?— sobre Lorena Capelli, una transexual brasileña que muere en un quirófano barcelonés operándose para ensancharse la vagina. (Inciso: la transexual Sandrita me contará en 2022: «Todos los días tengo que meterme varias veces algo ahí abajo para que no se me cierre: el cuerpo entiende que es una herida y tiende a querer cerrarla».)

En los años ochenta, María José, aún hombre, empieza a trabajar en la radio. «Primero en Radio Centro, luego en

Radiocadena y después me voy a Radio Nacional en Cuenca.» Se afilia a UCD: tiene una prima que canta y su representante es hermano de Adolfo Suárez. En 1983 empieza a quitarse la barba. Luego se detiene. Sestea, duda.

De pronto piensa que lo puede «controlar». «Yo pensaba que podía vivir como hombre y que nadie tenía por qué saberlo... Pero luego era: "Córcholis, no".» Más bandazos. En 1989 se casa, atención, «con una chica». Quién sabe qué pasa entonces por su cabeza. «Pero fue casarme y la cosa me salió otra vez.»

Empieza a travestirse, primero a espaldas de su mujer, «luego con ella». Que era, dice, *esteticién*. «Me empieza a maquillar ella misma, vuelvo a travestirme...» Maquillado y travestido por su mujer: Almodóvar, Fassbinder, lo que el lector prefiera.

En 1991, aún casado, se va a un endocrino del Hospital Virgen de la Luz de Cuenca a explorar el cambio de sexo a lo Jan Morris. «Me hacen una analítica, un informe de "varón completamente sano". Ahí ya ven la prolactina muy alta. Yo podía producir leche, de forma natural, como una mujer. Pero me dicen que no se atreven a hacerlo.»

En 1994 se separa. Se va a vivir a Guadalajara y empieza a cambiarse la cara. Poro a poro, pelo a pelo, le van sacando cada raíz. Si la cara fuera el espejo del alma —es una licencia: este libro precisamente va de que no hay alma—, ahí empieza María Jesús su viraje.

En 1996 se va a una sede de Transexualia, entonces una de las asociaciones trans más importantes. Está ya abordando su futuro con una psicóloga, Cristina Garaizábal. Aunque no ha empezado a hormonarse, lo tiene todo tan claro que, cuando le ofrecen presidir la asociación —«la presidenta anterior tenía que dejarlo y por lo que sea se les ocurrió que yo podía hacerlo»—, dice que sí.

Un año después está hormonándose en la mítica Clínica Isadora, una de las primeras de España que practicó abortos tras su legalización. Conforme la hormona va cambiándola, María José va emergiendo de las sombras.

«Primero iba un poco ambiguo, pero luego ya fui subiendo peldaños. Una falda, unos tacones... Empecé a darme vueltas por Toledo, donde vivía. Era la forma de hacerme a ello.» En 1999 hace su «presentación oficial» en el Teatro de Rojas, en la plaza Mayor de Toledo. «Había un cineclub y una compañera de Radio Nacional me dijo: "¿Te vienes?". Y yo dije: "Pues sí, vamos allá".» Ambas llegan a la sesión «en el último momento, justo cuando iba a empezar, pero aún con luz». Recorren «toda la sala hasta la primera fila, con todo el mundo mirándonos». Ya no hay marcha atrás.

En esos años va mostrándose cada vez más: «Bajaba todos los días a las Cortes con un redactor, a llevar el control de la emisora allí, y todos los periodistas, policías y funcionarios fueron viendo mi transición según iba sucediendo». En ese mismo 1999 «me apunto al PSOE». Allí coincide, cuenta, con otra mujer trans vieja conocida de este libro: «Poco después de entrar, Pedro Zerolo nos mete a Carla Antonelli y a mí en lo que sería luego el grupo federal LGTBI».

En 2000 contacta con Iván Mañero, el cirujano plástico barcelonés responsable de los primeros cambios de sexo en la historia de España. Se opera ese mismo año, en Barcelona. Primero, en abril, «a modo de prueba, para ver cómo respondía a la anestesia», le quitan «un caballete de la nariz». Después, en septiembre, el día 13, Mañero le crea una vagina a partir, ya se ha dicho, de su propia piel. La de sus cojones, en concreto. María José nacía y a la vez acababa de cumplir cuarenta y cuatro años.

«Antes y después de la operación me acompañaron mis padres, por cierto. Mi madre siempre me ha dicho que, cuando me bajaban al quirófano, llevaba tal expresión de felicidad que, si yo hubiera fallecido entonces, ella lo habría dado por bueno.»

Un año después, en los juzgados de lo Contencioso, María José busca ser legalmente María José en un proceso judicial que, en aquel momento, habían pasado muy pocas personas en este país.

«Fue un juicio sin contrario, reclamé el cambio de sexo y de nombre, y tuve que justificarlo con exámenes psicológicos, con las pruebas de mi hormonación y también con una exploración del forense. Aunque a mí, como ya te he explicado, sólo me miraron. El tío me pidió que me desnudara de cintura para abajo, se puso a metro y medio de mí, me observó y dijo: "Vale". Otras no tuvieron tanta suerte: en Madrid era famoso un forense que te echaba en la camilla y el muy hijoputa se ponía a hurgar.»

Cualquiera puede entender la indignidad de ese hurga que te hurga, y también lo contrario, lo absurdo de que cambiar de sexo en el Registro Civil sea como apuntarse a natación en la piscina del barrio.

Es 2001 y justo entonces, al cruzar la línea de meta, María José paradójicamente deja de presidir Transexualia tras cinco años de activismo. Concentra su militancia en el PSOE.

Al fin es «la persona que siempre supe que era», me contará veintidós años después. Sin embargo, habiendo descubierto quién es, admite hoy que no sabe exactamente *qué* es.

«Nadie sabe cómo se produce esto: si es un tema neuronal, si de cromosomas... ¡La ciencia no lo sabe aún! Y yo, aunque haya hecho este camino, tampoco. Probablemente tenemos un gen que da una información equivocada, o neuronas conectadas de otra manera, o lo que sea... Pero es una contradicción orgánica, no de sentimiento. Esto no es que tengamos un alma o algo así. No es un sentimiento, ni una decisión volitiva: está en el cuerpo. Algo hay y aún no se sabe qué es.»

María José huye del espíritu, de lo sentido, de la volubilidad emocional. «Órganos, esto va de órganos, por eso necesitamos hormonas y reasignación, pero ojo: ¡sólo quienes de verdad lo necesitamos! ¿O es que la homosexualidad es algo cultural o ambiental? No, los homosexuales nacen así, no eligen serlo: lo son. Esto o es genético, o neuronal, o está en las células o donde sea. Pero no es ambiental, ni depende de sentimientos. Por supuesto hay que facilitar este camino a quien crea que es transexual, pero facilitárselo a quien lo tenga claro, como yo lo tuve claro después de muchos años. Una mujer es una hembra humana, y un hombre, un macho humano. Para llamarte hombre o mujer, tienes que ser eso. Lo demás, lo siento, pero no.»

Pero ¿y la disforia que todo lo justifica? «Es que para mí esto no va de disforia, va de transexualismo, que es otra cosa. No es que no te guste tu cuerpo: es que necesitas tener otro, con los caracteres del otro sexo.»

«Y ahora, además —se encamina María José al corazón de este libro—, está habiendo una moda. Puede pasar en algún sitio que haya por casualidad varios juntos, pero no es normal que los activistas vayan a un colegio y de pronto salgan cinco o seis personitas diciendo: "Yo soy no binario", "yo soy trans", y tal y cual. No es normal porque la ciencia dice que somos muy poquitos, que en cincuenta o cien colegios puede haber una persona o dos, pero no dos por clase.»

Sigue: «Esto, ser trans, se ha convertido en algo guay, moderno. Son contagios ideológicos. Los chicos y las chicas, a esas edades, son muy fáciles de engañar y muy permeables a modas».

Ella misma, explica, dio charlas en los años noventa en colegios, «y hablábamos a los adolescentes de cosas muy simples: de lo psicosocial que afecta a una persona en esta situación, de las enfermedades de transmisión sexual, y poco más. Nunca, obviamente, hacíamos promoción de nada. Que alguien vaya a hacer promoción de esto a un colegio es una absoluta perversión».

Cuenta de entonces una anécdota que ilustra como pocas ese buenismo que puede ser fatal de puro tontorrón. «Yo estaba haciendo una entrevista en 1997, me acuerdo del año porque fue justo antes de venir a vivir a Toledo, y justo cuando llegamos al final el periodista me dice: "Para acabar, no sé si quieres animar a la gente a que lo haga". Y yo: "Pero ¿a que haga qué? No, hombre, yo no quiero animar a nadie a que se cambie de sexo. ¿Cómo voy a hacer eso? Si alguien de verdad lo quiere hacer, yo le asesoro. Si una familia necesita información, yo se la puedo dar. Pero no quiero que nadie haga esto, claro que no. Esto es sufrir, ¿entiende?". Esto le tuve que decir al tipo.»

Los dramas de los demás como excusa para hacer turismo en una presunta generosidad. «No se trata de hacer apología de la transexualidad. Una cosa es normalizar las orientaciones sexuales y aconsejar cuando hay interés, y otra decirle a la gente: "Mira, esto es muy bonito, igual te gusta".»

María José, sesenta y seis años y muy alejada de la zopenca vida digital, me cuenta en 2023 que alucinó «hace poco» cuando vio un vídeo de una profesora «que les decía a niños que no tendrían más de ocho o nueve años que podían elegir su sexo sin problema, y ser chicos, chicas o lo que quisieran. ¿Perdona? Pero qué locura es ésta. Es que, a ver —se me embala—, se han producido errores, y errores serios en personas mayores de edad. ¡Imagínate en chavales!».

Y se retrotrae a los tiempos de su operación en Barcelona.

«Pocos meses después, el cirujano, Mañero, me llama, en mi calidad de activista. Me cuenta que justo después que a mí había operado a otra persona, también mayor de edad. Le había quitado todo, sus genitales. Pero después esa persona había vuelto a su consulta y le había dicho que se había equivocado, que no tenía que haberse operado. Estaba arrepentido, pero ahora ya no había marcha atrás. Mañero me dio su teléfono y me pidió que lo llamara. Y eso hice. Una vez. Lo llamé y le dije que estaba ahí para él. Lo quise escuchar, pero me dijo que se sentía tan mal psicológicamente que, por favor, no lo volviera a llamar. No lo hice. Han pasado veintitrés años y no se me quita de la cabeza esa persona.»

María José Hernández Parazuelos tiene una idea muy clara de lo que hay que hacer con los niños que se creen trans. «Yo, ahora, aquí, a los sesenta y seis años, con todo lo que sé, te digo: ojalá mis padres me hubieran hormonado y operado justo al nacer, me habrían quitado mucho sufrimiento de encima. Pero, a la vez, te digo también: ni mis padres hubieran debido hacer eso, ni los de nadie. Porque el menor lo puede tener muy claro, pero quienes en absoluto deben tenerlo claro son sus padres, ni sus profesores, ni siquiera los médicos: ésos no pueden tener nada claro. Y mucho menos los políticos. Nadie puede dejar a un menor hacer lo que quiera, ésa es la puerta por la que entran problemas para los que luego no hay solución. Lo he visto en mucha gente.»

María José teme, en 2023, que «con todas estas facilidades para cambiar de sexo, y todo ese rollo del género, se pueda perjudicar a muchos menores. Chrysallis, Daniella, Euphoria y todas esas asociaciones han querido ir más lejos que nadie, pero de forma equivocada. Se han apoyado en el adanismo de mucha gente, y han sacado adelante una ley innecesaria y errónea cuando ya había normas anteriores que se podían respetar. Fíjate lo que acaba de pasar en Suecia, y aquí vamos al revés, es increíble».

Un par de meses antes de nuestra conversación, Suecia, el primer país del mundo en permitir el cambio de sexo registral, en 1972, y el primero europeo que comenzó a testar a menores para un posible tratamiento, paró máquinas.

Tras la emisión de un documental sobre varias transiciones fallidas en la televisión pública en 2019, y después de que los médicos del hospital más importante del país, el Instituto Karolinska, decidieran unilateralmente que había que detener tratamientos y operaciones, alguien se dio cuenta de que los casos de «reasignación de género» se habían disparado un 1.000 por ciento entre 2008 y 2018, sobre todo en chicas de trece a diecisiete años.

Y así fue como Suecia, al parar los tratamientos, volvió a ser *nazi*. «Es increíble, ¿verdad? Por supuesto, pasaron a la lista negra de países tránsfobos —dice María José—. Y aquí, en España, circulando en dirección contraria, porque siempre somos más listos que nadie.»

María José es honesta al admitir que no siempre pensó así. «Recuerdo estar en 1998 en Gijón, en un seminario sobre transexualidad, y nos explicaron que en Holanda había un endocrino que se llamaba Louis Gooren, que había empezado a dar bloqueadores hormonales a niños de doce años después de estar atendiéndolos desde los seis. Y recuerdo pensar: "Ay, pues qué bonito, qué bien, fíjate qué putada los que empezamos tan tarde". Pero es que la experiencia ha demostrado que es un error: los tratamientos de hormonación cruzada no son tan reversibles como dicen, y los niños, por mucho que digan que saben lo que sienten, muchas veces no lo pueden saber. Es imposible. ¡Son niños!»

Apenas me deja hablar, ya no hay quien la pare: «El resultado es que hoy, en España, un tío con barba dice que es mujer y no se le puede decir que eso no es una mujer. Es lamentable y estúpido. Ponerte falda no te convierte en una mujer. Son ficciones de hembra, ya lo dijo el Supremo en 1987 al resolver una demanda: la transexualidad es una ficción jurídica, la ley no puede cambiar la biología, por mucho que nos empeñemos».

María José se desliza hacia la risa: «Es que me descojoné el otro día con un chiste: va Miss Mundo 2032 y dice: "Qué gusto llegar a casa, quitarte la falda, el sujetador, los zapatos, desmaquillarte, tumbarte en el sofá y tocarte los huevos". No es normal esta fiebre trans, es una gilipollez, de verdad».

Del PSOE salió en 2015 «con cierto desencanto». Aun así, «voté a Sánchez en las dos elecciones siguientes, aún con la nariz tapada... Pero ahora ya no voto, estoy cansada».

¿Cómo se lleva con su cuerpo tras veinticinco años hormonándose y veintidós operada? «Mis hormonas son como las del resto de las mujeres, pero lógicamente no tengo órganos internos femeninos y sí la próstata, para regular la uretra, que me da bastante guerra. En 2008 se me cerró, tuvieron que ponerme una sonda varios días y ahora me la tienen que mantener abierta con una cánula cada dos meses. Además, me tienen que hacer un seguimiento del tratamiento hormonal, porque las hormonas te hacen... cosas.»

Precisamente el que dice que ahora es su caballo de batalla galopa durante toda nuestra hora y media de conversación por teléfono: diantre, la voz de María José suena aún varonil, e inconscientemente me empuja a tratarla como hombre todo el rato —en varios momentos estoy a punto de hacerlo.

Ella lo saca sin que le pregunte: «Es verdad que mi voz, aunque ha cambiado mucho con las hormonas, sigue sonando masculina. El jueves pasado, en la estación de Atocha, tuve que pedirle a un trabajador de Renfe que me dejara cambiarme de vagón, y el tipo me trataba en masculino:

"Caballero". Y yo: "No, perdone: señora". Y él: "Pues disculpe, pero es que es la voz". Es una tontería, algo formal, pero te cabrea». Complicado.

Termina María José, que se nota que lleva muchos meses harta de la deriva *queer* de la izquierda española: «Mira, eso de que el binarismo no existe es una completa estupidez y es acientífico. Una mujer es una hembra y un hombre es un macho, qué coño es eso de que no hay binarismo. La reproducción es binaria: son dos gametos. Y lo nuestro, lo de las personas como yo, es una anomalía orgánica, punto. Respeto, derechos, lo que quieras, pero es una anomalía».

Suerte y gracias por tu valentía, María José.

22

Receso. Leer cansa, lo sé. Hagamos aquí un descanso, que estamos casi a mitad de libro. Recreo, como en el cole.

Hasta 1973, la ciencia consideró la homosexualidad un trastorno psicológico.

El franquismo encerraba a gais y lesbianas en campos de concentración. Estuve en uno, en la aldea de Tefía, en Fuerteventura —un lugar de belleza espectacular, por cierto—. El campo funcionó entre 1954 y 1966, y hoy no queda nada de él. Ni siquiera había vallas porque los reclusos no tenían adónde huir, pero sí datos increíbles que nos han llegado.

Allí, según diversos testimonios, los carceleros medían la «dilatación esfinteriana» de los internos para ver si habían sido *traviesos* entre ellos. Los obligaban a picar piedra, a trabajos forzados. Les daban de comer carne medio podrida, pero la vida, como siempre, se abría paso: para conseguir mejor comida, se dice que los presos a veces usaban sus artes amatorias... Con los propios vigilantes.

Los mismos que luego —pido disculpas por la imagen— los ponían a cuatro patas, contaban los pliegues de piel alrededor de su ano para mesurar cómo iban curando aquellos pobrecillos su inclinación a la sodomía.

Tampoco hay que irse hasta el franquismo, esa esponja de culpas tan de actualidad que pareciera que Torcuato Fernández-Miranda aún está haciendo de las suyas para traer la democracia. Hasta 1990 —o sea, anteayer—, la Organización Mundial de la Salud no sacó la homosexualidad de su lista de enfermedades. Ese año yo tenía catorce. Nos creemos algo, pero somos orangutanes con sombrero.

Aun así, se han seguido haciendo terapias para salvar a los homosexuales de su *virus*. Por ejemplo, en una clínica barcelonesa, a finales de la década de 1990, aún se les recomendaba masturbarse pensando en mujeres, como si todo se fuera a arreglar haciendo *pilates* sexual. O autolesionarse cuando pensaban en hombres, para asociar *pavlovianamente* el impulso homosexual al dolor.

Hoy, en buena parte del mundo —como siempre, el asilo europeo apenas ve más allá de sus fronteras— se sigue haciendo terapia para curar a los gais de su *desviación*. Cuando escribo estas líneas, sesenta y nueve países del mundo tienen leyes que castigan las relaciones homo consentidas entre adultos. África, Latinoamérica... Ni siquiera hay que irse a la Rusia *putiniana*: en Estados Unidos, en los últimos tiempos, hasta setecientas mil personas, según la ONU, han podido pasar por eso, la mayor parte vinculadas —de nuevo— a la religión.

¿Adónde quiero llegar? Es fácil decir desde Madrid, Londres o París que nuestro mundo acepta sin rechistar la homosexualidad e incluso la transexualidad. Pero probablemente eso sea desconocer el problema.

La ensoñación *queer* de hecho proviene de Estados Unidos, que, repetimos, sigue intentando *salvar* a sus gais. Es probable que la frustración en ambas costas —el país, *grosso modo*, está partido entre el progreso de las costas y la reacción en el centro— haya generado esta contestación. Ellos sí que viven una guerra a muerte de polos opuestos, como la de Tom y Jerry. De un lado las terapias de conversión de todo lo que no sea heterosexual. Del otro, un impulso emancipador en parte, como vemos, descontrolado.

Pero Estados Unidos no es Europa, donde el Jerry medievalizante está prácticamente escondido, y aun así el Tom emancipador simula que sigue peleando contra él. Y se vale de todas las armas a su alcance.

Se vale del narcisismo generalizado, que nos demanda estar siempre en el lado correcto y jamás dudar —cuando la ciencia es duda y prueba, y el escepticismo, una obligación absoluta.

Se vale de la necesidad constante de lavado de conciencia que ese narcisismo demanda.

Se vale, ese impulso liberador que se apoya en la superstición, del hecho de que la ciencia aún no sabe qué demonios es la transexualidad, ni siquiera cuántos transexuales hay: nadie se pone de acuerdo con las cifras de prevalencia.

Se apoya en la dinámica publicitaria que nos inunda, y en el gusto de esta juventud por el eslogan motivacional.

En la «felicidad» como obligación y objeto de consumo.

En el sentimentalismo subjetivista triunfal que convierte nuestras presuntas emociones de Mr. Wonderful en atributos del yo, y consecuentemente en productos.

En el terraplanismo, el adanismo y la desinformación que alienta el mundo digital.

En el paródico empeño en que la salud mental sean los nuevos Reyes Magos —en vez de darle el lugar que le corresponde, que no son todos.

En el nuevo rol moral en Occidente del niño-dios, el niño como fuente de verdad suprema: como dice una amiga psicóloga, son tan pocos que los sobrevaloramos.

En el egotismo generalizado que está haciendo que muchos jóvenes, para no tener que intercambiar nada con nadie, se nieguen incluso a traficar con fluidos entre ellos —que no follan, vamos.

Se vale también de la tramposa dicotomía blanco-negro que dicta que:

- si no eres liberador, eres opresor,
- si no eres parte de la solución, eres parte del problema
- y si no eres víctima, es que oprimes.

De esa pretensión tan anglosajona de que la vida, como si fuera una serie de HBO, ha de tener un sentido, un «propósito», lo que ellos llaman *the purpose of life*. No, no lo tiene: nacemos, crecemos y morimos, lo único que nos diferencia del resto de los animales es que podemos hablar sobre ello.

Y se vale, en fin, de que cualquier americanada la copiamos como buena subcolonia cultural que somos.

Algunas hay que copiarlas: fue la Asociación Americana

de Psiquiatría la primera que, en 1973, sacó la homosexualidad de su catálogo de enfermedades.

Pero también allí hay quien ha alertado sobre la locura *queer*, sobre la condición de nueva anorexia del contagio trans y sobre el porqué de la posición preeminente del engrudo trans en las pedantes guerras culturales que jugamos porque somos demasiado cobardes para las otras.

El porqué: divide bien, apela al narcisismo de la diferencia menor y genera buenos dineros a gentes que antes estaban a dos velas.

Y, sobre todo, como ya he dicho cansinamente, sirve al poder y sus dinámicas. Es un buen anzuelo. Suena la campana y prietas las filas.

Y mientras, la ciencia, ¿qué dice? ¿Algún médico en la sala?

23

«Yo le traslado lo que me dices, claro. Llámame dentro de unos días y te cuento.» Una semana después: «Sí, le he dicho, pero no tengo respuesta aún. Aunque quizá con este tema esté ya un poco cansado. Pero yo le digo, no te preocupes». Dos semanas más tarde: «Sí, Quico, claro que me acuerdo. Por supuesto que se lo he trasladado, pero no me ha dicho nada de momento». Mis conversaciones con Pura Morán en la primavera de 2023 eran un disco rayado.

Pura, la diplomacia en persona, era la puerta a la clave de bóveda de este libro, la puerta a la que tuve que llamar un buen montón de veces, hasta que se abrió.

La historia empieza meses antes, en octubre de 2022. Cuando la tramitación de la ley trans va cogiendo color en el Congreso de los Diputados y las madres de Amanda, que vienen a ser las de la Plaza de Mayo *queer*, quieren ir sacando la cabeza.

Tienen en casa niñas —sobre todo niñas— hipnotizadas por la idea de viviseccionarse los pechos y la vagina, flipadas con convertirse en otras a golpe de bisturí, y ven por la tele a políticas que o bien ni tienen hijos, o están en primero de Padres, y que jalean el *elige tu género* como si habitaran en un interminable videoclip de Rosalía.

Me cuentan varias de estas madres, en ese otoño de 2022, que van a empezar a sacar la cabeza públicamente aun a riesgo de que el feminismo posmoderno se la intente cortar con un machete.

Buscando respaldo, han empezado a contactar con profesionales de la medicina, y el efecto ha sido analgésico. No, no eran ellas las nacionalsocialistas. En efecto, empujar a niños a fantasear con lo trans es muy peligroso. Anda, era verdad: muchos de estos niños y niñas tienen enormes empanadas de atún en la cabeza, y meter ahí el elemento transgénero, con su potencial de rebeldía y ensueño, es como hacer el experimento de la aspirina y la botella de Coca-Cola con miles de adolescentes: bum.

Me avisan, estas mujeres de Amanda: vamos a hacer un acto en Madrid, ¿nos podríais dar cobertura en *El Mundo*?

Busco la manera. Hacer germinar periodísticamente una causa no es muy distinto de regar una planta: hay que trabajar de vez en cuando y mimarla como si de un bebé se tratara, y el resto del tiempo consiste en ver crecer la hierba.

La presentación de una asociación, en el 99 por ciento de los casos, no suele ser noticia. Unos tíos soltando un *speech* ante una mesa no venden periodísticamente. Hay que buscar la materia prima detrás.

—¿Dónde lo vais a hacer?

—En el Colegio de Médicos, nos dejan un espacio.

—Coño, qué buen sitio. ¿Os respaldan hasta ese punto?

—Hay gente en la junta directiva que sí...

—Qué bueno. ¿Y quién os presenta?

—Bueno, el mejor posible.

—¿Quién es?

—El expresidente de la Sociedad Española de Psiquiatría.

—¿Cómo?

—El tío que presidía la Sociedad Española de Psiquiatría, y que además es el jefe de Psiquiatría de Adolescentes y Niños del Gregorio Marañón.

—Qué dices... ¿Y apoya vuestro discurso?

—Que si lo apoya... Lo defiende con más vehemencia que nosotras.

—¿Y yo podría entrevistarle? ¿Cómo se llama?

—Celso, Celso Arango.

Me avisan de que al día siguiente llame a media mañana a la secretaria de Arango y ella me dirá en qué momento puedo telefonearle. Pienso en ese momento que difícilmente un psiquiatra, y menos un expresidente de la Sociedad Española de Psiquiatría, va a quemar naves por una causa así. Se protegerá de la politización constante en la que vivimos. Nadará un poco y guardará la ropa. Vendo el tema a mis jefes a la baja. Estas pobres madres necesitan otro empujón, démosles un poco de cariño.

Cuando entrevisto a Celso, apenas veinte minutos antes de la hora de comer, alucino con lo que cuenta. Publicamos la entrevista esa noche sólo en la web: no llega a salir en la edición de papel porque es viernes y ya está todo el pescado vendido para el número del día siguiente.

En horas la entrevista se convierte en una bomba, en día

y medio cosecha dos millones de lectores y seguirá un goteo constante durante meses.

La gota malaya ha funcionado. Hemos ido contando en los meses previos, a través de las caras y ojos de diversos personajes, que algo se está haciendo mal con este planteamiento *queer*, pero la entrada en escena de Celso Arango lo cambia todo.

El hombre no da titulares: lanza torpedos. «Vivimos un *boom* de jóvenes que dicen ser trans por moda y en realidad no lo son.» «Hay que alzar la voz, esto que se plantea es una locura.» «Esta ley, la promueva quien la promueva, va a hacer daño a mucha gente, muchos jóvenes con trastornos van a creer que los pueden arreglar convirtiéndose en trans, cuando en realidad no son trans. Esta ley no puede salir adelante así.»

Arango no sólo es una autoridad en psiquiatría de niños y adolescentes. Miembro de la Academia Nacional de Medicina, catedrático de Psiquiatría por la Complutense, jefe de todo el servicio del Gregorio Marañón y vocal encargado en la junta directiva de la Sociedad Española de Psiquiatría, se trata de uno de esos personajes informativamente irrebatibles.

Y encima, viendo en su despacho a niños y adolescentes todos los días. Uno tras otro. Y sin consulta privada: todo en la pública, sin el habitual doble negocio de muchos médicos. «Que vengan aquí, que vengan los políticos a ver lo que yo veo en mi despacho todos los días, y luego que se vayan a legislar lo que quieran», reta Celso en el texto.

La entrevista explota y mi director pregunta cómo es posible que ni siquiera haya llegado al papel, aún considerado el escenario patricio de este negocio, y se haya quedado en la plebeya web. Era viernes, lo tuvimos a última hora, etcétera.

«Hay que tratar de llevarlo al papel. ¿No hay más médicos que apoyen esta postura?» Con sus luces y sus sombras, *El Mundo* siempre acaba metiendo la nariz donde nadie se atreve.

Diez días después abrimos la portada del periódico de papel con el siguiente titular: «La ley trans traerá mucho dolor y muchos se arrepentirán». Dentro, y aunque la política vaya a seguir haciendo oídos sordos, las sociedades científicas más importantes del país certifican los peligros del desembarco *queer* en las instituciones y en la ley.

Todos los entrevistados empiezan felicitándose por la «despatologización», por que los transexuales ya no sean monstruos de tres cabezas a ojos de la sociedad. Pero todos salen finalmente del armario del miedo a parecer retrógrados y tránsfobos para ser, simplemente, razonables.

Por ejemplo, la vicepresidenta del Colegio de Médicos de Madrid, Luisa González, dice: «No hay ciencia que justifique legislar de esta forma, no hay consenso científico sobre los tratamientos que la ley aplica de forma ciega, y encima impide trabajar a los profesionales, vulnera los derechos humanos de los menores por impedir su asistencia, e incluso usurpa la patria potestad de los padres».

Habla también la jefa de Psiquiatría Infantil del Clínic barcelonés, Luisa Lázaro, que preside la Asociación Española de Psiquiatría de la Infancia y la Adolescencia: «Estamos en una sociedad donde los deseos se convierten en derechos, pero los profesionales necesitamos tranquilidad. No se puede hormonar inmediatamente a adolescentes».

Especial es el cabreo de un activista trans del recorrido de Marcelino Gómez, alguien muy poco sospechoso de transfobia tras veinte años liderando una de las unidades de género de referencia en España, la del hospital valenciano Doctor Peset: «Es increíble que nadie nos haya preguntado nuestra opinión cuando somos nosotros quienes debemos aplicar esto».

Abunda Gómez, que además representa en el reportaje a la Sociedad Española de Endocrinología, de la cual es vocal: «Es una locura que en la ley sólo se observe la opción de la medicalización. La transexualidad es un fenómeno complejo que requiere distintas soluciones y paciencia, y lo que esta ley trae es lo contrario».

Remata Víctor Pérez, presidente de la Sociedad Española de Psiquiatría: «Normalización no puede significar apartarnos de la asistencia a la avalancha de adolescentes que están recibiendo una importante presión, sobre todo por redes sociales, para creer que la transexualidad es la solución instantánea a sus problemas, cuando en realidad muchos están sufriendo trastornos que necesitan un diagnóstico y un acompañamiento que esta ley les niega, y que a nosotros nos prohíbe».

La ciencia institucional española dice: así no.

Y casi todos admiten, *off the record*, que la mayor parte de sus entornos profesionales están muertos de miedo ante la posibilidad de que la ley salga adelante, por lo que podría suponer de distorsión en sus pacientes, pero que el gremialismo y la comodidad acaban abocando al silencio. «Es meterse en un jardín y en este trabajo somos poco de jardines», dicen varios de estos científicos, con unas palabras u otras.

También tienen miedo a ser utilizados políticamente. Todos ellos lamentan *sotto voce* que lo trans se haya convertido de pronto en termómetro moral de Occidente y campo de batalla partidista.

Las cadenas televisivas —el listón del éxito en mi negociado— están varios días replicando los argumentos de estos médicos expuestos en el periódico —sobre todo las interesadas en arrearle en el morro a la izquierda en el poder—. El cansino teatro de las tertulias le dedica también algunos de sus sainetes y entremeses.

De pronto, a las madres de Amanda las empiezan al menos a recibir algunos partidos políticos. De golpe surgen profesionales médicos aquí y allá que ponen en solfa el enfoque de la ley, cuando no hablan de un completo despropósito.

Celso lo había descorchado todo. Así, Pura empieza a recibir una avalancha de peticiones de entrevistas y Arango hace alguna más repitiendo el mismo estribillo. El tema se ha convertido, en ese otoño-invierno de 2022, en el pimpampum político del momento, junto con la llamada ley del *sólo sí es sí*: el fiasco del endurecimiento de condenas para los agresores sexuales, que al articularse mal redujo las penas de más de mil delincuentes, y excarceló a muchos de ellos.

Ambas cosas pasan a ser un verdadero cono de deyección para el gobierno de coalición PSOE-Podemos en el arranque de 2023.

En marzo, poco después, Celso recibe una invitación a

acudir al Congreso de los Diputados. Le llama el partido de extrema derecha Vox. Arango va y vuelve a cantar su canción, esta vez en sede parlamentaria. Repite a quien le quiera escuchar que si le llaman Bildu o la CUP, se supone que en las antípodas ideológicas de Vox, iría igualmente, y su intervención no tiene un efecto más allá de lo declarativo.

Pero esta vez el volquete de basura verbal que le vierten encima sí le hace mella. No sólo eso. Aquella tarde tienen que sacarle del Parlamento por una salida lateral, «como de tapadillo, como si hiciéramos aquello clandestinamente». Esto le da la medida de «la locura en que vivimos». Pierde las ganas de seguir hablando en público del tema justo cuando mis conversaciones con Pura Morán para entrevistarle para este libro comienzan.

Celso ha pasado de autoridad en psiquiatría, una de las mayores de España, a herramienta de la batalla ideológico-partidista. Lo último que quiere es tener una larga conversación con el periodista que le acabó metiendo en ese berenjenal para un libro que quizá sólo le va a traer más problemas. Así que inicio el cortejo por Pura, y acabo enviándole a Celso a través de ella un largo audio de casi cinco minutos en el que intento persuadirle.

Un mes después estoy entrando, ya con el sol plano del preverano matritense, en Salud Mental del Gregorio Marañón. No me ingresan, aún no. Camino todo el pasillo de la izquierda y, como Pura me explicó, al final está el despacho. La puerta está entreabierta. Llamo. Nadie responde. La empujo un poquito. Doy un paso dentro.

El despacho es muy sencillo, como habitualmente en la medicina pública. Mucho título por las paredes, algunas fotos, pero la misma espartana normalidad de cualquier hospital.

Se me ocurre: mucha vocación tiene que tener este tío, siendo una referencia a nivel nacional, para dedicarse por completo a la psiquiatría pública y a la docencia. Mucha pasta tiene que estar perdiendo este hombre aquí.

Antes de venir me he estudiado su currículo. Catedrático en la Complutense, en el King's College de Londres, en la Universidad de California-San Francisco, en la de Maryland. Miembro del European Brain Council, órgano asesor de la Comisión Europea. Presidente del European College of Neuropsychopharmacology.

Pero lo que veo es un despachito de lo más normal y, sobre la mesa, lo que parecen ser cuadrantes de pacientes: imagino que los niños en ese momento ingresados.

Vamos, que el hombre estará aquí metido todo el día, rodeado de niños y adolescentes con todos los trastornos mentales habidos y por haber, y ahora vienen cuatro salvapatrias que no han trabajado en su vida en otra cosa que en la política a decirle que no tiene ni idea de esto.

«Ah, estás ya aquí.» Miro a la derecha, y saliendo de otra habitación aneja aparece Celso Arango.

24

En el principio había un niño.

Un niño de ojos azules y rizos rubios, tornasolados. Un niño que era «un bombón, porque era un bombón». Un bombón un poco trasto, bien es cierto, pero un bombón.

Se moría Franco y el niño subía y bajaba, saltaba y corría por aquella España —él, en concreto, en Ávila— que devoraba años como si fueran siglos a mediados de la década de 1970.

Al niño no lo mecía su madre, no. Su madre había sido una señorita de provincias veinte años antes, en la posguerra, cuando un mendrugo de pan era oro para tantos, pero no para ella.

Hija de un alto funcionario abulense, por supuesto del bando ganador, había sido educada y cincelada, prácticamente por preceptores, con dos objetivos: ser refinada y ser esposa. Lo primero lo logró pronto. Aprendió francés, tocaba el piano con soltura, se sacó incluso el título de perito mercantil. No iba a ser enteramente un geranio. Para lo segundo tampoco tardó. Al elegido, estudiante de Ingeniería en la sobria Salamanca de los años sesenta, lo conoció un fin de semana cuando él estaba de vuelta en su Ávila natal.

Ella era bonita y pondría luego los ojos azules y los rizos rubios. También sofisticada: aun cuando se escriben estas líneas, en 2023, cuando como toca en la vejez, la infancia está más cerca que cualquier otro tiempo, presume de haber tenido, de pequeña, peinadora. Una mujer sólo para peinarla a ella.

Un año después del feliz encuentro ya estaban los dos tortolitos haciendo planes de boda cuando el padre de él, empresario cárnico venido a menos, mandó parar. ¿Qué era aquello de casarse sin carrera? Un ingeniero sin título es una bicicleta sin ruedas, así que vuelve cuando tengas el papelito.

Con el feliz enlace, un año más tarde, arranca esta historia.

La pareja planta sus reales en Madrid y ella se prepara, toda la vida ha estado haciéndolo, para parir y merendar incesantemente con las amigas. Pero a él de golpe le da un ataque de responsabilidad: ¿y si un día le pasa algo al cabeza de familia? ¿Qué sería de ella y de los críos? No, ella debe trabajar también. El aparato tardofranquista hace el resto. Mientras los hijos empiezan a personarse, dos niñas casi en fila india, él se convierte en alto funcionario y le consigue a ella un puestito en su misma institución. Un despachito donde, básicamente, limarse las uñas tres o cuatro veces por semana.

Nace Carmen y nace Rosario. Para cuidarlas hay que subcontratar. La paternidad es un trabajo duro y alguien tiene que hacerlo. Por suerte, la Meseta es un milenario vivero de mujeres abnegadas, currantas y necesitadas de huir de la miseria del plato de gachas y las noches al calor de la chasca.

Así aparece Paloma, entonces de diecinueve años, una chica carnosa, de espalda y manos anchas que llega a Madrid directamente de un pueblo de Valladolid, y al hogar familiar recomendada. A Paloma, esto es lo central, se le sale el corazón por la boca en cuanto conoce a las niñas, a Carmen y Rosario.

La Tata Palo se convierte en la mamá oficial, mientras la otra, la biológica, pasa las tardes entregada a la brisca y el anís. Hasta que un día, porque es Dios quien los manda, el gol es por la escuadra y le aparece en la tripa un nuevo encargo. Entra en escena Juan.

El franquismo fenece y la minifalda apunta, pero a la Tata Palo no le va la modernidad. Tú sales del pueblo, pero el pueblo no sale de ti. Carmen y Rosario sí, muy bien, pero ay Juanito. Juanito es hombre. Y el hombre es el hombre. Así que la Tata Palo se vuelca con él. Lo achucha, lo colma, se lo come cada mañana. Lo abraza, lo reconforta, le da refugio, lo mima. Se deja comer y sobre todo gobernar por el mocoso de los cabellos soleados.

Paloma manda en la casa con puño de hierro mientras el padre viaja cada vez más y la madre sigue huyendo festivamente de las obligaciones maternales.

El centro es Juanito. La Tata Palo lo trata como a un príncipe. Como al zagal se le pegan las sábanas, Palo lo viste cada mañana con el uniforme del colegio en plena cama. También allí le da el rico desayuno al pequeño marajá del barrio de Salamanca.

Treinta años después, él será la Tata Palo —a la que, ya anciana, nunca dejará de ir a visitar en su retiro en el pueblo de Valladolid— y sus atenciones causarán otras consecuencias, pero de momento le toca a él.

En el cole es un trapisonda, la disciplina es para los demás, pero sobre todo es cuando está en manos de Palo cuando la vida es maravillosa. Los demás están ahí, pero la Tata y él son otra cosa. Quizá él sea parte de la Tata, quizá al revés.

Juanito crece y, como no hay límites, como esas cosas no existen, empieza a armarla. Con quince años deja embarazada a una compañera de colegio. La interfecta aborta en Londres. Tres años más tarde, cuando acaba de empezar Económicas, repite jugada con otra novieta de —mal asunto— familia del Opus Dei. La muchacha queda encinta y Juan se empeña en tenerlo. Quiere ser la Tata Palo, pero quiere serlo ya. La cosa termina igualmente en Londres. Pero él, mentalmente, ha encontrado un lugar en el mundo: tiene que ser padre, ha nacido para ser padre, el epicentro de su persona es ser padre.

«Y así fue como lo conocí yo, cuando él tenía treinta y yo treinta y cuatro. Como con diez años más, pero en las mismas: empeñado en ser padre. Y maldita la hora en que lo conocí.»

La mujer que me cuenta esto en enero de 2023 está sentada en un sofá *belle époque*, en una cafetería pija del barrio de Salamanca de Madrid, tomándose un té. Se llama Pilar, tiene cincuenta y cinco años, lleva peleando con Juanito unos veinte, y cagándose en la Tata Palo y su alargada sombra casi desde entonces.

«Hay gente que se vuelve loca cuando se convierte en padre, pero a éste la olla ya se le había ido mucho antes —se culpa—. Es verdad que yo no me di cuenta a tiempo.» Tampoco es que ella estuviera muy fina en alguna época, sobre todo cuando se le oscureció la vida y, con la hija de ambos muy pequeñina, en medio de una de aquellas tormentas maritales que hoy recuerda poniendo los ojos en blanco, le dio por tragarse un bote de ansiolíticos.

Pero no adelantemos acontecimientos. Todas estas historias empiezan por el vino y las rosas. Bebamos primero.

25

Nos sentamos y Celso me comenta que, en efecto, no le apetecía meterse en harina trans otra vez.

«Pero las cosas son como son, lo que está pasando es gravísimo y no podemos mirar para otro lado —se encoge de hombros—. Tenemos una hora, no más, ¿vale?» Observo los cuadrantes sobre la mesa de su despacho en el Gregorio Marañón, los nombres de niños perdidos en la tormenta dentro de sus propias cabezas. Empecemos por ahí.

«¿Ejemplos? ¿Quieres ejemplos de lo que les pasa a estos chicos?», dice después de ofrecerme agua.

—Mira, uno muy claro que tenemos aquí, que hemos seguido durante todos estos últimos años. Es un chaval con un trastorno autista de alto funcionamiento, que durante mucho tiempo se identificaba con los coches de carreras. Él era un coche de carreras.

—Pero cómo un coche de carreras.

—Lo que oyes, él era un coche de carreras. Hasta que

en determinado momento pasó a identificarse con litio. Él era litio. «Soy litio, litio, litio.»

—Pero cómo litio.

—El metal. Él era litio, el metal. Era todo litio. Le hablabas de lo que fuera y él «litio, litio, litio».

—Alucino.

—Y ahora, desde hace unos meses, es trans. Ahora ya ha decidido que es trans.

Admito que no entiendo. No esperaba un arranque tan fulgurante. Pero ¿son encarnaciones en las que se siente cómodo el chaval o qué coño es eso?

«Es cómo se ve él, ni más ni menos. Primero coche de carreras, luego litio, ahora trans. Es autista. Funcional, pero autista. ¿Tú crees que yo puedo actuar profesionalmente hormonando a este chico, como si fuera trans? Dentro de unos meses se identificará con otra cosa y así hasta la siguiente, el tránsito por su identificación con una de ellas no puede dejarle con cambios corporales irreversibles para el resto de su vida. ¿Cómo voy yo a otorgarle crédito, si sé perfectamente de dónde viene?»

Celso se queda perplejo durante dos segundos, quizá observando mi cara de perplejidad. «Pues ésta es la locura a la que nos están abocando estos políticos, que creen que la política está por encima de la ciencia y la biología.»

El autismo es uno de los mayores elefantes en la habitación del debate trans. Uno y otro bando asumen que muchas personas transgénero sufren trastorno del espectro autista. Un estudio de la Universidad de Cambridge, por ejemplo, certifica que si eres trans tienes seis veces más posibilidades de ser también autista que si no lo eres. Hasta la World Professional Association for Transgender Health, un nodo de profesionales-activistas dedicados al tema, creado a partir de los estudios de un endocrino alemán, Harry Benjamin, lo admitió en 2012: «Hay una mayor prevalencia de trastornos del espectro autista entre adolescentes con disforia de género que en la población general de adolescentes».

Sin embargo, cada trinchera le da a esta llamativa confluencia una explicación diferente. Para los críticos con la teoría *queer*, es evidente que la disforia de género, ese *no me gusta mi cuerpo y quiero otro*, es en demasiados casos un disfraz de ese autismo o de otros trastornos. Para las gentes *queer*, esa prevalencia o bien es producto de la discriminación secular a la que se ha sometido a los transgénero, o simplemente cursa a la vez que la disforia, pero por caminos paralelos. No se cruza. Pura coincidencia.

Aquí hay que admitir otro problema de base: da la impresión de que la ciencia, de nuevo, sabe poco de qué demonios es el autismo, y de cómo diagnosticarlo y tratarlo.

Por ese déficit científico —este libro, después de todo, es puro déficit científico— se ha creado el panóptico verbal del «trastorno de espectro autista», el famoso TEA: un cajón de sastre conceptual que admite que esta discapacidad del desarrollo, porque así categoriza la ciencia el autismo, podría afectar a mucha más población de la diagnosticada, e incluso a regiones de la persona antes no consideradas.

Aparte de lo que diga la ciencia, el derecho, siempre intentando coger agua con las manos —pero que es lo único que tenemos para establecer límites—, obliga a que quien quiera acceder a un tratamiento científico complejo lo haga en pleno uso de sus facultades mentales.

«En realidad todo es mucho más sencillo —me explica Celso—. Basta aplicar de entrada el sentido común. Verás, te explico. La espera es terapéutica, sobre todo en salud mental juvenil. En los adolescentes y niños, la búsqueda de gratificación es inmediata y acuciante, pero nuestra obligación es atenuarla. Yo hoy tengo en consulta a un niño de diez años que me dice que la vida no tiene sentido y quiere morirse, y cuando hablo con él me entero de que se ha enfadado con un amigo, o que la chica que le gusta pasa de él. A la semana ya se ha olvidado, todo es felicidad. ¿Qué hago, lo medico de primeras? Otra cosa es que me llegue el padre con un adolescente de dieciséis años y me diga: "Desde que tenía tres años sólo quiere ir con braguitas y relacionarse con niñas. Y una vez lo pillamos con un cuchillo, haciendo como que se cortaba el pito". Y que el crío siga así año tras año. Joder, eso es otra cosa. Es como si tienes un niño muy triste y cuatro meses después sigue muy triste: algo hay que hacer. El tiempo es una variable central, y lo ha sido siempre en la medicina, pero en este tema trans nos quieren convencer de que no vale nada y ellos mismos, los pacientes, se pueden diagnosticar y decidir su tratamiento. Hala, pues nada, barra libre que paga la Seguridad Social. Ya veremos quién paga después los estragos.»

Lo que Arango cuenta parece tan razonable que uno se pregunta en qué momento de los últimos años volvimos todos a nacer. Quién demonios les dio botonazo a millones de mentes en Occidente, como al ordenador cuando no rula.

«La adolescencia es crisis en general, y crisis sexual en particular. Y no nos podemos guiar por lo que es apetencia. Coño, los estudios dicen que un 50 por ciento de los adolescentes hemos dudado, y digo hemos dudado, si somos heterosexuales, homosexuales o bisexuales. ¡Y eso es completamente natural! Y no hay que hacer nada con esa duda, sólo esperar: luego se va disipando hacia un lado o hacia el otro, pero desde luego un 50 por ciento de los adultos no son homosexuales. Es como tener alucinaciones auditivas con ocho o nueve años: un 8 por ciento de los niños escuchan cosas en su cabeza, a veces son ruidos, a veces como un amigo imaginario. ¡Un 8 por ciento, casi uno de cada diez! Y lo mismo: no hay que hacer nada, sólo esperar. ¿Qué hacemos, les damos antipsicóticos? Un 10 por ciento de ellos, un 10 por ciento de ese 8 por ciento, sí que desarrolla esquizofrenia. Es decir: esas primeras alucinaciones sí son un factor de riesgo. Pero nueve de cada diez no tendrán nada en el futuro. Entonces, ¿los medico a todos por si acaso? ¿Daño a esos nueve para empezar a tratar a uno? Obviamente no. Pues con lo trans lo mismo: no puedo dañar a veinte, haciéndoles creer que son trans, y mucho menos hormonándolos e incluso operándolos, simplemente para mejorar a uno. Es tan obvio que da vergüenza tener que explicarlo.»

Otro tanto sucede, explica, con los intentos de suicidio: «Los estudios dicen que más de un tercio de los jóvenes piensa en algún momento en el suicidio, en quitarse la vida, incluso se imagina su entierro. ¿Qué hacemos, encerramos a ese tercio en un departamento de psiquiatría? Y, ojo, un departamento de psiquiatría siempre va a ser menos traumático que una mastectomía, o una hormonación, que te deja estéril».

Uno de los principios deontológicos esenciales de la medicina reza, en latín: *primum non nocere*. Lo primero es no hacer daño. Es decir: si un crío ya viene mal, haz el favor de no dejarlo peor.

«Por eso es de una ignorancia suprema pretender intervenir en los protocolos médicos sin tener en cuenta que los profesionales tenemos que graduar habitualmente con qué afrontamos el problema que traiga el paciente. Y podemos enfrentarnos, incluso, a situaciones de urgencia, o incluso de vida o muerte. ¡Dependiendo de lo que yo haga como médico, a un tío o lo salvo o lo mato! Y si tengo que arriesgarme a matarlo, tiene que estar justificado. Pues aquí es lo mismo. ¿Dónde está la proporcionalidad?»

El sol entra a raudales por la ventana. Son las cuatro de la tarde y Celso me ha dicho que se va a tirar aquí hasta la noche. Quiero saber, dentro de lo posible, qué está tratando ahora vinculado con este tema.

«Estoy viendo muchos niños con trauma: abusos sexuales, inadaptación, acoso escolar, discriminación... Estamos viendo muchos niños traumados, que se sienten apartados de la sociedad, y que a los doce, quince o diecisiete años hallan la solución a todos sus problemas: es que soy trans. Entonces les preguntamos: "Pero ¿para ti qué es ser hombre? ¿Y ser mujer?". Y a la tercera o cuarta entrevista, a veces incluso a la primera, se te vienen abajo, y te dicen: "Bueno, pues igual no era eso, igual no era trans". Ojo —prosigue—, para mí eso como profesional tiene una implicación: les estoy quitando su tabla de salvación, ese hallazgo que de pronto les da una estabilidad, un punto de apoyo. Pero, claro, yo se lo tengo que decir: es una tabla de salvación temporal que les va a traer más perjuicio que beneficio.»

Esto que Celso Arango acaba de explicarme que hace

desde la dirección de Psiquiatría de uno de los hospitales más importantes de España es lo que prohíbe no sólo la ley trans aprobada por el gobierno PSOE-Podemos en la primavera de 2023. Prácticamente lo mismo prescriben la norma madrileña de 2016 —recientemente reformada—, la catalana de 2014, la canaria de 2021, la gallega de 2014, la andaluza de 2017, la valenciana de 2017... Sólo Castilla y León permanece, cuando se escribe este libro, sin su propia ley trans. Asturias la aprobó contra reloj en 2023, cuando se tramitaba la nacional —y seis presos de la cárcel de Villabona procedieron a cambiarse de sexo para ser trasladados al módulo de mujeres.

Celso Arango también ha sido en estos últimos años, en fin, un *delincuente*. Alguien tendrá que detener a este señor y a todos los demás que se empeñan en que la Tierra es redonda.

Él es, pues, otra víctima del ensueño trans, pero mucho más lo son los chavales que tiene «aquí arriba», me señala la planta sobre nuestras cabezas, en el Gregorio Marañón. «Porque lo que acabas teniendo aquí, aunque no quieras, es un semillero.» ¿Cómo?

«Aquí, hasta antes de la pandemia más o menos, podíamos ver en todo el año igual dos, tres o cuatro casos de transexualidad. Como muchísimo. Ahora es una explosión, un incremento exponencial. ¿Cuántos crees que tengo ahora mismo ahí arriba, de veinte chavales ingresados? Cuatro. Cuatro de veinte.»

¿Y por qué es un semillero? «Porque donde tienes cuatro, de pronto tienes cinco. Se lo contagian entre ellos, lo ves en directo. Se vuelven trans en veinticuatro horas. De golpe te dicen: "Soy trans". "Pero ¿tú habías pensado en eso antes?" "No, nunca se me había ocurrido." Entonces ves que en el comedor se está sentando con aquel otro, que está en el mismo rollo. Y salen diciendo: "Trans, trans, yo soy trans". Nos pasa lo mismo con los cortes, los vómitos autoinducidos, etcétera. Son distintos emergentes de malestares internos, que en unas épocas salen de una forma y en otras de manera distinta.»

Nada que no admitiera en su momento, por ejemplo, la presidenta de la World Professional Association for Transgender Health, una tal Marci Bowers, cirujana experta en cambio de sexo y líder de una de las mecas científicas *queer*: «Aunque hay personas en mi comunidad que nieguen el contagio social, eso es no entender el comportamiento humano». Se lo dijo en 2022, por cierto, a una periodista —una tal Michelle Goldberg— que se guardó la respuesta año y medio, más preocupada por su reputación que por hacer su trabajo. Nadie que haya tenido cerca un adolescente más de dos minutos puede desconocer su capacidad para influenciar y ser influenciado.

Para contagiar y ser contagiado. Si alguna vez alguien en el Medioevo pensó que la transexualidad se podía contagiar como un peligroso virus que te cambiaba de sexo como si de la COVID o el ébola se tratara, Celso ve en el Marañón cada día la respuesta: sí.

Al menos esta transexualidad *fake*.

26

Habla Pilar: «Para mí, cuando Juan apareció, fue un soplo tremendo de aire fresco... Porque es verdad que yo no había tenido juventud, y la viví con él ahí, en la treintena. Yo ya tenía dos críos cuando lo conocí... Pero él... Él era muy divertido».

Es una mujer enjuta, rematada por un moño recio, como de bailaora, que le da el preceptivo sorbo al té y arranca a hablar. Tiene una capacidad innata para narrar. Cuenta las cosas como quien pone ladrillos, pam, pam, pam. Hay gente así. Uno no recibe sus palabras, casi choca con ellas. Una forma de verbalizar que probablemente va a salvar a su hija de hacerse una enorme pupa.

«Yo lo que pasa es que desde muy joven me emparejé con el padre de mis hijos, que era y es un verdadero señor. Y, bueno, pasé de mi casa, de mi padre, que la verdad es que era muy *führer*, a este señor. Y por eso luego pasó lo que pasó.»

Antes de «lo que pasó», Pilar acaba «rapidito» Económmicas, consigue un buen trabajo en una gestoría y se enlaza con un hombre —el «señor»— mayor que ella. Compra el *pack*, le nacen dos hijos a los que empieza a educar de forma recta, sin dudas, pero en el cambio de rasante de la treintena todo se descoloca y de pronto se ve divorciada.

Y Juanito a escena. «Yo desde un principio me enamoré mucho de él. Por lo vital que era, quizá como contraste con mi exmarido. Juan era y es mucho de subidas y bajadas, pero cuando está arriba, es muy vital, arrasa con todo, es muy divertido, sobre todo cuando hay alcohol de por medio, porque ésa es otra, el alcohol... Luego ha sido un auténtico hijo de puta y un maltratador y un loco, y a nuestra hija casi la destroza, ésa es la verdad. Pero en ese momento me cautivó. Si dijera otra cosa, mentiría.»

Ambos conviven tres años como novios, «tres años muy buenos, en los que lo pasamos muy bien, nos reímos mucho». Y en los que Juan, que va surfeando la vida y empieza a darse cuenta de que todo pasa, «no hacía más que repetirme lo madraza que era, lo buena madre que era, que yo era la madre más buena del mundo y las ganas que tenía él de ser padre».

«A veces —lanza Pilar—, se ponía dramaticón con eso: "Es que nadie ha querido hacerme padre. ¿Por qué nadie ha querido hacerme padre?". Yo ya tenía dos chavales, no era mi prioridad. Pero él hasta lloraba con ese rollo. Era una obsesión. Luego te das cuenta de que no es normal. Una hermana suya tiene una neurosis diagnosticada, no me extrañaría nada que él...»

Conocí un día a Juan, un poco por azar y un poco con el secreto objeto, por mi parte, de escribir esto. El niño de rizos rubios era un cincuentón histriónico, verboso y bastante disparatado, que durante un tiempo había sopesado seriamente dedicarse profesionalmente a actuar —sus padres le pagaron un curso— y que, con todo, me cayó muy bien porque, en efecto, la vida le rebosaba por las córneas. La vida y este trasunto suyo que llamamos paternidad.

Me lo puedo imaginar llorándole a Pilar a mediados de los 2000, mendigándole un hijo. Y también me la puedo imaginar a ella, que en 2023 ya acumula tres parejas (ahora hay otra) y tres vástagos en las alforjas, atraída por ese torbellino, feliz de salir de la convención y de hacer volar un poco la peluca, porque la vida es un rato. «Yo estaba muy enamorada y accedí a que nos casáramos, aunque para mi padre era un bajón que me volviera a casar. Mis padres son gente, bueno, de antes.»

Juan estará un poco como las maracas, pero Pilar, aunque veo ante mí una tipa muy cuajada, seguro que tampoco era entonces Doña Perfecta. A los cuatro meses de matrimonio lo echa de la casa de la familia de ella donde vivían: «En cuanto nos casamos, él empezó a beber más y tuvimos varias situaciones de maltrato físico. Yo tenía treinta y siete años y no iba a aguantar eso, encima con mis hijos de por medio. Me fui de allí y fue el enésimo disgusto para mis padres, los pobres».

Pilar no pasa por el aro. Ambos firman la separación legal. Pasa un año que Juan se tira «vilipendiándome y a la vez persiguiéndome para volver».

Hoy a Pilar le da vergüenza admitir que si volvieron, como en efecto hicieron, «fue completamente culpa mía, me equivoqué de medio a medio, es el error de mi vida».

Juan «era Dios o era el diablo, pero cuando era Dios construía, era alegre, convertía la vida en otra cosa». También admite, ay, lo que en modo alguno quiere admitir: «Estaba muy enamorada de él».

¿Quién no ha cometido en su vida errores de los que de ninguna manera se pueden cometer? De acuerdo, gran parte de la población. No es mi caso, por eso entiendo bien a Pilar.

En fin, ambos *vuelven*, pero no sólo vuelven. Él pone la condición de, ya puestos, tener un hijo juntos. Y ella, Pilar, la mujer que casi atisba la cuarentena y que vivió los veinte como una señora de su casa, se suelta la melena. «Y le digo que vale, que de acuerdo, que lo voy a hacer padre. Que era el sueño de su vida, lo que él de verdad quería.»

Firman más papeles, vuelven a convivir, ella se embaraza. En la semana veinte, la cabra vuelve a tirar al monte. En concreto cuando el ginecólogo, con el ecógrafo en la barriga embadurnada de Pilar, les hace ver lo inevitable: «¿Veis? Si fuera chico, al final de esta montañita se vería un palo, como un pino ahí plantado —señala con la mano en la pantalla—. Pero no hay palo. Luego es niña».

Aquello «a él le sentó como una patada en los cojones —dice Pilar—. Él estaba empeñado en que quería un chico, tenía que ser chico, no le cabía otra cosa en la cabeza. Si ya tenía hasta el nombre: Mateo. Y ahora resulta que íbamos a tener una niña».

No puedo juzgar hasta qué punto Pilar reelabora cuando lo cuenta, pero ella asegura que «esos días yo volví a pensar: "Este tío no está bien de la cabeza". Se enfadó y pasó varios días sin hablarme, como si yo tuviera la culpa».

Pocos meses después nace Laura. Juan ya puede jugar con ella al juego del padre ejemplar, abnegado, sacrificado... O quizá a ser la madraza protectora, entregada, llegada de una aldea castellana y dispuesta a colocar de nuevo a Juanito, en su mente, en su cómodo trono de omnipotente principito infantil.

27

Supongamos que nuestro hijo nos dice que es trans y somos —porque eso realmente somos todos— un señor de Cuenca o una señora de Vicálvaro. Apenas sabemos de esto más que lo que hemos escuchado de refilón a Matías Prats, a Ana Rosa o a la vecina del cuarto, que tiene un sobrino que tiene un amigo que tal.

Lo más probable es que en ésas le preguntemos al de siempre, a *san Google*: «¿Qué hago si mi hijo es trans?». La primera respuesta, la que en el verano de 2023 elige el buscador como más importante en español de los 96,2 millones que registra, es la publicada en noviembre de 2021 por Guiainfantil.com: «Mi hijo me ha dicho que es transexual: 14 *tips* para saber qué decirle».

Primer *tip*: «Si tu hija o hijo ha decidido decirte que su género no se corresponde con el que le asignaron al nacer, no lo devalúes, no le digas que es una fase o un desafío. Ten en cuenta que ha sido una decisión meditada que le ha llevado mucho tiempo, y ha demostrado tener gran valor para contároslo».

O sea, alfombra roja. El género se «asigna» mágicamente. Aunque tenga seis o doce años, no le puedes llevar la contraria, porque él es el padre y tú el hijo. Su decisión es meditadísima, aunque no sepa sumar ni atarse los zapatos. Además hay épica: es un valiente. Esa gominola te la puedes llevar a tu ego de papi también.

Segundo consejo: «Hazle preguntas abiertas y no juzgues bajo ningún pretexto sus respuestas». ¿Eres tan carca que pensabas que la paternidad se ejerce con algún tipo de autoridad? ¿Has oído hablar del fascismo?

Tres: «Déjale ser libre. Si delante de amigos o familiares quiere expresar su nueva identidad, déjale hacerlo con naturalidad. Vuestro entorno debe conocer la situación. Tu hija o hijo es lo más importante. No permitas que deje de ser quien es porque alguien se sienta incómodo». Traducción: como tu hijo ha cruzado el Rubicón de decirte que es trans, él solito ha vencido siglos de discriminación y tú sólo puedes aceptarlo, darte cuenta de que has sido toda tu vida un opresor y callar la boca.

Pero sigamos. «Fomenta su expresión de género. Déjale expresarse como se siente y no intentes acabar con ello mediante castigos o regañinas inapropiadas. Tampoco le hagas sentirse mal, ni ridiculices su identidad de género por no comprenderla.» Un poco más y te tienes que hacer trans tú en solidaridad con él.

Molan especialmente los puntos nueve y diez: «Alaba su nueva realidad. Hazle saber que estás a su disposición para cualquier cosa. Alimenta su autoestima y haz que se sienta bien con su nueva identidad. Habla positivamente y halaga cada uno de sus progresos y avances sin importar el ámbito en que se den». En el caso de un menor con trastornos que en realidad nada tengan que ver con la transexualidad: dile a tu hija anoréxica lo mona que está así de delgadita.

«Es una locura —dice Celso Arango en su consulta del Gregorio Marañón—, pero una locura muy interesada para demasiada gente. Todo el mundo sabe que hay grupos pro-trans que visitan los colegios para hacer atractiva la transexualidad, y que viven de la subvención. Ésta es la realidad. Es gente que antes no tenía nada y ahora sí tiene algo, y no lo van a soltar. Por no hablar de los intereses económicos de las clínicas privadas y la industria. También hay muchos compañeros míos que están ganando mucho dinero con esto, y que asesoran a los políticos en evidente conflicto de interés. Yo he ido a hablar de este tema al Parlamento sólo con un conflicto de interés: que si estas leyes salen adelante, voy a tener mucho más trabajo, porque las consecuencias las sufren los niños que yo veo aquí todos los días, y la avalancha se me va a venir encima.»

La dicotomía entre la hoguera de intereses políticos y lo que se sienta cada día delante de Celso se me hace insoportable.

«¿Qué tienen que hacer los políticos? Tienen que reunir a cinco o seis expertos de distintas visiones, y cada uno va a tener sus amigos y su tendencia, pero tienen que cerciorarse de que no tengan conflicto de interés. Y al menos escucharlos. Lo hacen en el Parlamento Europeo al menos un día al año, lo llaman Ciencia en el Parlamento. Me invitaron una vez, para el tema del suicidio, pero lo han hecho también con la contaminación, el agua, lo que sea. Aquí, en España, ni nos llamaron para la eutanasia, ni ahora tampoco.

No necesitan asesorarse. Lo saben todo. Son más importantes los prejuicios ideológicos que la ciencia o la evidencia. Nos legisla y gobierna la ideología. Importa más la búsqueda de votos que los problemas reales. Es tremendo.»

Hace mucho que los politólogos admiten que la primera de las funciones esenciales de la política, la consecución del poder, ha borrado a la segunda, el uso de ese poder. Todo se supedita a conseguirlo y retenerlo.

«No es un problema de España —sigue Celso—, basta mirar las noticias. En Hungría han prohibido las academias científicas. Erdogan ha acusado de terrorismo a seiscientos científicos, alguno que yo conozco, porque han firmado una proclama por la paz. En la India, más de cien economistas le han dicho al primer ministro que haga el favor de no gobernar exclusivamente basándose en la ideología. En el Reino Unido, Boris Johnson dijo antes de votarse el Brexit: "Estamos hartos de escuchar a los científicos". Ahora ellos mismos dicen que fue un error. Tampoco es un problema de nuestro tiempo: Justiniano se cargó la academia de Platón porque era contraria a la religión. Ésta es una guerra eterna: la política y la religión, por un lado, y la ciencia por el otro. Tenemos que ser fuertes.»

La cobardía nunca movió ruedas de molino. «Yo como profesional no puedo tratar como trans a una persona que tiene un trastorno mental que la lleva a pensar que es trans, lo siento. Igual que no puedo facilitar la eutanasia a una persona con una depresión mayor que se quiere morir porque está deprimida: yo debo tratarla.»

Le pregunto qué va a hacer con la nueva ley aprobada.

«Mi práctica va a cambiar cero, porque tendría que dejar la medicina. Y no lo voy a hacer porque unos políticos quieran engañarnos a todos. No se puede privar a los menores de una evaluación integral que incluya su salud mental, no lo hace ningún país desarrollado y menos antes de tomar decisiones trascendentales e irreversibles.»

Qué es lo que no quieren escuchar los políticos, unos por integrismo y otros por cálculo: «Yo les explicaría que los niños manifiestan la depresión como irritabilidad. No todos la manifestamos igual. Los gitanos y los payos, por ejemplo, la mostramos de distinta manera, por eso hay una psiquiatría transcultural. Ritualizar el malestar psíquico y la angustia con cortes fue algo que empezaron a hacer los presos en las cárceles, y ahora lo han aprendido los adolescentes. Hoy se cortan, según los estudios, uno de cada cuatro adolescentes. Hay tutoriales para hacerlo y filtros para simularlo en las redes sociales, para facilitar el "mírame, mírame, mírame" narcisista: o me corto o simulo que me lesiono. Con lo trans está pasando lo mismo». La droga de la atención.

«En la adolescencia es típica la inestabilidad, las conductas autoagresivas, el sentimiento de vacío interior, no estar a gusto en ningún sitio. Eso los críos lo gestionan de formas muy distintas. Para algunos puede ser un juego, pero los más vulnerables caen en conductas más peligrosas, porque en ellos funciona rápido el lóbulo frontal: hacer antes que pensar. Y ojo, en este contagio internet importa, pero para mí más incluso el boca a boca. Los adolescentes son muy influenciables por sus iguales. Las redes lo que hacen es perpetuar, pero el contagio es más de persona a persona. A veces competitivo, a veces por pura copia: "Si lo ha hecho mi amiga, pues yo también".»

El populismo de ofrecer soluciones infantiles a problemas extremadamente complejos: «No ven salida a su ansiedad, a su malestar, y llega alguien con autoridad y les vende una solución carismática. Qué van a hacer ellos: pues comprarla. Es un fenómeno de los últimos tres, como mucho cuatro años, que es cuando se ha disparado. La adolescente trans de entonces no tiene nada que ver con la de ahora, son planetas opuestos. Y, claro, si en esta avalancha que recibimos hoy fuera un 50 por ciento de chicos y un 50 por ciento de chicas, pues oye, sería estadísticamente esperable: al menos ahí se podría argumentar que están saliendo a la luz gracias a la normalización y la despatologización. Pero ¿cómo puede ser que quienes se declaran hoy trans sean chicas en un 80 por ciento? Eso no hay análisis que lo resista. Es una moda, con todas las letras. Y una moda machista. En la adolescencia tiene ventaja ser chico frente a ser chica y al luchar contra eso convertimos a chicas en chicos».

De hecho, matiza: «Puede haber dos factores más. Por un lado, homosexuales y lesbianas que como forma de transgredir ahora se declaren trans, porque la adolescencia es transgresión. Y, por otro, un efecto muy potente de la pandemia. Los adolescentes necesitan experimentar, la adolescencia es eso. Les decimos que vengan a las diez y vienen, aposta, a las diez y media: es la forma de hallar su espacio. Pero claro, los hemos tenido encerrados muchos meses, los mismos que lo hemos estado nosotros. No vas a ver a tu novia, no vas a celebrar tu cumpleaños, no te vas a mamar hasta las patas con diecisiete años. La pandemia ha sido mucho más dura para ellos que para los adultos. En general, aún no están claros los efectos del confinamiento».

Remata: «Yo estoy seguro de que esto, esta privación, que para ellos puede ser durísima, tiene un papel en esta moda trans».

Sigamos hablándoles a los políticos: «Pues hay que decirles que la sanidad española no te hace un trasplante de hígado sin un examen psicológico, aunque lo necesites a vida o muerte. Eso sí, un chaval de catorce años puede hormonarse sin evaluación psicológica. Y si se hace la evaluación y la persona no tiene trastorno, pues ya está, es trans. Entonces, ¿por qué ese miedo a evitarlo? Porque hay intereses, ésa es la realidad».

Celso mira el reloj nervioso. Hay tajo. Se me va a levantar de la silla. Quiero preguntarle una última cosa. La transfobofobia y el sentimiento de estar marginando a los ya marginados nunca descansa: ¿qué se hace con los niños y adolescentes verdaderamente trans?

«A esos no los mareas con tus preguntas, ni te marean ellos a ti, lo tienen clarísimo. Con cuatro años, con seis, con ocho y con catorce rechazan drásticamente sus genitales, y no intelectualizan... Hay que hablar claro: esa gente, los transexuales, los de verdad, han sufrido y sufren mucho. Yo he visto sufrir a muchos niños trans por falta de aceptación de sus padres, igual que a críos homosexuales. He escuchado a padres decir: "Este mariconazo no entra en casa". Ese rechazo ha causado siempre una morbilidad mental enorme en los trans, secundaria a la discriminación, al rechazo. Esto es así. Hay que luchar contra todo tipo de discriminación y la discriminación que sufren las personas trans es enorme. Pero no se puede confundir eso con lo que quieren algunos que suceda. Con un niño verdaderamente trans nunca puede haber rechazo por parte de los padres, ni confrontación. Un niño trans necesita el doble de cariño», termina levantándose nervioso.

Mira otra vez el reloj. Tiene un combate de siglos que seguir librando: ciencia contra religión.

Suerte y muchas gracias, Celso.

28

Pilar recuerda aquellas primeras noches con su nuevo bebé, Laura, en casa.

«En los primeros días, aquellas primeras noches cansadísimas, Juan se levantaba siempre a todo. Él se encargaba. Cada vez que la cría hacía un mínimo ruido, allí se plantaba. Yo encantada.»

En ese agotador limbo de las primeras semanas, Pilar, madre otra vez casi a los cuarenta, agradece el despliegue. Pero pronto el despliegue comienza a devorarlo todo. Y un día ya sólo existe el despliegue. Casi ni siquiera el objeto de él.

«Él ya sólo vivía para la niña, no hacía otra cosa que darle todo lo que ella quería. Yo era la inútil que no sabía cómo cuidarla, la madre que no tenía ni puñetera idea. Íbamos a cualquier sitio, yo llevaba un biberón de agua para el bebé y él decía que no, que se tenía que inmunizar, que bebiera de un vaso como los demás. Así tuvo varias infecciones, con la boca llena de llagas. Era todo disparatado e iba a más, era un *crescendo*. Que la niña quería lo que fuera, pues lo tenía. Que no quería comer lo que los demás, pues no lo comía. Con ocho meses, cuando ni gateaba, se empeñó en montarla sobre un caballo en la finca de unos amigos. Pues nada, la montó. Y nuestros amigos le abroncaron: "Pero cómo haces eso". Yo intervenía lo que podía, pero la niña era superior a él. En ese tiempo me di cuenta de que yo me había convertido en la madre de Juan.» Ella misma se pregunta hoy «dónde tenía yo la cabeza».

Y la niña. Ojo con la niña, el destino de toda esta historia: «Si es que la niña es producto de algo, como todos, y la verdad es que nos la cargamos». Pilar mira a lo lejos. «Entre los dos nos la cargamos.»

A la vez que se desvive por Laura, Juan «quería seguir divirtiéndose, y que siguiéramos saliendo y haciendo vida nocturna, bebiendo, etcétera. Yo sabía que eso era imposible: a los críos no los cuida el lucero del alba, los cuidas tú. A todas las locuras que me proponía le tuve que decir que no y así me convirtió en la madrastrona».

Todos los «descontroles» de Juan, en palabras de Pilar, emergen cuando su deseo de paternidad se cumple y la realidad lo lleva más allá de sus límites.

Ella dice que, interiormente, va tragando: admite mentalmente que sí, que la ha vuelto a cagar y se ha casado «con un *pirao*». Que en cuanto ha tomado unas cuantas decisiones por sí misma, la ha armado buena. «En ese tiempo es cuando me doy cuenta de por qué cuando nos casamos la madre de Juan —se refiere a la señora de Ávila, la que de niña tenía peinadora— vino y me dijo muy seria: "Hija, quiérelo pero nunca permitas que te falte al respeto". Y yo le pregunté: "Por qué me dice eso". Y ella: "Es buen chico, pero un poco especial".»

Cuando las desgracias llaman a la puerta no hay nada más humano que buscar culpables. «Cuando la niña cumple dos o tres años, él ya tenía una fijación horrible con ella, vivía para ella. Si no quería comer una cosa, le daba otra, y si no otra. Hasta cinco platos le llegaba a dar. No sabía ponerle límites, quizá porque él tampoco los había tenido. Y nuestras broncas ya eran incontrolables.»

La baraja se rompe cuando Laura tiene cuatro años. Tras la enésima trifulca, Juan se va de casa y ambos ponen la ruptura en manos de sus abogados.

«Es verdad que los últimos dos años fueron terribles —dice muchos años después Pilar—. Y uno quiere pensar que la niña no se entera de nada, pero...»

Se pone fecha para que el juez determine cómo se reparten el tiempo con la cría, pero una tarde Juan tira por la calle de en medio. Una amiga común llama a Pilar, para asegurarse de que está en su trabajo, en la gestoría. Juan se presenta en casa de ella, «le pega un empujón a la cuidadora de la pequeña y se la lleva vestida con su pijama y todo».

Pilar denuncia, pero no sirve de nada. La policía localiza al padre, pero la vista de medidas provisionales está cerca y nada sucede. Ella se tira treinta y cuatro días sin ver a la niña y es entonces cuando confirmamos que no fingía al entonar ese «nos la cargamos» en plural: una tarde coge un bote de somníferos y lo introduce píldora a píldora en su cuerpo por vía oral... Antes de que uno de sus hijos lo advierta y ella misma llame al Samur.

Juan siempre defenderá con este intento de suicidio

—que ella narra así, pero vete tú a saber cómo fue— el argumento de que ella fue «una mala madre», y para poner en duda su salud mental. Recojo las versiones de ambos y no juzgo.

Todos estos conflictos desembocan, en febrero de 2007, ante el juez, que debe decidir quién y cómo se queda a la niña, y que se limita a amonestar verbalmente al padre por el secuestro *manu militari*: «Usted no podía llevarse a su hija, ¿eh?», es toda la sanción, verbal, que le cae.

De ese procedimiento data un documento que quizá prefigura lo que le va a suceder a Laura no tantos años después. Es una pericial psicológica, un estudio que se le hace a la «unidad familiar» para determinar quién cumple sus funciones con eficacia y quién es un peligro para la niña y eventualmente para sí mismo. El documento no tiene desperdicio.

La psicóloga va a casa de Pilar, donde todo parece transcurrir con Laura por los cauces de la normalidad. Pero escribe la profesional: «En un momento dado [la niña] le dice a su madre que no quiere la verdura porque le duele la tripita, y además en la casa rosa sólo come lo que le gusta. La evaluada distrae a su hija y consigue que se coma la verdura».

Luego ambas van a la «casa rosa», la de papá, donde la cría tiene su «casita amarilla». Es la «casita amarilla» porque la niña, por supuesto, ha elegido el color de las paredes, igual que su padre decidía desde su trono infantil los designios del mundo cuando de su cuidadora dependían.

La psicóloga se sienta y observa. Ve a Laura pegarle un broncazo a su padre porque unos puzles están sobre una mesa «y no guardados donde tienen que estar», dice la niña, «autoritaria», escribe la observadora. Ve a Laura, de cuatro años, reñir a su padre, de treinta y nueve, porque un pájaro que tienen en una jaula en la cocina «no tiene suficiente comida», repite la mocosa, ante lo que el padre «le da la razón y cumple sus órdenes».

Ve a Juan dar de merendar a su hija colocando marcialmente un *colacao* y unas galletas en un orden requetedeterminado, porque «si no la niña se enfada y no merienda». Escucha a Laura emperrarse en beber agua de una jarra y no del vaso de toda la vida de Dios, y a su padre contestarle que «no», pero que «si te portas bien, te dejo».

Escucha también al renacuajo, que recorre la casa como Napoleón paseó por Austerlitz tras la batalla, decir que ella duerme «ahí con papi», señalando la cama de éste, quien sonríe encogiéndose de hombros y apenas musita un «no siempre, no siempre». Ve a Juan, en definitiva, orgulloso de deseducar de forma sistemática a su hija, impidiéndole explorar sus propias frustraciones, mimándola como si el mañana no existiera y encima convencido de que ese estilo de paternidad, el mismo que él había recibido, es el adecuado.

Constata la psicóloga que el padre admite guardar «unos quinientos vídeos» de su hija haciendo cabriolas y monerías. Le pregunta por qué no ha llevado a la niña a un psicólogo, como le pidió en determinado momento el pediatra. «Porque ni la niña ni yo lo hemos necesitado —responde él—. Consulté con uno cómo debía actuar con la niña ante una ruptura familiar, y me dijo que no me preocupara en absoluto, que los niños tienen un fondo de saco en que desdeñan lo que no les gusta, para que no les dañe y no les deje secuelas.»

Era la versión de Juan del analgésico *los niños pueden con todo* que nos ayuda a no lanzarnos por la ventana cuando peligros de verdad, y no de libro de autoayuda, acechan a nuestros hijos. El hombre lo había resuelto de maravilla. Los niños son «muñecos=nada les afecta=tira *pa'lante*».

«La menor domina completamente la relación con su padre, que la adora pero no sabe ejercer su autoridad», escribe la psicóloga.

El trabajo desemboca en el despacho de esta profesional en el juzgado. Allí entrevista, dibujo va dibujo viene, a Laurita, que llega acompañada de su madre. La profesional le pregunta a la niña, distraídamente, si sabe a qué ha venido al juzgado. Laura dice en principio que tanto «papá» como «mamá» le han dicho que iba a tener que ir, pero que no sabe «a qué».

A renglón seguido, se pone a dibujar, la lengua se suelta y Laura afloja una confidencia: «Papá me ha dicho que cuando venga diga mucho: "¡Casita amarilla! ¡Casita amarilla!". Y que papi es el más guay».

Laura se pinta a sí misma, escribe la psicóloga, con una cruz «muy marcada» en la boca, «como el menos feliz de los personajes, sintiéndose privada de expresar sus necesidades y emociones». Sin saber dónde ubicarse, concluye, con respecto a sus hermanos, a los que quiere mucho, y a sus padres.

El informe narra, y duele un poco, cómo maniobra la niña con cada uno de sus progenitores. Con Pilar, escribe la psicóloga, Laura es comunicativa y «concreta», participativa. Si protesta porque se le ponen límites, «acaba obedeciendo y se despide cariñosa». Con Juan la macedonia es monumental.

Para empezar, él «propone múltiples posibilidades de juegos sin lograr la atención de la menor», un trasunto de los cinco menús bufé y que salga el sol por Antequera. «No consigue un juego cooperativo, la niña cambia de idea de forma errática y ordena a su padre qué actividades debe hacer para llevar a cabo ella otras», es decir, se invisten ella de adulta y él de niñito de Tata Palo, invirtiendo papeles.

«El padre acepta las órdenes de su hija, se somete a sus designios y Laura ni siquiera muestra satisfacción al conseguir manipularlo. Es ella quien domina: o le da las gracias por sujetarle unos lápices, o lo rechaza, o descalifica sus tareas, o le prohíbe intervenir.» Cuando lo que me das no vale nada, porque sé que me lo vas a dar, te has convertido en un váter.

Guardemos esto para las páginas siguientes: dice la psicóloga que Juan «no tolera expresiones de contrariedad, frustración o disgusto en la menor, actuando inmediatamente para evitarlas y sin rechazar jamás sus propuestas, aunque sean inadecuadas o directamente imposibles». Es decir, no es capaz de decirle no a nada.

Juan «acepta todas las instrucciones y órdenes de la niña, de cuatro años, autodescalificándose, elogiando las imposiciones unilaterales de ella y adoptándolas como propias».

El juez, así, pone a Laura en manos de la madre. «Pero a última hora me pregunta si estoy dispuesta a que él tenga dos días de visita en medio de la semana, cosa que acepto, porque pienso que se refiere a dos tardes. Resulta que le pone dos noches, martes y jueves, a él con la niña.» Resultado: «Queda una custodia casi compartida, por mitades».

El magistrado también decreta que Juan reciba «atención psicoeducativa» porque, le dice, de sus idas de olla presentes o futuras va a depender «la estabilidad de la menor», y en eso de la estabilidad apunta igualmente a Pilar, repartiendo culpas.

Lo mandan a clases de primero de Padre.

No consta que finalmente existiera esa intervención.

29

Así que Concha coge su teléfono móvil y, justo antes de que llegue el hombre de la ONG, le da al botón de grabar y lo deja, boca abajo, en una esquina de su mesa.

No es la primera vez que lo hace desde que es jefa de estudios en su colegio, en Castellón. Pero sí la primera en defensa propia. Dependiendo de lo que diga delante de este hombre, le puede caer una inspección de la Consejería de Educación, y quién sabe si una denuncia ante la justicia ordinaria.

Si simplemente usa los pronombres incorrectos podrían descubrirla. Si dice lo que piensa, hasta suspenderla de funciones. Concha lleva en el momento en que todo esto ocurre, febrero de 2022, casi dos años haciendo secreto activismo contra lo que le llega de Educación.

No cualquier activismo: es, decimos, responsable de estudios del colegio. Pero «prácticamente» nadie sabe que entre Concha y la pedagoga del centro están deteniendo, como agentes dobles de una novela de Le Carré, cualquier intento de «la ideología transgenerista» de «tocar a los niños».

—No pongas datos concretos o me matas, es lo único que te pido.

—Claro.

Todo había empezado, como siempre en este libro, con «aquella niña». Siempre distinta, pero siempre la misma.

«Era... Era una niña, sin más. Acababa de empezar primero de la ESO y desde el principio estaba muy inestable, lloraba muchas veces, tenía que salir de clase... Le pasaba algo.» Concha, entonces —primavera de 2018— sólo *profe* de música, observaba desde lontananza. «Yo no le daba clase, pero todos lo veíamos.»

La alumna salía de clase llorando. Siempre acompañada «de otro compañero que la consolaba». Nunca faltaba, en el baile, la coordinadora de Igualdad y Convivencia.

«Al cabo de pocas semanas, la coordinadora "cyc", como nosotros la llamamos, nos dijo lo que pasaba: no era una niña, sino un niño. Y también el nombre por el que había que llamarla —cuenta Concha—. Respondimos que vale, ok. No teníamos ni idea de estos temas aún.»

Las siglas no importan demasiado en este libro, porque aquí todo el mundo ha fallado, pero esa figura de coordinación de Igualdad y Convivencia fue creada en 2016, en su primer año en el poder, por el gobierno de izquierdas de la Comunidad Valenciana.

«La niña tuvo ese curso muchísima atención de la coordinadora y sus profesores, y siempre con este niño al lado. La empezaron a llamar todos por el nombre que ella dijo y ya está. Al curso siguiente, el 2019-2020, nos obligan a todos a hacer una formación en diversidad sexual. Y yo pensé: "Vale, éstos lo necesitan. Ves en los chavales muchas actitudes homófobas, machistas... Me pareció muy bien".»

El lector ya sospecha qué se encontró. «Lo que recibimos fue una introducción a capón a la ideología transgenerista, y nos pidieron sin tapujos que la lleváramos a los alumnos: que se la metiéramos en la cabeza, con toda su neolengua, esos palabros creados para que no entendamos nada. Que el sexo no importa, que lo que importa es el género, que es una entidad espiritual, una especie de ánima. Y que debemos decirles a los niños, ¡a los niños!, que tienen que atender al suyo, porque así sabrán si están en el cuerpo que les corresponde.»

El curso, de treinta horas, está reconocido por la Consejería de Educación, «pero lo imparte una fundación de ese ramo». En el año en que ella lo cursa «éramos sólo mujeres haciéndolo. Perdón, miento: todo mujeres y un hombre gay. Es decir, sólo lo hacíamos personas realmente interesadas por la igualdad, que ésa es otra».

Con una perversa cláusula de cierre, una gratificación sibilina:

—Hacer el curso da puntos para conseguir sexenios —cuenta Concha.

—O sea, si lo haces te acercas a ganar más dinero.

—Exacto.

—Y todos ganan: la fundación, el *lobby*, la Consejería, los profesores...

—Todos menos...

—Menos los niños.

—Eso es.

Concha cuenta hoy todo esto así, pero en su momento —«No tenía ni idea del tema»— lo recibió con gran inocencia. Se ríe al recordar que «casi al tercer día [de curso], una compañera se levanta y dice: "Ya tengo suficiente", y se va. Debo admitir que en ese momento aún no entendí por qué. Cuando te acercas a esto por primera vez, es fácil que te la den con queso».

También recuerda la contestación que la formadora da a una pregunta de la profesora de gimnasia. «Ella, muy cuidadosamente, preguntó: "Pero entonces yo no podría pedir a los chicos y las chicas diferentes marcas en las carreras, ¿no? Tendría que exigirles a todos la misma, aunque tengan diferentes capacidades aeróbicas". Y la tipa le contestó: "Has entendido bien: lo otro es discriminatorio".» Las ideas, simples secreciones humanas, y la biología.

«Al volver de la pandemia, en mayo de 2020, el niño que acompañaba a la cría, que debía de tener trece años, porque estaba en segundo de la ESO, había sufrido una metamorfosis. De pronto va vestido con un pantaloncito corto, con una camisetita que le deja ver el ombligo y debajo un sujetador de relleno.»

Admito mi sorpresa, me sale el *carca* de dentro: ¿puedo ir a clase en un instituto público con la ropa que me dé la gana? «Buf, a esas edades algunas niñas se sexualizan mucho, es su forma de buscar aceptación. A veces les tienes que decir: "Oye, que esto no es una playa ni una discoteca, córtate un poco".»

En esos dos meses de pandemia y aislamiento, el niño le ha dicho a su madre que es una niña. «Y la madre, aparte de intentar encajarlo, llama escandalizada a los profesores, que a su vez llaman a la coordinadora de Igualdad y Convivencia.» Que a su vez llama al que, según Concha, es el otro epicentro de toda esta historia: Lambda, «la ONG que controla todo esto en los colegios en la Comunidad Valenciana». Según su propia web, un «colectivo LGTB+ por la diversidad sexual, de género y familiar». «Como Cogam en Madrid, pero en Valencia», dice ella.

En ese momento, Concha, que año y medio antes era un *bebé* en estos temas, ya le ha visto las orejas al tema y tiene claro lo que va a pasar: «Estoy segura de que el niño se ha frito el cerebro a vídeos durante el aislamiento y en Lambda le van a hacer el enfoque afirmativo a piñón». Dicho y hecho. La madre, que «al principio de todo se alarmó mucho y que llevaba un tiempo diciendo que su hijo era asperger, se va convirtiendo poco a poco». Convirtiendo. «A la religión que le tocaba.»

Concha se entera de esa otra transición en junio de 2020, por otras profesoras. «¿Cómo no lo iba a hacer, cómo no iba a comprar ese discurso si les ponen en la disyuntiva de si prefieren tener un hijo muerto o una hija viva? ¿Qué padre puede aguantar eso?»

En ese momento difícilmente podía imaginar que ese tramposo chantaje iba a terminar sentándose en breve ante ella, en la mesa de su despacho.

Cuando ya en septiembre de 2020 el niño, de catorce años, aparece por el colegio con «minifalda, medias de rejilla y botas militares», ella, Concha, es jefa de estudios. La directora le ha encomendado la responsabilidad a muy última hora. Ahora ya no va a poder ver los toros desde la barrera. «El niño... era un cuadro, se te caía el alma a los pies al verlo. A veces iba más militar, otras veces a tope con la onda manga, con faldas plisaditas, con ese *look* entre infantil y *bondage*, con una correa a modo de collar en el cuello.»

Trato de descentrar un segundo a Concha: ¿por qué estás tan segura de que no era transexual? «El niño era muy inadaptado, y su propia madre había dicho que creía que tenía asperger. De la pandemia salió medicado, con mucho antidepresivo, me enteré después. Ese crío tenía claramente problemas mentales, estoy segura. Además su historia y lo que yo viví cuentan muy bien cómo el sistema, en vez de acoger y valorar los malestares de un adolescente de doce, trece años, los distorsiona. Y en vez de protegerlo, lo daña. La mayor parte de la gente interviene en este proceso con la mejor intención, pero sólo unos pocos saben de verdad lo que están haciendo. Y los posibles daños colaterales.»

En ese curso, tercero de la ESO, «la madre consigue que se le cambie al crío el nombre en el DNI, aunque la ley valenciana aún no estaba aprobada». Concha habla con ella varias veces. «Me da una pena tremenda. Es una mujer, la verdad, muy agradable, pero ha comprado completamente el argumentario, porque me da la impresión de que si no se moriría: se convirtió al transgenerismo porque no le quedaba opción.»

A mitad de curso, el chico, de catorce años, comienza a recibir hormonas, «pero al poco tienen que parar: se le cruzan con los antidepresivos y el cóctel le sienta fatal. Yo en ese momento ya sé, porque voy leyendo todo lo que cae en mis manos, que este movimiento transgenerista está dirigido por adultos que son en realidad autoginefílicos, que se ponen una peluca y una falda y hala. Muchos de ellos no se operan, pero a los niños sí que los abocan a medicamentos y cirugía».

Concha se entera de que el chaval, que «cada vez va vestido más histriónico a clase», se está autolesionando fuertemente. Y la madre está yendo a «los típicos grupos de apoyo donde a los padres les validan el desvarío».

Pasa el verano, el chaval empieza cuarto y la marejada llega al despacho de la jefa de estudios: Concha. «Me viene a ver la coordinadora "cyc" y me dice que el niño quiere entrar en el vestuario de chicas.» La patata está caliente. Concha ya forma parte de una guerra sorda: toca apretar los dientes, atrincherarse, observar al enemigo.

«Como sé que hay un poco de tierra de nadie en ese tipo de decisiones, le digo que no creo que sea lo más adecuado. Me contesta: "Es que según la ley está en su derecho". Le digo que sí, que lo sé, pero que hay que pensar también en los derechos de las otras alumnas.»

Concha ya sólo agarra el volante con la mano izquierda. Cada equis tiempo oye hablar de conflictos en otros colegios por este tema. Pies de plomo. «Yo ya sabía lo que iba a pasar.» A las tres semanas la llaman de Lambda. Un coordinador de zona quiere verla. ¿Podría ser el día X? Claro, sin problema, contesta.

«Pero luego me hice la tonta, me inventé que en ese momento había una urgencia y lo evité. Ellos no le dieron importancia. Hicieron, como yo ya había escuchado que hacen, como si se tratara de una reunión cotidiana. Pero tienen objetivos muy claros.»

La llamada se repite a las pocas semanas y es cuando Concha le da al botón de grabar. «Y no sólo por registrar cualquier cosa que me dijeran. Luego empiezas a contar una conversación a otros y en tu cabeza va cambiando, es un teléfono roto. Necesitaba tenerlo siempre fresco.»

¿A quiénes iba a contar Concha lo que le dijera el coordinador de Lambda? Al resto de los docentes, primero de Valencia, después de toda España, con los que fue tejiendo una red «para parar este delirio». Se hacen llamar DoFemCo, de Docentes Feministas por la Coeducación, y son una especie de hermandad casi secreta: muchas profesoras ofrecen sus charlas desde el anonimato, ocultas tras pantallas distorsionadas, como si de terroristas se tratara.

Si hace años nos dicen que algo así iba a ocurrir en 2023, nos habríamos reído.

Pero a estas alturas pocas cosas nos parecerán ya insólitas.

30

Un día, cuando Laura, la hija de Pilar y Juan, tiene seis años, su madre va a buscarla al cole. La niña, ya se ha dicho, tiene los ojos azules y los rizos rubios de papá, pero no su propensión al jaleo: es «bastante tranquilona».

¿Cómo ha ido el día? «Bien.» ¿Qué tal en el recreo? «En el recreo bien.» ¿Con quién has jugado? «Con nadie.» ¿Cómo con nadie? «No, es que la que manda no me dejó jugar.» ¿La que manda?

«Se convierte en una niña solitaria, que no encaja. Es un pimpollo, el ojito derecho de los profesores, saca buenísimas notas, pero por lo que sea no encaja.»

Laura crece fuera de sitio, con su archipiélago afectivo diseminado aquí y allá. Con una evidente inseguridad, cuenta su madre, en los momentos en que tiene que navegar solina en el patio con los otros niños, sin mamá ni papá.

Juan sangra por la herida de quedarse la mitad del tiempo sin su juguete tras la separación. Siempre que puede «malmete» un poco contra la madre, o le roba a la niña con cualquier subterfugio, cuenta Pilar. Se producen situaciones, dice ella, que serían cómicas si no contribuyeran a desorientar más a una niña que ha empezado a ver demasiados líos.

En unas vacaciones con su madre en Estepona, con diez años, Laura se empeña en que quiere ir a dormir a casa de una amiga cercana que Pilar aún no conoce. Insiste, insiste e insiste. La madre acaba descubriendo a Juan allí escondido, como si fuera el malo de *Inspector Gadget*, urdiendo un plan de juguete para quedarse a su hija una mísera noche.

Pero igual que cuando nos lesionamos una pierna, en la recuperación, es fácil que nos fastidiamos la otra al hacer movimientos imprevistos, Pilar se equivoca también, admite dándole otro sorbo al té.

Y sobreprotege. Y está encima. Y se asusta cada vez que piensa en lo que el desorden del padre —y el suyo propio— puede estar provocando en la enana. Y seguro —lo huelo— que comete más errores que no me cuenta.

«Para mí fueron años difíciles porque veía que la cría iba a absorber todo eso, pero no era capaz de pararlo. Los psicólogos luego me han dicho que sobreprotegí demasiado. Y mira que yo ya tenía a mis dos hijos, que por suerte han sido unos cielos, pero...»

La preadolescencia nunca perdona. Laura llega a los fatídicos doce años y un día se le llena la cara de granos. Al siguiente, engorda. Sus caderas conspiran contra ella. Su cuerpo, ¿adónde va?

Los profesionales de la salud mental dicen que los niños, edificios en perenne construcción, necesitan previsibilidad hasta el aburrimiento para ir poniendo sus ladrillos. Y que cuando las cosas no son así, una duda en el quicio de la adultez se hace abismo.

«Cuando con doce años empieza a cambiar, a engordar, algo se rompe. En el colegio ha empezado la competición.» El *cole* de Laura es un reducto pijo de toda pijez —perdona, Pilar— junto a la madrileña calle de Arturo Soria. «Las otras niñas yo creo que ven su vulnerabilidad, ven que los profesores la miman, ella tampoco tiene muchas armas para defenderse y...»

En un viaje de vacaciones con su madre, Laura se echa a llorar. «Mamá, en el cole nadie me habla. Marita ha dicho que yo he dicho no sé qué, las otras se lo han creído y todo el mundo pasa de mí.» La acosadora resulta ser una niña rusa adoptada por dos españoles «que no le hacían ni puto caso en casa, pobrecita mía —cuenta Pilar—. El padre era cazador y la madre jugaba al *bridge*, lo justo para no verla nunca. ¡Si la habíamos tenido en casa y todo algún fin de semana con Laura! Y resulta que esta niña le estaba haciendo a mi hija la vida imposible».

Tras las quejas, el colegio expulsa a la acosadora, «pero nosotros decidimos sacar a Laura de allí, porque de todas formas no iba bien». De nuevo hay que tomar decisiones, otra vez Laura es campo de batalla posconyugal.

«Yo le dije a Juan que la lleváramos al instituto público que nos tocaba, que nos dejáramos de sitios "bien". Al contrario que mis hijos, Laura no es pijita, no le gustan las gilipolleces. Pero su padre se emperró en que tenía que ser un colegio inglés, y que si yo no quería, íbamos al juez. No conseguí sacarlo de ahí.»

El *casting* de coles coincide con el debut de algo mucho

más profundo, la emergencia de las primeras muestras de incomodidad de Laura con su propio cuerpo: la niña gordita empieza a «saltarse comidas». Es el kilómetro cero de la pulsión autodestructiva.

El cuerpo de Laura comienza a ser su enemigo. La cría entra en vía médica y lo cierto es que ahí sigue cuando se escriben estas líneas, seis años después.

Con trece sus padres la llevan al Niño Jesús de Madrid, el único hospital enteramente pediátrico de España. Comienza a ser tratada por anorexia en la Unidad Psiquiátrica. Toma sertralina y Tranxilium, dos ansiolíticos.

El nuevo cole es «igual de pijo que el anterior, pero como más alternativo», dice Pilar. Hay «mucho hijo de diplomático de paso, críos que están muy viajados y que quizá no ven mucho a sus padres. Al principio se relaciona con dos niñas hindúes que son muy majas, pero luego conoce a dos niños trans». Dos niños trans en la misma clase, las cifras de prevalencia se han vuelto locas.

Laura sufre con trece años un primer ingreso psiquiátrico en el Niño Jesús. Los nudos en su interior quizá comienzan a emerger, cual boyas largamente mantenidas en el fondo de un lago. «Es un ingreso de diez días, bastante jodido, pero sale adelante. Ahí todavía no hablaba de temas de género y toda esta cantinela. Los médicos la sacan y nos repiten la importancia de que siga tomando su medicación con regularidad.»

Pasan unos meses complicados, en los que la noria mental de Laura empieza a asustar a sus padres: «Ahí ya comienza a hablar de feminismo cada vez más radical, sus amigas del cole son de ese palo y lo adopta muy rápido».

En la primavera de 2019, con catorce años, Laura le dice a Pilar: «Mami, me gustan las niñas». Y yo: «Pues bueno, pues vale, muy bien».

(Inciso. Todos los padres y madres de este libro me repiten ese «pues vale» cuando sus hijos, antes de líos posteriores, se les declaran gais. Todos queremos borrar todo atisbo de homofobia de nosotros mismos y nuestras mentes, y es normal, porque hasta hace nada la homosexualidad era un obvio tabú y existe lo que llamamos memoria genética. Pero habrá que asumir que esa aceptación tan simple, como ellos la definen, no es tal.)

Dos meses después de esa primera salida del armario, Laura ya ha subido otro peldaño: «Me dice: "Mami, es que yo creo que no soy una mujer". Y yo: "¿Y eso? ¿Por qué no?, explícamelo". "Pues porque no lo siento." "Pero ¿no crees que puede ser porque te gustan las mujeres?" "No, no, no. Es un sentimiento." Me empieza a soltar frases impropias de ella, que es una chica muy inteligente, pero suena a papagayo. Me metí en internet y, en efecto, lo encontré. Frases calcadas. Es un discurso que se van pasando entre ellas».

Le pregunto, cae por su propio peso: ¿nunca cotilleó qué leía Laura en internet, qué drogas verbales compraba allí, a qué montes se subía? «Si es que yo soy una manta para todo eso de internet, un desastre.»

Cuando empieza a recibir esa lluvia ácida, Pilar descubre, como tantos padres *a posteriori*, que su hija tiene una doble vida digital. Y que ella misma, como madre, la ha tolerado y financiado. «Aunque realmente fue su padre el que le compró el móvil», se defiende.

—¿A qué edad? —pregunto.

—Tenía diez.

—¿Diez años?

—Sí… —se azora—. Se lo regaló su padre por su décimo cumple, contra mi criterio. A la niña le encantaba TikTok.

—Pero ¿diez años?

—Cuando estaba en mi casa yo sólo se lo dejaba a la hora en que la llamaba su padre, pero él montó varios pollos y luego ya se lo dejé todo el rato, excepto a las horas de estudio… Ahí, con catorce y quince, ella ya tenía amigos en Suecia, en Estados Unidos, en todas partes menos en España. Alguna conversación que escuché parecía la típica tontería de adolescentes, pero…

Dos años antes Pilar tenía una niña «buenísima, con dificultades de relación, pero muy buena». En el otoño de 2019 lo que tiene cada noche es un mitin de género.

«Empezó con lo de que sexo y género son lo mismo, que qué me creo yo. Le digo que no es así, que el sexo es biología. Y ella que no, que es una cosa subjetiva, que no es observable para nada. Recuerdo que tuvimos una discusión, se acaloró y me terminó gritando: "¡Pues si no entiendes eso, no quiero vivir!". Yo, en ese momento, la verdad es que me lo tomé como una bravuconada.»

En el verano de 2020, Pilar pasa un mes sin ver a Laura, con su padre en una playa de Levante. Un día Juan la llama alarmado. Han cogido el coche y están volviendo a Madrid a la carrera.

«Me cuenta que se ha rapado el pelo con unas cuchillas, y que luego ha intentado autolesionarse con ellas. Llevaba quince días sin tomar las pastillas y le había dado una fase maníaca. ¿Cómo no controló él que las tomara? En el Niño

Jesús nos habían dicho con toda claridad que debíamos tenerlas bajo llave y administrárselas nosotros.» Más bronca entre los padres, la vida cuesta abajo sin frenos.

Cinco meses después, de nuevo cuando está con él, Laura queda un viernes por la tarde con unas amigas para salir, con las 22.30 como hora límite para volver. Se lleva un blíster entero de casa de su padre. Merienda con sus amigas y les dice que se siente fatal, que tiene el ánimo a cero.

Al volver a casa, hacia las nueve y pico, se toma las doce pastillas y se mete en el metro Goya, en el barrio de Salamanca. Su idea, dirá luego a sus padres, era tirarse a las vías. Pero cuando el potaje comienza a hacerla vomitar, asoma la niñita y termina pidiendo ayuda a un guardia de seguridad, que avisa al Samur.

Aunque ya han dado las once, Juan, tranquilamente en casa, parece no darse cuenta de que su hija no ha llegado. Es una amiga de ella la que llama y pregunta si Laura sigue bien. Está preocupada. La muchacha le ha dicho a sus amigachas al despedirse, melodramáticamente, que no le sobran ganas de vivir. El padre combustiona. Se da cuenta de que su hija no ha llegado a la hora acordada. Se lanza a la calle a buscarla a la buena de Dios. Como si fuera él solo todo un dispositivo policial.

A los quince minutos le llaman del Samur. Su hija está en urgencias en el Niño Jesús. Le están haciendo un lavado de estómago con carbón activo. Juan llama a la madre. Cuando Pilar llega, en los pasillos él le grita por primera vez que deje a Laura «ser como quiera ser», y que «yo tenía la culpa de que se intentara suicidar, porque no la dejaba ser como era».

Pilar pasa con Laura esa noche de ingreso y Juan la sustituye por la mañana. Coincidencia: la médica de guardia resulta ser hija de un amigo del padre de él. Juan le pide el alta y ella se la da. «Esa tarde voy a buscar a Laura a casa de su padre —prosigue Pilar—. Me la llevo con mis hermanas a tomar algo, y la cría me dice que la vienen a ver varias amigas que viven por allí.» Al rato aparecen las niñas. «Y lo que percibo me confunde mucho. No vienen a ver a una amiga. Vienen a adorar a una diosa. Todas ríen y lloran, y le dicen lo valiente que ha sido y le ríen las gracias. De pronto es la chica popular. Sus amigas, todas con cortes de pelo mohicano y tal, le hacen la ola.» La víctima es el juguete popular en esta sociedad nuestra.

El lunes por la mañana, Pilar, que no se fía un pelo de lo que le cuenta Juan que le han dicho en el hospital, se planta en el Niño Jesús y pide hablar con la psiquiatra de Laura. Es aquí cuando el tono enérgico de esta mujer comienza a construir un escudo alrededor de su hija. Pero un escudo que cuando escribo esto aún no la ha salvado.

«En cuanto me ve la psiquiatra dice: "Ya, ya sé lo que ha pasado con ella. Vamos a ver cómo está a la Sala Santiago", que era donde había estado ingresada la otra vez. Y yo le digo: "Pero qué Sala Santiago ni qué niño muerto... ¡Si Laura está en casa con su padre!".»

La psiquiatra llama a Juan y le pide que le lleve a la niña inmediatamente.

«Él llega mirándome con odio, como si yo tuviera un interés especial en que la niña fuera ingresada. La psiquiatra primero tiene que pelear con él, que es antimédicos y antimedicinas, y luego con Laura, que insiste en que controla perfectamente cómo está y que no necesita ninguna medicina.»

Laura acaba ingresada nueve días. Este segundo ingreso es, según su madre, determinante. En él la cría coincide con dos niños trans en la Sala Santiago. Según el protocolo, los internos no pueden comunicarse entre ellos, pero aquí reaparece Celso Arango contándonos el contagio trans por vía verbal ante sus propios ojos, en sede psiquiátrica. El clásico médico de «aquí cogen lo que no tienen», pero en versión mental.

«Nada, los pillaron pasándose papelitos», cuenta Pilar. Y el embrujo, la seducción, actuó.

La psiquiatra de Laura cita una mañana a la madre y al padre para decirles: «Vamos a sacarla de aquí, porque la vemos estabilizada y a veces salen con lo que no tenían».

Tras el alta, Pilar advierte en la cría un evidente salto hacia delante. «Cuando salió ya sólo hablaba de género. Se medicaba y hablaba de género, género *p'arriba* y género *p'abajo*.»

31

El coordinador de Lambda que se sienta ante Concha en su despacho de jefa de estudios resulta ser un tipo «de fisonomía gay, un viejoven de cuarenta y tantos», dice ella obviando toda corrección política.

Un hombre de formas «muy suaves», cuenta ella, que narra su encuentro con él casi como, con perdón, el de Franco y Hitler en Hendaya: un estudio recíproco, algo de teatro, bastante circunloquio y, al fin, cero sexo.

«Lo primero que me dice, después de dar varios rodeos para simular que la visita es rutinaria, es que el niño tiene que entrar en el vestuario de chicas. Bueno, él lo llama "la niña". Yo, haciéndome la tonta y sin usar ningún pronombre, le digo que vamos a habilitar un espacio donde se sienta a gusto y su privacidad sea respetada.»

Nones. «Habilitar otro espacio no es cumplir con la ley», le dice. Y agrega algo más. El coordinador de la ONG mira a Concha por espacio de segundo y medio de pausa dramática, distanciamiento *brechtiano*, y le suelta: «No tienes la ley interiorizada».

«Sé que me dijo eso no porque lo grabara con el móvil, que también. Es que se me quedó en la cabeza.» Es una primera muestra, muy poco sibilina por cierto, de *auctoritas*.

La partida de tenis ha comenzado, Concha está lista para el argumentario del enemigo y éste en efecto cae. «Le explico que estoy obligada a velar por los intereses de todos mis alumnos, y que veo más lógico habilitarle un espacio especial. Y entonces me saca los símiles que yo esperaba. Primero me dice que eso sería como si viene una niña discapacitada y no la dejamos usar los vestuarios porque a las otras les da asco que se quite la pierna postiza. Luego, que sería como discriminar a alguien por su color de piel. Le di carrete, pero no me moví del sitio. Pensé: "Tú flipas, los vestuarios están segregados por sexos: ni la discapacidad ni el color de piel tienen nada que ver con el sexo", y se lo dejé caer sutilmente. No puedes ser muy abierta en todo caso, si combates cara a cara, en campo abierto, con la ley en la mano tienes las de perder. Tienes que ir de perfil.»

Su oponente recula tácticamente.

—Si no es para tanto, mujer. Con que pueda entrar y dejar la mochila ya es algo. De entrada bastaría con eso.

—Hombre, si se trata sólo de eso, ¿por qué no puede hacerlo en el vestuario de los chicos?

«Su estrategia es siempre la del pie en la puerta, ir poco a poco. Yo sabía que él iba a ir por ahí.» La esgrima diplomática comienza a cansar a su interlocutor, que toma un camino que evidencia que no sospecha en qué tipo de conversación está. «En vista de que no me muevo, vuelve al resto de las niñas y a la idea de que deben aceptarla. Y dice algo que aún hoy, al pensarlo, me alucina.» Lo siguiente está grabado por Concha —como por otro lado todas las conversaciones de este libro, en este caso por mí.

«Vamos a ver, si el resto de las niñas se niegan, para convencerlas y que no se sientan violentadas, las hacéis sentir mal, las hacéis sentir culpables. Les decís que lo están haciendo mal, que lo que dicen es transfóbico, ya verás qué rápido lo entienden. Y si siguen sin querer, se les hace un cursillo, y en cuanto entiendan que eso es transfobia ya verás cómo dejan de hacerlo.»

Transfobia, la kriptonita *queer*.

«Fíjate si son cabrones —dice Concha—. Es puro chantaje. O lo aceptas o te mando a un cursillo y te lavamos el cerebro, tú decides.»

Concha se hace la gallega ese día y en lo que queda de curso. «Él ya sabía que con mi oposición y estando el niño en cuarto, cerca de pasar ya a bachillerato y salir del colegio, aquello probablemente iba a quedarse así, como en efecto pasó. No cedí, el chico se fue al instituto cuando le tocaba y no supe más de él. A veces me acuerdo de él y me dan escalofríos.»

Al curso siguiente, el 2022-2023, «sólo nos queda la niña, la amiga del crío... Que cada vez que la veo, de verdad, es que se me para el corazón, Quico».

La historia de esta cría, para la que rebobinamos un tanto, es otra, pero a la vez la misma. «Cuando me nombran jefa de estudios, a los tres meses, revisándolo todo, me doy cuenta de que a esta niña habíamos empezado a llamarla por el nombre que ella había elegido, de niño, sin el permiso de sus padres. Porque la coordinadora de Igualdad y Convivencia lo había decidido, sin más ni más. Imagínate lo que significa eso, la transición social: si quien ejerce la autoridad sobre ti valida tu delirio, éste se hace real. Ya no es un delirio. Ese permiso siempre es clave para un niño: lo empodera, lo asienta en su error y luego la marcha atrás es mucho más difícil.»

Concha entra en la ficha de la alumna en la plataforma de la Consejería, no en la propia del colegio, y se encuentra en las observaciones una anotación sin firmar y de la que no halla responsable: «Hay que llamarla X por deseo propio».

«Entonces promuevo una reunión entre los profesores de la cría, la coordinadora, la psicóloga y yo. Les digo: "Esto no se tramitó bien en su día, no tenemos permiso de los padres, ¿cómo ha podido pasar?". Miro a la coordinadora, que calla como una puta. Así que le escribo un correo a todo el equipo, explicándoles que había que volver a llamarla por su nombre real, por el oficial. Y aguardo acontecimientos.»

Todo sucedió como Concha esperaba. «A los pocos días tengo una llamada de Lambda. Es una mujer que me dice si por favor, en aras del bienestar de la niña, podemos hacerle llegar a sus padres un papel para que lo rellenen y lo firmen, para que los profesores del centro puedan llamarla "como ella quiere y siente".»

Concha otra vez en Saigón.

«Le digo que los padres están separados, y que el padre, que es quien está al cargo, es rematadamente pasota, que no nos ha firmado un papel para el colegio jamás. No era una excusa, o no sólo. Era la verdad.» Todo eso, aclaramos, lo dice «sin pronombres, hablando de forma neutra», pisando huevos.

«Me dicen que no importa, que le rellenemos nosotros

el papel y se lo demos a firmar sin más, que con eso bastaría.» Concha hace una parada técnica. Su voz de pronto suena ronca: «Les importa todo tres narices, ellos lo que quieren es cazar gente, cuanta más mejor».

Presionada por la coordinadora «cyc», Concha accede a enviarle el papel al padre. «Pero él, por pasotismo o deliberadamente, jamás nos lo devolvió firmado.»

La marcha atrás con el nombre genera murmullos entre los profesores, algunos se oponen abiertamente, pero están obligados a claudicar. «A veces te sorprende que personas formadas y adultas, que supuestamente tienen capacidad crítica, vean la ausencia de base racional en las religiones, pero no en esto. Tengo hasta compañeras de Biología que se lo creen y te defienden los distintos sexos, te cuentan unos rollos increíbles: el gonadal, el fenotipo... Es alucinante lo que hace el ser humano cuando quiere creer en algo.»

Querer creer.

La niña continúa, cuando se escriben estas líneas, en el verano de 2023, con «ansiedad y depresión». Los profesores la llaman por el nombre que sus padres le pusieron al nacer, «pero su círculo de amigos no».

Concha sigue librando, cuando escribo estas líneas, su sorda guerra. Sólo tiene una aliada: la psicóloga del centro. «Entre las dos vamos protegiendo a los críos de esta mierda —dice—. Y tenemos que hacer malabarismos, estando la ley como está. La Consejería presiona todo el rato para que hagamos formaciones de este rollo, para que confundamos a los chavales, pero si estás en posición de decisión, consigues pararlo. Desde que soy jefa de estudios en mi colegio no entran.»

Tiene muy claro —y es su versión— quién representa la

quinta columna: «Las coordinadoras de Igualdad y Convivencia son figuras creadas prácticamente para esto. Me jode que sean mujeres la gran mayoría, porque somos nosotras a quienes de verdad preocupa la igualdad y ojalá usáramos esta energía de la forma adecuada... Pero mi labor es proteger a los críos de esta basura, lo tengo clarísimo. Ahora mismo, en 2023, la ciudad de Valencia, en los colegios, la tienen muy controlada. Van colocando a su gente y convirtiendo a quienes necesitan convertir. Pero nosotras vamos a seguir dando la batalla».

Las activistas contra el transgenerismo y lo *queer*, las madres de Amanda, las psicólogas de Casandra, las profesoras —como Concha— de DoFemCo... Todas temen que, con la ley como está, en pocos años muchos niños se equivoquen y terminen triturados por el *trans cool*, apoyados por padres simplemente equivocados, o aspiracionalmente modernos, o quizá «posmolerdos», como los llama Concha, guiñándole el ojo a la posmodernidad del *todo vale* y *nada está escrito*.

Pero pienso yo: ¿y si cierta sensatez se acaba imponiendo, e incluso en las unidades de género, como se cuenta en este libro, los profesionales obligados a afirmar sin descanso a los críos acaban maniobrando para evitar la ley —cuando sea necesario evitarla— como Concha en su colegio?

Quiero decir: ¿y si la evidente irresponsabilidad de muchos preceptos de esas leyes las terminan convirtiendo en papel mojado? ¿Y si al final no llega la sangre al río, pero no porque las chicas y los chicos dejen de enamorarse de ser trans, sino porque los profesionales simplemente se nieguen a colaborar?

Tras publicar que las sociedades de psiquiatría y psicología se posicionaban contra la ley, y también significados endocrinos, y también colegios de médicos como el de Madrid, una tarde recibo una llamada. Es una psicóloga amiga, fuente mía en otros *sembraos*. «Quico, los que están acojonados son los psicólogos forenses, los de los juzgados, porque ven la que se les viene encima. Tengo un buen contacto y me dice que les gustaría sacar la cabeza. ¿Te interesaría hablar con ellos?» Cómo no.

Ramón Arce, único catedrático de España de Psicología Forense, me cuenta al día siguiente la encrucijada en que se encuentran: «Este marrón se nos va a venir encima. Como la ley impide a los médicos hacer un diagnóstico diferenciado, lo que ellos tendrían que hacer nos va a caer encima a nosotros».

El *marrón*: cuando el juez deba decidir si deja al menor hormonarse y operarse o no, su único apoyo será el informe del psicólogo forense. «En plata, vamos a tener que decidir nosotros, y nuestros setecientos asociados están francamente muy asustados.»

Por descontado, Arce le hace una *pericial* forense muy negativa a la ley: «Desprotege a las personas, en otros países se está viendo que va a haber muchas detransiciones. ¿Y a quién le van a echar la culpa quienes den marcha atrás? Todos lo sabemos: al sistema. Al Estado».

Va a haber indemnizaciones millonarias, explica. «Esto es un tema de capacidad legal para tomar una decisión de calado, y como nadie de toda la cadena va a poder controlar si la persona tiene esa capacidad, nos va a tocar a nosotros», lamenta.

A veces me gusta pensar —seguro que es analgésico— en el concepto de mayoría silenciosa. En la gente callada, y callada muchas veces de forma razonable, que observa sin expresión en los ojos el griterío alrededor, se encoge de hombros y sigue remando.

Quizá ellos, cada uno desde su lugar, como Concha, pararán de alguna forma esto. Quizá no haga falta el imposible: confiar en los políticos.

Suerte en Saigón, Concha.

32

Laura sale en tromba de su primer ingreso del hospital.

Dice que es hombre y ve claramente determinado el campo de batalla: por un lado, ella con su padre, y por otro, «completamente acojonada», Pilar.

«Veo que la niña, que en realidad es genéticamente su padre, porque es igual que él, empieza a poner todas las posturas y los gestos de Juan, en plan machorro. Se lo digo y se ríe. A mí no me hacía ni puta gracia.»

Pilar arde y ya no se va a quedar quieta. Se va al juez de familia y, argumentando que la cría ha tenido acceso a las pastillas libremente en casa del padre, le pide que le pase a ella la custodia de Laura y que Juan sólo la vea un fin de semana de cada dos.

El tiro le sale por la culata. La juez, dado que la cría tiene ya quince años, se ve obligada a escucharla en su despacho. «La entrevista a ella sola, y cuando termina nos cita a los padres. Nos dice: "Tienen ustedes un problema muy gordo con esta niña. Lo tiene todo clarísimo, está en un grado de madurez enorme". Yo le pregunto: "Pero ¿clarísimo qué?". "Pues que es hombre. Bueno, y que quiere vivir con su padre."» ¿En qué momento hemos decidido socialmente que los adolescentes son adultos, y que cuando dicen algo muy convencidos se tiene que convertir en palabra de Dios, te alabamos, óyenos?

Pilar pedía quedarse con su hija para controlarla y la juez se la entrega completamente «al padre consentidor», dice ella, que es quien al final va a tenerla un fin de semana de cada dos, justo lo que pedía para él.

«Fue un palazo increíble. La juez no se enteró de nada —dice—. De lo único que se enteró, y con razón, fue del lío que nos traíamos, porque nos dijo: "No quiero volver a veros por aquí".»

Mientras se afana en que Laura, al menos cuando está con ella, se tome las pastillas —«yo se las metía en la boca directamente»—, Pilar empieza a quebrarse. Con cincuenta y tres años y dos hijos criados, se da cuenta de «lo mal que lo hicimos» con una cría con la que, ya atisbando los quince, no puede. «Es que nos la cargamos, Quico, nos la cargamos.» Comienza a ir al psicólogo.

«En esa época dejé de dormir, y hasta hoy. Al principio me costó mucho encajar el puzle de qué estaba pasando. Luego me di cuenta: mi hija no había podido entrar en el patrón de la niña delgada, quería ser guay, pero en realidad era una pringada, y encima blanco de críticas, así que se juntó con las frikis y se puso a hacer algo transgresor. Y fue metiéndose cada vez más.»

La anorexia muta en bulimia y Pilar comienza a descubrir que, a sus espaldas, todo estaba yendo mucho más lejos de lo que sospechaba. «Un día me entero de que en el colegio, que había puesto en marcha un protocolo antisuicidios sólo por ella, la llevaban llamando un tiempo por pronombre masculino y con nombre de chico. Fui y monté en cólera. Pero ¿cómo coño hacen eso? "Pues porque tenemos la autorización del padre y además debemos respetar la voluntad del chico." ¿Cómo que el chico...? Pero claro, la tía se empeñó y éstos debieron de pensar: "Ésta, como no le sigamos la corriente, se nos intenta matar aquí o algo y la armamos".»

¿Qué nombre se ha puesto Laura? «Pues claro, Mateo, el que le iba a poner su padre hasta que el ginecólogo nos dijo que no íbamos a tener un niño, sino una niña.»

La lucha de Pilar empieza a ser consigo misma. «Días después íbamos en coche no sé a dónde y le digo: "¿Sabes que estoy yendo al psicólogo?". Y ella: "¿Tú?". "Sí, yo. Que para entender todo esto yo también necesito ayuda, qué te crees." Y va y me dice: "¿Y adónde vas?". Y yo: "Es online, una psicóloga online". Y ella: "Anda, como yo". "¿Tú?", le pregunté, porque en ese momento, que yo supiera, ella sólo estaba viendo a su psiquiatra del Niño Jesús. "Sí, hago una cosa online que estamos en un grupo, mucha gente, algunos mayores, todos LGTBI." Total, que se me encendió el pilotito rojo y, en vez de preguntarle nada, me dije: "Verás, ésta está yendo a Chrysallis".» Pilar se pone a bucear por internet en los grupos de terapia psicológica afirmativa LGTBI de Madrid. «Fui llamando uno por uno, diciendo que era la madre de Laura tal y que quería saber si mi hija estaba siguiendo terapia allí.»

Pilar localiza el centro, cerca de la calle Ballesta, junto a la Gran Vía de Madrid, y allí se planta con su amigo Fernando, abogado. «Entré por la puerta y les dije: "Como volváis a tocar a mi hija os demando. No tenéis mi autorización y estáis tratando a mi hija. Os pongo una demanda que os reviento. Y encima mayores de edad en terapia de grupo con una menor. Es que se os cae el pelo". Inmediatamente sacaron el expediente de Laura y me dijeron que el padre había dado su consentimiento. "¡Pero si la patria potestad es compartida!" Decían que por eso no había habido ninguna intervención psicológica, sino que ella simplemente había participado en las tertulias, nada más. ¡Y nada menos! Les dije que tiraran el expediente a la basura y no la volvieran a tocar, que no tenían ningún derecho. Laura ni siquiera me llegó a decir nada. Sé que dejó de ir y punto.»

Pilar ya vivía en esas semanas un calvario, pero no imaginaba que el auténtico baile ni había comenzado. Una tarde de 2021 la cita la psiquiatra del Niño Jesús.

—No podemos hacer más por ella, no puedo retenerla... Está empeñada en que la derivemos a la Unidad de Identidad de Género del [Hospital] Ramón y Cajal, y nuestra obligación es hacerlo.

—Pero ¿tú crees que es trans de verdad?

—Yo veo un trastorno de la conducta alimentaria como un piano, y rasgos de trastorno límite de la personalidad, pero ya sabes que éste no se diagnostica hasta los dieciocho años como mínimo...

—Pero ¿ves que de verdad sea un hombre en cuerpo de mujer? Si ha sido toda la vida un repollo de niña, si cuando le cortaba el pelo cinco centímetros me montaba un pollo que no veas...

—Mira, nosotros ese tema del género no lo vemos. Pero ella va a cumplir dieciséis años y ya es autónoma, Pilar. Y ya sabes lo que eso significa.

—¿Y la bulimia? ¿Eso lo seguirán tratando allí?

—Así debería ser. Aquí desde luego ya no: ya no es una niña.

«Fíjate lo inocente que fui, que pensé: "Pues igual mejor. Porque en una Unidad de Identidad de Género en condiciones van a ver muy clara la verdad, le van a decir que se peine, que qué coño va a ser trans". Me fui para allá con la tranquilidad de que seguro que lo veían.»

Pilar ya estaba convertida entonces en una madre *ninja*, pero no lo estaba menos Juan en sentido contrario: en los mismos días, él peleaba para que su hija, que se lo imploraba, empezara a hormonarse cuanto antes.

Sigue Pilar: «Poco antes de que cumpliera dieciséis ya le hicieron una analítica que autorizó su padre, como siempre. La llevó sin mi consentimiento a un pediatra del Ramón y Cajal adscrito a la Unidad de Identidad de Género y le hicieron una analítica de valores hormonales».

Apenas hemos hablado de Juan en esos meses frenéticos en que en Laura nace un hombre. Criado en un entorno muy conservador, incluso religioso, secamente castellano, para más señas abulense, ¿cómo se tragó el sapo de que la niña de sus ojos fuera finalmente un *señoro*?

«Joder, es que hay que saber verlo cuando lo tienes delante. ¡Y eso que yo voto a Vox, pero sé distinguir lo que tengo delante!», decía él en esa época a su entorno. Y lo decía con una mezcla de miedo y orgullo: quizá sentía, nos podemos maliciar, que la modernidad había venido a verle.

En la primera cita en la Unidad de Identidad de Género, el destino de Laura queda marcado, cuenta Pilar. «Para empezar, veo que le han hecho la analítica antes de cumplir los dieciséis años, aún con quince, cosa que no podían hacer sin mi permiso. Pongo una reclamación en Atención al Paciente, pero se la pasan por el forro. Entramos a la endocrino.»

La endocrino le pregunta a la cría si tiene algún antecedente «reseñable» de salud. Tanto ella como Juan responden al alimón: no. Los tres miran de reojo a Pilar, que pregunta: «¿Salud incluye salud mental?». «Sí, claro.» «Pues... Salud física, ningún problema. Pero si hablamos de salud mental mi hija tiene un historial de tres años en el Niño Jesús, y tengo aquí todos los papeles.» Y, pum, fajo de papeles sobre la mesa.

La endocrino mira a Laura: «¿Es eso cierto?». «Sí, es verdad.»

Laura toma la palabra y endereza el volante. Todo el aplomo que no tiene para el resto de los trances de la vida aparece ahí de golpe: la verbalización de su transexualidad es un seguro asidero en la tormenta. Cuenta muy parsimoniosamente por qué quiere transicionar: ella se siente hombre, está en el cuerpo equivocado, su intento de suicidio proviene de esa falla nunca vista por los psiquiatras del Niño Jesús, y en ningún caso de ninguna de las dolencias que la mantienen medicada.

Juan asiente a su lado, y sólo habla para sugerir que es la incomprensión —retrógrada y tránsfoba, pero eso no lo dice— de Pilar la que ha estado a punto de descarrilar a Laura.

Escuchados todos, pero a su bola, la endocrino saca del cajón unos papeles. Son los consentimientos informados. «¿Cómo? —se pone en pie Pilar—. Pero esto no tiene ningún sentido... Es cierto que mi hija sufre dismorfia, que no le gusta su cuerpo, pero es la adolescencia. Ha sufrido acoso en el colegio, tiene un trastorno de la alimentación y nada de esto es porque sea un hombre...» Juan y Laura ya están leyendo el consentimiento.

«Es que mira, Quico, lo que querían que firmara —me dice Pilar años después acercándome el papel—: Mira lo que pone si firmas "No conforme", léelo», señala un párrafo. Junto a la casilla de «No conforme» leo: «No consiento y rechazo el procedimiento propuesto y al hacerlo libero al servicio de toda responsabilidad relativa a mi caso». Parece un desestimiento al uso, pero ella, aleccionada por sus amigos abogados, ve un truco: aunque Pilar se negara a que su hija comenzara el proceso, si se consiguiera autorización judicial para iniciarlo, la madre estaría declinando con esa simple firma la posibilidad de reclamar al hospital por cualquier error en el procedimiento.

Pilar sale hundida de la endocrino. La puerta a dios sabe qué va realmente abriéndose. Pero en pocos días recobra la esperanza: los cita la psicóloga que dirige la Unidad. Y ahí, como si fuera una secuestrada que espera su liberación y que la ve venir a cada momento, «vuelvo a creer que sí, que ella se va a dar cuenta de que es todo un error».

En los días previos, Pilar sueña. En el sueño, la psicóloga, a la que se imagina como una mujer de su edad, hacia la mitad de la cincuentena, tranquila y afable, le dice: «No, claro que no, aquí no hay un tema de transexualidad, tu hija tiene trastornos y hay que tratarlos: vamos a cuidarla y a esperar que pase el tiempo, adquiera madurez y luego que haga lo que quiera. Mira que estoy harta de ver gente, y veo claro que tu hija no».

Pero cuando entra en la consulta del Ramón y Cajal, Pilar no encuentra a esa psicóloga. En su lugar hay una chica joven, menuda e inquieta.

Es la chica que dirige la Unidad y el trance, muy alejado de su sueño, no tiene excesiva historia: «Primero escucha a la niña, que repite su rollo: que lleva madurándolo todo mucho tiempo, etcétera. Y luego a los dos padres, que contamos el nuestro. A mí me corta de raíz: desde el primer momento me deja claro que ella no está allí para tratar a Laura, sino para acompañarla en la decisión que ella ya ha tomado. Dice que es una persona adulta, formada, y que la ley le permite decidir lo que quiera hacer. Pero ¿qué ley?, le pregunto. "La que hay." Le digo: "Pero ¿cómo va a haber tomado una decisión de semejante calibre si no está bien?". Me dice que ella no está ahí para tratarla, que si Laura necesitara cualquier tratamiento que no tuviera que ver con el género, había que ir a atención primaria. Que allí no había psiquiatra ni se lo esperaba...».

Los siguientes días Pilar toca fondo.

«Yo pensaba que la medicina sirve para curar a las personas, no para enfermarlas... Y hacer política.»

33

Con su hija de cabeza en la piscina del cambio de sexo, apoyada por la Unidad de Género del Hospital Ramón y Cajal y por su padre, perdida en el laberinto, Pilar se pregunta si estará ella equivocada, si no se estará haciendo trampas en el solitario. Si no será una ominosa tránsfoba, un residuo medieval. Si no estará tapándose los ojos, negándose a aceptar la realidad. Si no será ella Adolf Hitler con vulva y sin bigote.

«Por un momento, yo misma casi soy víctima del espejismo... Todo este proceso es tremendo, pone en juego toda tu seguridad mental, todos tus fundamentos como persona, te lleva al límite. Pero, coño, me doy cuenta de que es muy evidente que no. Que mi hija está mentalmente enferma y su enfermedad no tiene nada que ver con ninguna transexualidad: ¡si es que ella no era así, estoy segura!»

Vuelve a la Unidad. Pide hablar con la psicóloga. Le solicita el protocolo médico del centro: la plantilla que debería dirigir cualquier senda de tratamiento.

«Y alucino cuando me dicen que, bueno, todavía no tienen protocolos. "¿Que no tenéis protocolos y estáis abocando a niños a hormonarse y después a operarse? Pero esto qué coño es."» Contesta la psicóloga: «Los estamos implementando justo ahora». La ley llevaba en vigor en ese momento no menos de cinco años, y la Unidad de Identidad de Género del Ramón y Cajal se había creado... catorce años antes, en 2007.

«Le pregunto: "Pero, ahora, entre nosotras, ¿a ti no te parece que es muy precipitado afirmar a cualquier niña que se diga trans sin mirar si hay algo más, con un historial como el que tiene mi hija?". Y ella me contesta, a regañadientes, que igual sí. Pero que la ley es así y ellos están para cumplirla.»

Pilar sale del hospital deseando quemar el planeta con napalm, o en su defecto con denuncias.

«Yo tenía muy claro que mi hija, aparte de los trastornos que sean, sólo tenía un problema de relación con los iguales. Ella necesitaba y necesita un sitio, ésa es su lucha.»

Pilar pone una reclamación en el hospital por la ausencia de protocolos: sabe que es un ratón frente a la montaña del sistema, pero de pronto se siente fuerte. De golpe ya no es Pilar, es un recluta en combate, arrastrándose por los cañaverales junto al río. No se maquilla: se pinta la cara para salir de la trinchera reptando y, arrastrándose en el barro, acercarse al enemigo.

«Es verdad que ahí se me desestructura completamente la vida, pierdo de vista todo lo demás. Me importaba un carajo mi marido, mis hijos, desde luego mi trabajo... Era llegar a casa y papeles, papeles... Se te rompe todo porque tu cabeza de pronto desaparece.»

Un día, en su trabajo, en plena ofuscación, coloca en un trámite jurídico el número de un artículo de la ley trans madrileña en vez de otro de la ley hipotecaria. Pilar, esta señora atildada y coherente sentada ante mí, es en esos meses una zumbada.

Semanas después, con la cabeza a punto de estallar por desconocer los movimientos de las líneas enemigas —Laura tiene dieciséis años y es sanitariamente autónoma—, la madre levanta el teléfono de Gila y llama al cuartel general adversario, al Ramón y Cajal.

«Pido hablar con la psicóloga, y se me pone. Le digo que llamo para informarla de que los voy a denunciar, y me contesta que el padre ya les ha dicho que va a pedir una autorización para hormonar a la niña, y que van a empezar a hacerlo dentro de tres o cuatro meses. Le digo que me opongo terminantemente, y que voy a demandarlos. Que en realidad de lo que se tienen que ocupar es de que la cría ha dejado de tomar la sertralina y el Tranxilium, los fármacos para los problemas reales que sí tiene y no se están tratando. Y me contesta: “Mira, Pilar, aquí no podemos hacer otra cosa que afirmarla. Ella decide si quiere seguir tratándose mentalmente, porque ya es mayor. La ley dice que es ella quien elige y ya está”. Peleo un poco más y entonces me dice, y me quedo boquiabierta, que mi hija ha muerto, que me ha nacido un hijo y lo tengo que aceptar. “Más vale que te lleves bien con ella y aceptes que ya no tienes una niña, que lo que tienes ahora es un niño. Lo contrario sólo te va a traer problemas.” Le digo que si me está amenazando, que mi hija no está en condiciones de decidir eso, que me voy a ir a un juez. Ella responde que los jueces están dando todas las autorizaciones. Es entonces cuando veo muy claro que sólo tengo una salida.»

Pilar demanda a la Comunidad de Madrid, responsable de la Unidad de Género, después de que, en vía administrativa, el primer camino que necesariamente hay que seguir, se le deniegue la razón.

Demanda porque, alega, Laura no está en condiciones de decidir, y la autonomía del paciente con dieciséis años no puede estar por encima de su integridad física en tratamientos de alta gravedad, como es un cambio de sexo.

Pilar ya sólo puede ir al choque con todo: con la niña, con su padre y con el sistema. Pide ayuda a un amigo, abogado, que se pone a hacer minería de jurisprudencia y no mejora la perspectiva lo más mínimo. En efecto, los jueces están poniendo el derecho al libre desarrollo de la personalidad por encima del derecho a la salud y la integridad física.

A la par intenta que la cría vaya al psiquiatra, y para ello recurre a un psicólogo privado que ha estado viéndola en esos meses. «El tío me dice que tiene muy claro que la niña no es trans, pero se niega a darme ningún papel que lo acredite. Peor que eso: me da uno, pero se niega a firmarlo. Está acojonado con la posibilidad de que le perjudique. Todos se cagan, Quico, no se quieren meter, no quieren que les hagan una campañita por tránsfobos.»

La transfobofobia, la varita mágica *queer*.

En febrero de 2022, Pilar se entera de que Laura debe ir a la Unidad en determinada fecha, y allí se planta. «Cuando llego, mi hija se sorprende: "Mamá, qué haces aquí, si ya sabes que no puedes entrar conmigo". "Ya, pero quiero ver a la psicóloga antes o después que tú, cuando sea." "Por mí vale." Cuando pido hablar con la psicóloga, ésta aparece y me hace una cosa muy fea, retadora. Sale de su despacho y en voz alta, delante de todo el mundo, le pregunta a mi hija: "Mateo, tu madre quiere hablar conmigo. ¿Das tu permiso para que entre?". Y Laura contesta: "Sí, lo autorizo". ¡Como si la niña mandara allí! Ahí me di cuenta de que, en realidad, esto va de darles a los críos una autoridad que no tienen, que no pueden tener de ninguna forma.»

Pilar entra y ataca fuerte desde el minuto uno.

«Le dije que habían empezado el procedimiento cuando mi hija era menor, porque tenía quince años en la primera analítica. Que les había pillado sin protocolo. Que estaban haciendo una terapia experimental con niños. Ella me dijo que por favor retirase la denuncia, que estaban haciendo los protocolos lo más rápido posible, me llegó a decir que llevaba varios días sin dormir porque estaban haciendo los protocolos a toda prisa. Y que iba a agravar mucho la situación con mi hija si seguía adelante... ¡Le tenía miedo a mi hija y quería que yo se lo tuviera también! Era increíble, me trataba como si yo no supiera nada de mi hija. ¡Yo, que la he criado, joder!»

Sale de la consulta convencida de estar batallando contra un enemigo de papel: ¿le va a decir esa gente quién es su hija?

Pese a que el juzgado tira su demanda de un manotazo, su sola actitud cambia las cosas. Meses después, cuando ya ha enviado papeles a todas las instituciones pidiendo que protejan a, textualmente, su «hije» —«no les iba a dar siquiera la posibilidad de denunciarme por transfobia, así que usé su terminología de mierda»—, recibe una llamada de la Unidad de Género. La psicóloga quiere verla.

«Me dicen que han decidido esperar un poco para empezar con la hormonación. Les pregunto: "¿Y por qué?". "Por la conflictividad que hay alrededor de la niña, y porque vamos a esperar a que tenga mayor madurez."»

Pasan unos meses. A la vuelta del verano, la cría, ya con diecisiete años, le admite a su madre que ha visto a un amigo de la infancia y ha sentido «algo». «Le pregunto: "Y eso ¿qué quiere decir?". "Nada, que me ha extrañado."»

De pronto, sólo con el paso de unos meses, igual que el suflé subió, comienza a bajar. El tiempo.

Pilar no ha conseguido que Laura vaya a un psiquiatra y se medique para su anorexia —«es antimédicos como su padre»—, pero conforme su adolescencia va enfilando alguna madurez, parece ir centrándose. «Algo va pasando ahí: retoma su interés por montar a caballo y por el ajedrez, va apuntando qué quiere estudiar, feminiza un poco su forma de vestir...»

Una tarde la niña cuelga en Instagram una suerte de comunicado como de líder político. Anuncia, con el tono mesiánico y mayestático que a veces usan las estrellas pop, los futbolistas o los *tronistas* televisivos, que vuelve a ser chica «después de identificarme como chico durante casi cuatro años».

Nos enseña al resto del mundo, con esa pedagogía ombliguista que tantas veces tenemos que aguantar en esta ridícula época, que «no es malo autoconocerse ni experimentar», y asegura que no reniega de sus idas y venidas de género: «No hay ninguna prisa por definir nuestra identidad», proclama.

Todas las pomposas y caprichosas pretensiones de la tontería *queer* se concentran en la parrafada, que se corona con una sentencia de anuncio de colonia: «No sentirte como antes te sentías no invalida tus sentimientos».

«Que no es malo experimentar... —se concede una risa Pilar—, ¡pero si no llego a sacar el hacha de guerra, se estaría hormonando! Cría cuervos.»

Esta especie de armisticio la pilla cansada. Lleva demasiados años «completamente machacada», sus hijos del primer matrimonio la acusan de haberlos «abandonado», dicen que su medio hermana «es una consentida».

Cuando Pilar habla con ella días después de la proclama, Laura le dice: «Sí, ya no soy chico, pero sí me quiero quitar los pechos cuando acabe la carrera». «Y yo le contesto: "¡Pero si casi no tienes, qué más te da, alma de cántaro! Y si quieres yo te pago entonces una reducción, pero no te amputes, por Dios". De verdad, lo de esta niña ya es por tocar las narices.»

Cuando cierro este libro, Pilar permanece, como los reservistas en tiempo de guerra, en *defcon2*, lista para atacar. Laura va a cumplir dieciocho años «y en algunos sitios, por ejemplo en Trànsit, en Cataluña, llaman a los niños que antes han dudado, cuando llegan a la mayoría de edad, para reiniciar los tratamientos».

En todo caso, la cría ha vuelto a referirse a sí misma en femenino. Se maquilla. «No puedo cantar victoria, estoy recuperando la confianza con ella, pero esto ya es otra cosa», admite la madre.

Llueve menos.

Pilar, que no se llama así al igual que los otros protagonistas de esta historia, está exhausta.

Es como si llevara años vagando sola, sin comida, por la selva amazónica. Como si le hubieran pasado por encima seis trenes de mercancías.

«Al final es un tema de que los poderes públicos hagan lo que tienen que hacer, pero también de tolerancia a la frustración. Mis hijos me dicen que ella sólo quiere que la miremos todo el rato, que lo hace todo para eso.»

Quizá como la Tata Palo miraba a su príncipe, la única persona que existía en el mundo.

Suerte, Pilar. Suerte, Juan. Suerte, Laura.

34

Una tarde de la primavera de 2005 una niña de tres años de un colegio de Girona le dice a su madre algo que ésta considera «extraño».

Se trata de la escuela Cassià Costal, un cole de ladrillo rojo en el centro de la ciudad, junto al parque del Mediodía.

La mujer lo deja correr y un tiempo después vuelve a preguntar a la enana. Que le repite lo mismo, casi palabra por palabra: un profe la ha toqueteado aquí y allá.

Los Mossos d'Esquadra interrogan brevemente a la cría y abren una silenciosa investigación. En los días siguientes, como las cerezas, una niña atrae a otra hacia el agujero negro que los policías van cavando poco a poco, confidencia a confidencia. Un agujero cada vez más profundo.

En pocas semanas, los agentes se convencen de que hasta ocho crías han vivido situaciones cuando menos extrañas con uno de los profesores: el de plástica. Su nombre es Salvador Jofré y, aparte de su labor docente, es el encargado de cuidar de los niños al mediodía. Cuando, tras el comedor, se quedan una hora sin clase. Y a su merced.

Tras conseguir sedimentar algunos detalles, los *mossos* piden al juez que dirige la investigación lo que en el argot policial se denomina *tirar*: detener a Jofré. En su casa, en un viejo ordenador, encuentran más de un millar de archivos pornográficos, de los cuales cerca de doscientos son de carácter pedófilo, contará la prensa de la época: menores de edad en posturas obscenas o abiertamente manteniendo relaciones sexuales.

Las piezas comienzan a encajar en torno a Jofré, un cincuentón de pelo cano y raya a un lado. Desbrozando el grano de la paja, se le acusa de abusar de al menos tres niñas, y de corrupción de menores en otro caso.

La policía, como suele suceder en estas investigaciones, sospecha que podría haber muchas más víctimas: cuando los abusados son niños de muy corta edad —éstos tienen apenas tres años— y no hay testigos presenciales, es difícil compactar testimonios sólidos. Hay demasiada bruma.

Al menos en cuatro casos, no obstante, las declaraciones quedan grabadas en esa primavera de 2005 para el posterior juicio: los psicólogos forenses que interrogan a las niñas no dudan de su veracidad.

Cuando el paquidérmico paso de la justicia llega a la causa, a finales de 2007, la Fiscalía, la institución obligada a defender el bien público, pide para Jofré veintiocho años de cárcel.

La Audiencia le arroja encima finalmente catorce, y el Supremo ratifica la condena dos años después, quitándole la posesión de pornografía infantil: el registro de su casa se había realizado sin la presencia del detenido ni la del secretario judicial.

—Seguro que a estas alturas ya está libre —me dice Montserrat en 2023—. Imagino que ya habrá salido.

—¿No lo sabéis?

—Ni idea, la verdad.

Ella —vecina de Girona, cincuenta y pico, un poco machacada por la vida como todo el mundo en este triste libro— resopla al otro lado del teléfono. «A nosotros nos llamaron del cole en abril de 2005. No sospechábamos nada, pero es verdad que la niña llevaba desde septiembre haciendo cosas raras en casa. La llamábamos, en broma, "la niña del exorcista". De golpe tenía unas rabietas increíbles.»

Otro largo suspiro. Y luego una carcajada nerviosa. «Perdona que me ría, hace ya tanto tiempo...» Supongo que es la única forma posible de defenderse ante algo así.

Dieciocho años después, aquí estamos Montse y yo hablando de aquella niña.

Que entonces sólo llegó a decirle a mamá que le había hecho al profe de plástica «algo parecido a sexo oral», dice ésta. «Fíjate que luego, pensando, me di cuenta de que mi hija me había dicho que jugaban al *penis*, que es pene en catalán... Y yo entendí "tenis", y deseché la idea. En realidad me lo estaba contando.»

Una cría que luego tendría una vida «bastante complicada», con un padre «completamente ausente», buenas dosis de acoso escolar y dificultades para relacionarse.

Y que hoy, con veintidós años, lleva dos inyectándose testosterona y se hace llamar Áxel. Convencida de ser trans.

Tanto como lo está de lo contrario su madre, que trabaja

en una sociedad médica y probablemente ha introducido en su cuerpo, en los últimos tiempos, tantos antidepresivos como su hija hormonas.

El retrato robot de la adolescente que, ofuscada por su disgusto con su cuerpo, cae en lo trans suele conectar abuso sexual, dificultades de socialización, fallas afectivas, acoso de sus iguales, desorientación vital... «Pero fíjate que yo creo que, teniendo mi hija todo eso en su mochila, su problema principal fue que creció sin padre. Él nunca estuvo ahí para ella y se lo demostró siempre: nunca la quiso y en cuanto pudo se desentendió de ella», dice Montse.

«Nos separamos cuando tenía diez años y, en honor a la verdad, esos últimos años de matrimonio yo tampoco estuve para ella, porque la situación que teníamos en casa era muy difícil», admite.

«Pero es verdad que su padre nunca la quiso, jamás quiso jugar con ella, hacer lo que hace un padre con sus hijos. Y ella siempre lo notó, esto lo hemos hablado mucho.»

A los tres años, a la niña se le agolpan los problemas. «Ahí murió mi madre, su abuela, con la que ella tenía mucha relación. Fue cuando empezó a hacer cosas raras: rabietas enormes, perdía el control y no sabíamos cómo ayudarla...»

Hacia abril, la llamada desde el colegio, la reunión de padres y la sorpresa cuando aparecen los *mossos*. El terror en la vida de cualquier padre se materializa ante Montse.

«Al menos nos dijeron que ella no había sufrido violencia como tal. Sí abuso, pero no le quedó esa marca de haber sido, cómo se dice, violentada. Perdona si me cuesta un poco el español. No soy nada indepe, pero aquí en Girona es todo en catalán y ya no sé hablar», se ríe.

¿Cambian a la niña de colegio? «Las psicólogas nos dijeron que no era necesario. Que lógicamente iba a haber trauma, pero que era mejor no sacarla de su entorno y seguir adelante.»

Parece juicioso no sumar más inestabilidad a la inestabilidad. «El colegio y las autoridades reaccionaron muy rápido, así que decidimos dejarla allí. Y creo que fue un acierto. Le dije que no iba a ver nunca más a este profesor, que ya no iba a estar, y la niña cambió de la noche al día: se dio la vuelta como una tortilla. De pronto volvía a estar feliz.»

Montse asegura que ese cambio de actitud «me dio la medida de que acertamos». Sea como fuere, Freud dijo mucho sobre la risa como escudo defensivo y esta mujer ríe mucho mientras cuenta su historia.

La primaria pasa luego llanamente. La niña es «inteligente, a veces muy inteligente, puede que demasiado». Y sin nada reseñable sobre su género:

—Jugaba lo mismo con niños que con niñas. Es verdad que yo intenté hacerla fuerte: sabía que su padre nunca iba a estar para ella y no la empujé a ser demasiado niña: ni muñecas, ni *clips*... ¿Cómo los llamáis en castellano?

—Prendedores.

—Eso, prendedores. Eso sí, cuando iba a casa de otra niña se ponía millones de *clips*.

Las verdaderas turbulencias siempre aparecen en la rampa hacia la adolescencia, pero no exactamente en este caso. Montse es una excelente narradora natural. Escuchemos esta escena: «Cuando empezó en el instituto, en primero de la ESO, ella era muy popular. Medía 1,75, pesaba 45 kilos, piernas como dos columnas griegas, torso con abdominales marcados, porque siempre los ha tenido sin necesidad de hacer nada... No era guapa, pero sí muy atractiva, siempre lo ha sido. Había un chico que era mayor que iba a verla a clase, por la ventana. Todo el instituto lo sabía y a ella, recuerdo que esto me sorprendía mucho, aquello le gustaba. Lo llevaba con mucha naturalidad. A esa edad siempre dan vergüenza estas cosas y el chico era mayor que ella, pero le encantaba. Esos primeros meses en el instituto fueron muy buenos».

Luego llegaron las curvas. «La cosa yo creo que empezó porque se apuntó a los [Boy] Scouts y ahí coincidió con una niña del colegio que era la típica que tenía que ser líder, y mi hija no lo aceptó, se negó. Esta niña era de un pueblo de cerca de Girona del que venían muchos más niños, y empezaron a hacer grupo contra la mía.»

Siempre siguiendo el relato de Montse, a su cría le comienzan a hacer el vacío. «Poco a poco ve que las otras niñas pasan de ella y acaba sola con las más frikis. Además era académicamente muy brillante, lo entendía todo muy rápido en clase y le molestaba que los otros hicieran ruido... En poco tiempo se queda sola. Una noche, cenando, se nos pone a llorar y nos dice a su hermano mayor y a mí que no tiene amigas, y que las otras le dicen barbaridades a espaldas de los profesores.»

¿Barbaridades? «Ojalá te mueras», «te podrías tirar por la ventana», «no sirves para nada»... Se meten con su altura, con su pelo, con que si tenía anorexia porque estaba muy delgada. Le decían: «Con lo fea que eres, ¿por qué no te tiras por la ventana?».

Montse se atreve con una opinión impopular en este mundo moralmente impoluto:

—Yo creo que las mujeres somos muy crueles entre nosotras, la competencia intersexual es enorme. Eso de que la sororidad existe...

—¿Cómo?

—Ya, ja, ja, ja, suena duro, ¿eh? Pero es así... Yo es que no estoy de acuerdo con el feminismo este pirado de ahora, no tienen ni idea de lo que dicen. Yo soy feminista de las de antes, de [Susan] Pinker y de [Camille] Lapaglia...

Desde esos doce o trece años de su hija, Montse habla de una convivencia en casa «muy difícil». «Estoy segura de que el divorcio le hizo daño, como se lo ha hecho siempre no tener padre... El resultado es que desde entonces y durante toda la adolescencia ha sido una niña muy difícil y muy irritable, mucho más de lo habitual.»

Montse se va a hablar con los profesores del instituto, el Narcís Xifra de Girona, con el *bullying* en la boca. «Pero era 2013, no sirvió de nada, quizá hoy sería distinto. Riñeron un poco a alguna de aquellas niñas y punto. Cuando volví a quejarme, porque todo seguía igual, me invitaron a cambiar de centro.»

Sea por lo que fuere, no se atreve a cambiarla. Su hija termina la ESO en el mismo instituto y «sola, muy sola. Recuerdo que una vez, igual con quince años, le dije: "Vámonos de compras tú y yo". Contestó: "¡Mamá, estás loca! Si encima de lo sola que estoy en clase me ven por ahí con mi madre..."».

A la par Montse ve cómo se va fraguando en la niña un gusto por las causas perdidas: «Tenía que salvar siempre a la gente de sí misma: a los niños que tenían problemas, quizá a sí misma de su propio acoso. Era Doña Causas Perdidas... En realidad se ha sentido fuera de todo siempre».

Desde los once años la cría usa móvil «y es verdad que de forma bastante incontrolada. Se lo dejamos al pasar a secundaria y le dije que no aceptara a nadie a quien no conociera, pero es verdad que hasta los quince o dieciséis años no me di cuenta de que podía estar viendo cosas que no eran para su edad. Y entonces ella controlaba todo».

Por suerte, y aparte de una irritabilidad constante en casa durante toda la adolescencia, la niña sí ha tenido siempre un apoyo importante: su hermano, seis años mayor, cuenta Montse. «Incluso ahora, cuando han venido mal dadas.»

Con dieciséis pasa al bachillerato «y al menos sí consigue hacer un grupo bueno en los *castells*, que estuvo esos años haciendo *castells*» —los castillos humanos tradicionales de Cataluña.

Montse recuerda, por cierto, una actividad íntima frenética (y heterosexual) por parte de su hija en aquella época: «Me fui enterando luego por aquí y por allá de que... Cómo te cuento esto... Bueno, directamente: se pasó por la piedra a todos los chavales de los *castells* de aquella época. A todos». Es su forma de ilustrar una vida sexual, hasta esos quince o dieciséis años, bastante estándar y activa, al contrario que la mayoría de los casos aquí expuestos.

«Pero vamos, con diecisiete empezó con el rollo LGTBI equis, y griega y zeta. Y yo siempre le dije que no estoy de acuerdo con ese feminismo unicornista que nos quieren colocar, que no veo tanta discriminación por ningún lado, que las mujeres tenemos que conseguir la igualdad, pero no con ese victimismo ridículo... Pero ella tenía que meterse ahí, era otra de sus causas.»

En este libro hay padres que responden a los desafíos adolescentes de sus hijas con tolerancia, y otros con todo lo contrario. Casi todos ellos sin éxito: la realidad es que no hay manual.

«Cuando llega a los dieciocho me dice que es bisexual. Me pareció perfecto. Que cada cual haga lo que quiera. Poco después, con diecinueve, dice que no es bisexual, sino bollera. "Soy bollera", me decía. Pues vale, lo que sea. ¿Qué me importaba a mí? Yo sólo quiero su felicidad.»

Montse sitúa aquí el punto de inflexión. Cuando, con diecinueve años, su hija, que está en primero de Biotecnología —«imagínate, estudiando Biología y con la empanada en que va metiéndose»—, se echa novia.

«Ella hasta ese momento era la princesita del guisante: minifaldas, tacones, maquillaje, escote. El típico tópico, eso era mi hija. Iba a salir y antes discutía con una amiga mía qué base de maquillaje o qué altura de tacones elegir. Pero apareció esta chica, que era muy marimacho, y todo cambió: se cortó el pelo, empezó con las sudaderas, todo más *casual*, más masculino.»

Pandemia. *Pause*. *Stop*, en realidad. Y un peligroso limbo que ya hemos visto: la ausencia de socialización *real* crea larvas en la telaraña del género.

«Se metió en la habitación y estuvo allí dos meses, sólo salía para comer y tomar el sol en la terraza.» Pienso en los *hikikomoris* japoneses, esos jovenzuelos que un día se encierran en su habitación y terminan chiflados tras años de soledad en su Alcalá Meco mental, recibiendo y dejando la bandeja de comida al pie de la puerta.

Al regreso al mundo real —o más bien surreal tras el confinamiento—, la hija de Montse y su novia rompen: «Fueron ambas a la vez, pero mi hija debió de sufrirlo más. Recuerdo que lo primero que me dijo fue: "Voy a salir a comprarme una minifalda y unos tacones", como si quisiera alejarse del *look* marimacho».

Pero, en semanas, un nuevo bandazo: «Durante la pandemia había conocido por internet a un chico trans de Madrid que antes se llamaba Patricia y ahora Gabriel. Así que por San Juan me dice que quiere ir a verle. Pensé: bueno, igual no le irá mal moverse. Porque es verdad que llevaba un tiempo muy rara, lo que pasa es que... ¿Para quién no fue raro aquel tiempo?».

Montse dice que, justo antes de que su hija viajara a Madrid, «su hermano y yo hablamos con ella y le dijimos que no podía seguir así, la convencimos para ir a un psicólogo o un psiquiatra, porque su forma de convivir no era normal: llevaba muchos años muy mal, enfadada, dando malas contestaciones, siempre cabreada. Decía que a veces sentía que no formaba parte de la familia y yo no podía evitar pensar en esa ausencia de padre...».

¿Habían ido alguna vez al psicólogo anteriormente? «Cuando ella tenía quince, pero los tres, a hacer una especie de auditoría de familia: mi hijo, ella y yo, para intentar mejorar la convivencia y porque yo veía huellas del divorcio. No sirvió de mucho.»

Ahí, tras la pandemia, la chica «dice que es cierto que no le vendría mal ver a un psiquiatra. Pero la vida se le interpone, se va a Madrid, en principio sólo una semana...».

Montserrat ni lo sospecha, pero su hija acaba de irse definitivamente.

35

—*Joé*, pues me alegro de que estés escribiendo sobre esto, menos mal que alguien habla de ello, casi nadie se está enterando de la movida...

—Yo te agradezco mucho la confianza de contarme, Fernando.

—Estamos desesperados... Y lo ves por todas partes. En mi trabajo un encargado está hormonando a su hijo, de diecisiete años. A una amiga de mi hija, sus padres le pagaron una mastectomía con dieciséis. ¡Sus propios padres! Está pasando más de lo que se ve, pero nadie quiere escucharlo.

—Eso estoy viendo...

—Mi hija, que era la niña más femenina del mundo, y la más preciosa, fue derivando hacia ahí, nos dio todas las señales... Pero claro, nosotros éramos muy modernos, muy progresistas. No lo supimos ver, quizá no quisimos.

—Tiene que ser muy jodido. Lo primero dame tus datos, porfa.

—Claro, a ver: me llamo Fernando García, vivo en Viladecans, Barcelona. Trabajo en una nave de Mercadona, en el turno de noche, somos ochocientos ahí...

—Y la cría...

—Sí, mi hija, que tiene diecinueve años ahora, está metida en esto hasta el cuello. Ya tiene pelo por todo el cuerpo, hasta en los glúteos, sus amigas le dicen que le sale pelo del pelo... Y ahora se empeña en que quiere quitarse los pechos, pero ya le he dicho que ni hablar del peluquín.

Si cada uno de estos padres siente que lleva años viviendo una novela gótica, el intermediario quizá sobra: que Fernando os cuente la suya.

Sólo diré que se atropella al hablar —y luego pide perdón—, que emana un insoportable sentimiento de culpa y que se le nota a la legua que su hija aún es para él, cuando hablamos en el verano de 2023, un ovni.

«Yo lo que más lamento son esas dos horas que me pasé esperándola a que saliera de Trànsit, cuando fue a buscar las hormonas. No hice nada... ¡No fui capaz de hacer nada! ¿Dónde narices tenía yo la cabeza?»

Va camino de aturullarse, pero para en seco: «¿Por dónde empiezo?». Por dónde va a ser, Fernando, por el principio.

«Yo creo que todo cambió cuando le dimos el móvil. Ella tendría doce, trece años. Al empezar secundaria. Mira que nos dijeron que mejor uno normal, pero nada: le dimos uno inteligente de estos con internet y tal... Si es que éramos muy modernos, muy modernos. Más o menos por entonces ella sufrió *bullying* en el colegio. Era una niña muy sensible, con diez y once años podía tener conversaciones muy profundas, veíamos películas de Woody Allen, que a mí me encanta, o *Amélie*, y las comentaba como si fuera mayor. Pero en clase resulta que un día dijo que le gustaría a veces ser un árbol. Se puso como a filosofar con otro niño: "Mira los árboles cómo molan...". Y los niños ya sabes lo hijos de puta que pueden ser. Le cascaron que era "la que habla con los árboles" y la empezaron a machacar por ahí.»

Una gilipollez para un adulto, una montaña para una niña. «Se le empezó a caer el pelo, pero a puñados. Hubo partes de la cabeza que se le quedaron calvas como la palma de la mano. Fuimos al médico, le dieron cortisona y lo recuperó. Tenía trece entonces. A partir de ahí se volvió hipersensible a los problemas de los demás, del colectivo LGTB y toda la pesca. Me pidió que la llevara al Orgullo Gay, a Barcelona. La llevé encantado, porque yo era muy moderno y tal. Pero no eran sólo los homosexuales: la gente de color, la opresión, todo la enervaba... Le daba *like* a todo lo que fuera LGTB.»

¿La definiría como una inadaptada? «Ella jamás se identificó con las guapas del cole, ni con las guais, ni nunca ha ido con las chicas que ligan cuando quieren, ni con los chicos alfa. No quiero meterme con la gente de peso o fea o tal, pero sus amigas siempre eran las más feas del cole, te puedo mandar fotos...»

Fernando no espera ganar un premio de corrección política. «A ver, entiéndeme: celebrábamos un cumpleaños, venían sus amigas y decíamos: pero ¿esto qué es? La feíta, la gordita, la rara... Todas las causas perdidas. Ella se acercaba a aquel con el que todos se metían, era su norma. Era lo que hacía.» La crudeza no siempre es cómoda, o defendible incluso, pero sí elocuente.

«Con catorce entró de cabeza en un chat que le recomendó un amigo de un amigo, que eran todo gente trans y algunos gais: italianos, ingleses, estadounidenses... Pero fuimos tan modernos y tan progresistas que no le dijimos más que: "Ah, pues qué bien". Todo con ella siempre estaba bien. Y allí alguien le dijo, cuando ella simplemente contó que no le gustaba su propia voz, que igual era un chico en cuerpo de chica. Escuchó eso, se quedó pensando y nos lo contó luego en una reunión familiar. Me acuerdo perfectamente del día, estábamos comiendo con mi cuñada. Nos quedamos todos callados, no supimos qué decir. Como éramos todos muy modernos y progresistas nadie dijo nada.»

En adelante le ahorro al lector la omnipresencia de la coletilla, pero ponedla prácticamente en cada párrafo.

«Lo que sí hicimos, por ejemplo, fue echarle un vistazo a los cómics que nos pedía, por si eran cosas para mayores. Pero nos pareció que no: eran manga y anime, de un tipo muy especial que se puso de moda entre las chicas de su entorno: historias de chicos gais de instituto. No nos sorprendió. No sé, éramos...» Ya, muy modernos.

Tampoco pudo sorprenderle, así, que la cría entrara en la adolescencia diciendo «que le gustaban las chicas». «En esos meses es verdad que sentimos una metamorfosis. De pronto le gustaban las chicas y por nosotros muy bien, ningún problema. En esa época salió con una amiga suya, iban las dos vestidas en plan manga, así juntitas. Bueno, cosas de niñas, pensamos. Luego, en tercero de la ESO, tuvo un novio dos semanas, un chaval que claramente era el más feo de la clase, seguro que el primero que le dijo algo. Pero de pronto no le gustaba, decía, ¿cómo era?, decía que le daba demasiado calor.» ¿Perdón? «Sí, como que era muy pegajoso, igual como que la tocaba demasiado... Nada, que a ella lo que le gustaba eran las chicas. Bueno, pues vale, genial.»

La pendiente comienza a los quince años. «De golpe, empieza a vomitar por las noches, todas, por sistema. Le hicimos pruebas de todo tipo y nos dijeron que era algo nervioso. Empezó a adelgazar también, una burrada. Todas las noches a urgencias con vómitos, dos años estuve así con ella, dos. Cada noche.»

Le cuento sobre un familiar cercano mío que durante meses sufría, puntual como un reloj, un dolor punzante en las tripas a media tarde. Era, se vio más tarde, depresión.

«La llevamos a todas partes y sólo nos decían: estrés, seguro que es estrés. Ahí ya empezamos a ver que algo no iba bien, y que quizá no habíamos controlado los contenidos que ella veía en internet. Pero como queríamos ser modernos...» Fernando se acelera. ¿Quién le pone el cascabel a un gato de dieciséis años?

«Un día, en casa, se encerró en el baño un rato y salió con la cabeza rapada. Nos dio un buen susto, nos quedamos flipados, pero no dijimos ni mu.»

Lo siguiente lo cuenta como quien desciende por una espiral. «Con diecisiete ya nos dice la frase: se siente un hombre en cuerpo de mujer. Pero ojo, como un chico gay. Incluso bromeé con el tema. No sabía qué podía implicar. Nos quedamos tan alucinados que no le dijimos nada.»

La salida del *armario cis* —concesión a la neolengua coñazo: lo *cis* sólo asume dos bandos de género, hombre y mujer— coincide con la pandemia. La cría ha abandonado el bachillerato que cursa, el artístico, y «se tira horas y horas viendo en internet a unos cómicos estadounidenses que van vestidos de *drag queens*...». Fernando y su mujer intentan enterarse de qué va la vaina, pero es imposible: «Ella maneja muy bien el inglés, nosotros no».

«Ahí nos asustamos y tomamos cartas en el asunto. La llevamos a un psicólogo, uno que nos recomendaron en Barcelona. Nos dijo: "Si no quiere estudiar, que no estudie. Si no quiere ordenar su cuarto, que no lo ordene. Todo esto, siempre que mantenga unos mínimos de actividad".»

Pasan unos meses en esta extraña pasividad. A Fernando se le hinchan las narices. «Nos dimos cuenta de que el tema trans iba en serio, no veíamos progreso ninguno en su actitud y pensé que sería mejor cambiarla de psicólogo. Busqué otro aquí, en Viladecans, cerca de casa. Una chica, se llamaba Laura. Le comentamos: "Dice que es un chico, pero nosotros sabemos que está equivocada". Nos contestó: "Vale, no hay problema, traedla". Después de varias sesiones nos convocó a nosotros. Entramos en la consulta y nos suelta, muy seria: "Preparaos porque vuestra hija está haciendo una transición hacia la masculinidad, y de una manera particular: quiere ser un chico, pero un chico muy femenino". Nos quedamos de piedra: resultó que era una profesional completamente afirmativa. Durante esas sesiones, en vez de poner en duda las chorradas que ella decía, se había dedicado a reafirmárselas.»

Fernando y su mujer se tiran todo 2021 hiperventilando.

Sin querer, pero tal vez un poco negligentemente, habían atado aún más el nudo identitario de su hija.

36

Cuando la hija de Nuria se va a Madrid a ver a su nuevo amigo trans, en la vida de su madre comienza una especie de *road movie* pasiva.

«Desde el primer día ella se hace novia de este chico, que le cuenta una película increíble: tiene un cáncer cerebral en remisión y está recibiendo quimio en Madrid, pero tiene que ir a Barcelona a hacerse unas pruebas y seguir tratamiento. Voy hablando con ella y se convierte todo en el típico lío adolescente: que si tienen que quedar con más gente, que va a venir no sé quién...»

En principio, la chica iba para una semana en Madrid, pero al final pasan tres.

«Cuando aparecen los dos por Girona, me cuenta que se van a ir a Murcia, donde la familia de este tal Gabriel tiene una casa con caballos y no sé qué. Que ella va a estudiar allí la carrera y él terminará de tratarse el cáncer... Bueno, un delirio completo, pero le sigo la corriente. Él llevaba ya tiempo tomando hormonas: tenía barba, nuez y entradas en el pelo. No se había hecho cirugía, pero parecía un tío.»

La chica acompaña a Gabriel al hospital a recibir quimio «pero él no la deja entrar. Se mete y sale a los veinte minutos tan campante, con la presunta quimio puesta», cuenta Nuria.

La sombra del engaño va asomando: «Se van los dos a Murcia, pero mi hija ya con la mosca detrás de la oreja, porque no deja de decirme que él le pregunta mucho por cuánto dinero tengo yo, qué casas tenemos, cosas así... Lo que pasa es que ese verano yo me rompo el pie y me quedo en silla de ruedas, con poca capacidad de maniobra».

La cosa murciana cae rápido por su propio peso. «Cuando llevan dos días allí, la llamo y me cuenta una peli para no dormir: que no pueden entrar en la casa porque están esperando a no sé quién que tiene la llave, que no sé qué...»

Nuria activa el protocolo de emergencia. «Yo sabía que ella me hablaba siempre con el tío este al lado, pero entre mi hijo, ella y yo tenemos, desde que son pequeños, una palabra clave para saber si alguno está en peligro. Le pregunté y ella la usó. Le mandé dinero para que volviera, y estuve en contacto con ella por teléfono hasta que cogió el tren de vuelta.»

La cría regresa «con el rabo entre las piernas. Decía: "Yo no sabía que os importaba tanto". Pensé que el mayor peligro había pasado, pero no me di cuenta de que el veneno ya lo tenía dentro. Porque no hacía otra cosa que repetir que era trans».

Nuria ya flota en el vacío habitual de las *mamás trans*: «No tenía ni idea de adónde ir».

Sin embargo, una red de lo más engrasada sí sabía qué hacer con su hija.

«La última semana de agosto de ese 2020, fuimos al centro de salud, el Can Gibert del Pla, en Girona, a que la viera la doctora de cabecera. Resulta que la médica habitual de ella no estaba, pero sí una suplente. Dejo a mi hija dentro, y sale a los cinco minutos: "Ya me ha dicho que sí, que soy trans". La doctora no sabía ni el nombre de mi hija, pero sí que era trans. Fue como te lo estoy contando: cinco minutos, quizá siete. Entro y le pregunto a la médica: "Bueno, la enviará usted a un centro de salud mental, ¿no? Mi hija claramente no está bien. Sufrió abusos de pequeña, le han hecho *bullying*, su padre no la ha querido...". Fíjate qué ilusa, yo pensaba que cualquiera lo vería perfectamente. "No", me dice, "esto va a un centro del Ayuntamiento, un centro LGTBI que guía a las personas en el proceso". "Ah, vale", fue todo lo que se me ocurrió responder.»

Ambas son remitidas «a un centro del Ayuntamiento de Girona, un chiringuito de estos que montan los ayuntamientos y que les falta hacer la danza a la Pachamama, un mundo de Yupi para sentirse bien y parecer modernos». Nuria se refiere al Servicio de Atención Integral a la Diversidad Afectivosexual y de Género de Girona.

«Llegamos y de entrada les pregunto: "Bueno, la referenciaréis a algún profesional que constate si lo que ella dice es así o no, ¿no?". Y contestan: "No, aquí sólo se hace acompañamiento, eso es todo". El sitio perfecto para la modernidad esta narcisista de hoy.»

Mientras espera a su hija, Nuria observa la iconografía del lugar. Se le queda grabado un cartel «que era en realidad un enorme bocadillo de cómic» con la siguiente frase: «Tengo derecho a tener sexo seguro, tengo derecho a ser feliz, tengo derecho a escoger mi sexualidad...».

«Todo derechos, ninguna obligación, eso vende esta gente. ¿Cómo no lo van a comprar los niños? Tengo derecho a todo y, si lo pienso muy fuertecito, muy fuertecito, se hará realidad.» Busca tu sueño, que tiene que andar por ahí. Está cerca, no desfallezcas.

—¿Tú has hablado alguna vez en estos términos con tu hija, Nuria?

—No ha habido manera, la verdad.

Al salir del «chiringuito municipal», la chica le dice a su madre que le han ofrecido dos vías para seguir su camino: o la Unidad de Género del Clínic de Barcelona, o Trànsit, el servicio de acompañamiento a personas transexuales de la Generalitat de Cataluña.

«Le dije: "Llamarás al Clínic, ¿no?". Y ella: "Bueno, ya veré". Por supuesto, llamó a Trànsit.»

La única consulta, cuenta la madre, fue por videoconferencia en ese noviembre de 2020. «Duró hora y cuarto. Al salir le pregunto: "¿Qué era, una psicóloga o una psiquiatra?". Contesta: "No, una psicóloga". Y cuando empieza la siguiente frase le suena el móvil, ¡cling! Un mensaje. Lo mira: "¡Ay, mira, ya está la receta de la testo!".» Teletestosterona, dígame.

Nuria necesita recapitular: «En junio, con el loco aquel, le dio por que era trans. A finales de agosto, fuimos al médico de cabecera. Y en noviembre, después de hablar con otras dos psicólogas afirmativas, la sanidad pública ya le estaba recetando hormonas por WhatsApp. Cinco meses habían pasado».

¿Sin siquiera un informe del endocrino? «Le dijeron que se lo harían después, que podía empezar en ese mismo momento. La psicóloga mandó la receta con copia a su médico de cabecera, para que ésta le diera cita con el endocrino, pero el veneno te lo dan cuanto antes. Así ya te tienen pillada. Trànsit es un nido de hacer dinero para otros.»

Nuria ya va con todo en ese momento. «Le pido a mi hijo que la convenza para que al menos espere unos meses, cuatro o cinco, y en ese tiempo a ella le recuerdo la promesa que me había hecho de que iba a ir al psiquiatra. Consigo llevarla, pero...»

En una sola visita, el psiquiatra le dice a Nuria lavándose las manos que su hija se ha autodiagnosticado correctamente, que «nadie sabe mejor que ella quién es».

Pierde las ganas de todo. «Me di cuenta de que no había nada que hacer, ningún profesional se iba a exponer a llevarle la contraria, porque se arriesgan a recibir denuncias y meterse en problemas con las cosas del comer. En hora y algo, aquel tipo diagnosticó que podía medicarse de por vida tranquilamente.» ¿Quién va a saber mejor que tú quién eres? Es el mostrenco cénit de la civilización del yo.

La cría, ya Áxel por decisión propia, empieza a medicarse en abril de 2021. Desde un principio siente, cuenta su madre, la euforia de la dichosa «testo».

«Entró en una completa luna de miel desde el primer día en que se empezó a masculinizar. Comenzó a salirle pelo muy rápido, porque además ella ya era muy peluda, y no le costó nada ocultar su pecho: siempre ha sido muy plana. Aunque, como se empezó a relacionar con la comunidad esta, alguien le mandó un *binder*.»

La chica encuentra al fin una casa. «Sí, halló su tribu, el lugar al que pertenecer. Ahora es la mascota allá donde va y nadie le puede chistar porque es transfóbico. Es un comodín perfecto. Si alguien le dice buenos días en tono ofensivo, es transfóbico, juega la carta constantemente. Por supuesto, está en la comisión de igualdad de la universidad.»

Y llegamos a Nuria, en 2023. «Yo... Yo estoy en un momento horrible, muy oscuro, estoy suspendida en el vacío. Justo cuando mi vida debería ser más fácil, porque mis hijos ya tienen veintiocho y veintidós..., resulta que tengo que pelear con esto. Es una gran putada.»

Ya no hay carcajadas. «La sensación que tengo es que mi hija se muere cada día. Lleva dos años con hormonas. Se sabe que dentro de ocho o diez puede tener problemas de páncreas, insulina, hipertensión, coagulación de sangre, hígado, riñones...»

Para ella hay algo quizá peor aún: la incertidumbre. La peor sensación que puede sufrir un ser humano, más dañina incluso que un duelo, dicen. «No se sabe a largo plazo qué puede ocurrir en un proceso de transición así, no hay muestra significativa, caminamos por un lugar desconocido. Igual ella ahora está a la mitad de su vida, igual la entierro yo. Le inyectan testo cada tres semanas. Se va al centro de salud y vuelve más feliz que una perdiz.»

Ser padre es aceptar horriblemente que eso que has hecho y que te ancla y da sentido puede sufrir enfermedades, chocar con el infortunio, incluso igual dejarte huérfano y hacerte desear ir con él, o con ella. Pero ¿también que esa semilla esté ahí dentro, en el interior del propio hijo?

«Ni siquiera le puedo decir que se está quedando calva, porque toma tantos andrógenos que el pelo reacciona como si fuera hombre y sigue el patrón de su padre. Todo se acelera. No hay forma de decírselo, del tema trans en casa no se habla. Punto. Lo más jodido de aceptar es que nadie ha estudiado si mi hija es realmente transexual, nadie ha hecho un diagnóstico serio. Sabemos que sufrió agresiones sexuales de niña, luego la ausencia de su padre, todos sus problemas relacionales en la adolescencia... Pero en realidad sólo se han dedicado a darle hormonas y venderle una identidad. Yo estoy segura de que no es trans y esto es un completo error, pero tampoco puedo tener la certeza, porque sólo se le puede decir que sí a todo. Es diabólico.»

Observo el teléfono, en manos libres mientras grabo y tomo notas. Es tardísimo. Debo colgar, tengo otra entrevista dentro de poco tiempo. Pero Nuria no deja de hablar y yo no puedo dejar de escucharla.

«En el centro de salud me tratan como a la madre loca que no acepta que ha perdido a su hija. Tuve una época muy muy mala, no quiero contarte. Pensé mucho en el suicidio. Ahora me estoy tratando por depresión.»

La emplazo a hablar otro día, aunque sé que no sucederá, estoy desbordado de trabajo y ya tengo lo que necesito.

«Nadie sabe lo que es esto, nadie lo puede imaginar», dice antes de despedirnos.

Mucha mucha suerte, Nuria.

37

Volvamos a Fernando.

«Justo antes de que la niña cumpla dieciocho años, hacia noviembre de 2021, la psicóloga nos dice: "Ahora es cuando todo va a empezar, porque ella está convencida de convertirse en chico. Pero estad tranquilos porque va a ser lento. Le harán primero un examen psicológico, luego el endocrino, más pruebas médicas...". Bueno, dijimos, pues vale. A esas alturas ya el miedo te paraliza.»

¿Por qué Fernando y su mujer mantuvieron a la cría a merced de esa psicóloga afirmativa si lo era de forma tan evidente, aún con la ley maniatando a los profesionales? Él no da una respuesta concluyente y no puedo dejar de pensar en la parálisis que tantas veces he visto en estos padres: «Crees que no es real, que no te está pasando a ti», atina a decir como mucho.

Es ahí, en los diecisiete años de su hija, cuando él y su mujer deciden escudriñar qué clase de narcóticos visuales consume en internet, en qué marcos de pensamiento transita, entre qué puntos de referencia vitales se mueve. Flipan.

«Había una chica en TikTok que hacía una cosa muy cantosa. Salía cantando y diciendo: "Mira qué guay es esto, me lo dan en Trànsit, en la calle Numància, en Barcelona. Ven, que te lo dan, es la leche, mola mogollón...".» La droga visual lleva a la física: testosterona, la pastilla mágica —o gel— que convierte a las mujeres en hombres. «Hay mil vídeos glorificándola en internet, es la hostia.»

Las madres de Amanda no dejan de hablar de homofobia para explicar este delirio: las chicas quieren dejar de ser chicas por odio a su igual, por lo difícil que es ser mujer. Y algo de eso hay, seguro. Ser hombre es más sencillo para demasiadas cosas. No te mira las tetas el abuelo del cuarto. No te soban el culo *sin querer* en el metro —como hombre, debo admitir, aunque suene impopular, que estamos programados para sentir esa atracción, pero también tenemos inhibidores, y existe la cosa llamada respeto.

Pero en estos casos de chicas seducidas por «la testo», también veo algo muy propio de la adolescencia: el vértigo de experimentar con el veneno. Jugar en la ruleta, a ver qué pasa. Y si vienen mal dadas, pues ya veremos.

La testosterona, el eje de *Testo yonqui*, una de las biblias del tema género, obra de uno de los apóstoles de esta *rave queer*, Paul B. Preciado. Cuando me planteé escribir este libro, le pegué un telefonazo a José Errasti, autor de *Nadie nace en un cuerpo equivocado*: ¿qué debería leer para comprender el argumentario *queer*? «Nada, son libros hechos para que nadie los entienda, ése es su verdadero poder.» Es imposible hablar con Errasti quince segundos sin reír.

Mi mujer, que estudió Filosofía, ya me había hablado de *Testo yonqui*. Paul B. Preciado, antes Beatriz Preciado, cuenta ahí sus vicisitudes cuando se chutaba testosterona y cómo se *colgó*.

El libro, comparado con lo que aquí cuento, es como asistir a una operación de vesícula escuchando *jazz*. Como practicarle una autopsia a un bebé escuchando a Debussy. Idealmente es una bomba, un fascinante ataque terrorista de prosa deslumbrante, pura poesía del vacío, una bella oda a la autodestrucción: «La revolución feminista sólo terminará cuando todas las mujeres sean lesbianas», se dice. El texto arde y lo cierto es que deja cualquier otro discurso en inocente. Destruir siempre tiene mejor prensa que la inocencia de construir.

Lo que pasa es que cuando el *show* termina no queda nada.

Pero mirad, tenemos a Fernando sentado en un banco precisamente en la calle Numància de Barcelona, en cuyo número 23 se encuentra la sede central de Trànsit. Es enero de 2022.

«Ella se empeñó en que la llevara y yo pues lo hice, claro, siempre la apoyamos en todo. Éramos, ya te digo, modernos.»

Su hija, en esas noches, está vomitando «cada vez más». Ha tirado «toda su ropa» y ha cogido «la de mi padre, su abuelo, que se había muerto por esas fechas». La niña con las ropas ajadas de un setentón. Todo va mejorando.

«Es verdad que yo ahí ya estaba muy contra todo. Le pillé varios de esos, cómo se llaman, *blinder* [*sic*] y se los tiré... Yo era el malo de la película, pero la psicóloga nos dijo que el proceso empezaría muy lentamente y, bueno, la llevé allí.»

Fernando recuerda que «pasaron cerca de dos horas» después de que la chica franqueara la puerta. Ella, ya mayor de edad y por tanto autónoma, no quiso que él entrara. «Estuve haciendo tiempo fuera, sentado al solete.» Él trabaja descargando en Mercadona todas las noches, así que por el día, tras dormir, tiene margen.

«Ahora pienso en esas dos horas que pasé allí a la puerta, en que la llevé sin más ni más, sin saber qué iba a pasar, y me arrepiento tanto, Quico.»

La cría sale de Trànsit con una sonrisa. «Mira, papá, me han dado ya las recetas.»

—Macho, la testosterona. En la primera visita. Sin analítica, sin prueba de endocrino, sin valoración psicológica, sin nada, ya le habían dado la receta para empezar a hormonarse. ¡Qué coño es eso, dímelo! Eso es captar gente, eso es proselitismo...

—Pero, Fernando, ¿sin más ni más?

—Con su DNI.

—Pero ¿no le exigieron un informe, por ejemplo de la psicóloga que la veía?

—Nada. ¡Nada! Y yo, ahí, ¿qué hago? ¿Le quito eso de la mano?

Fernando y su mujer se van a la psicóloga. «Y va la tía y nos dice: "¿Ya se lo han dado? Pero qué rápido, ¿no?". Y nosotros: "¡Pero si nos dijiste que iba a ser lento!". Y ella: "Sí, pero bueno, no sé muy bien cómo funciona Trànsit". Joder, ¡y entonces por qué le dices a todo que sí! Todo lo que nos propuso fue que otro psicólogo le hiciera una valoración neutral de la disforia de género. Le dijimos: "Pero si eres tú quien tendría que haber hecho esa valoración, si para eso llevamos pagándote año y medio". Una caradura, una caradura...»

Alguien cercano los pone en contacto con Amanda. «Y entonces fue cuando nos dimos cuenta de que nuestro caso era clónico, calcado, a otros miles.» Una misma chica en muchos cuerpos: «La inadaptación, el *bullying*, el manga, la sensibilidad especial, el rollo de salvarles la vida a los demás...».

No sabe de dónde sacaron las fuerzas para, en aquel momento, llamar a Trànsit y pedir que los recibieran. Y los recibieron, pero por videollamada.

«Nos atendió un chico gay. Lo único que llegó a decirnos fue: "Acompañadla en el cambio, tenéis que ser fuertes para ella". Le preguntamos: "¿Y si se arrepiente? Nosotros creemos que está equivocada. ¿Y si luego ella piensa lo mismo?". ¿Sabes lo que nos dijo, Quico? "Pues la acompañáis de vuelta." Es para denunciarlos, se merecen que los denuncien.»

Su hija empieza a untarse testosterona por el cuerpo en enero de 2022. «Ahí ya nos hartamos, dijimos basta. Por indicación de la psicóloga la estábamos llamando por el nombre de chico que ella quería, pero le dijimos: "Se acabó, vamos a volver a llamarte por el nombre que te pusimos al nacer y punto. Creemos que te estás equivocando totalmente, que lo que haces es un error, y no vamos a seguir participando de esto".»

¿Qué hubiera pasado si Fernando y su mujer hubieran cogido el toro por los cuernos mucho antes? Imposible saberlo. «Transigimos demasiado, le dejamos llevarlo hasta donde ella quiso. Pero claro, éramos, cómo decirte... Éramos...» El lector ya sabe rellenar esos puntos suspensivos.

«Le dijimos que se equivocaba y ella reaccionó al momento. Con cara de odio, como si la estuviéramos matando: "Pues quiero quitarme los pechos". Mi madre, su abuela, había muerto pocos meses antes y le había dicho, antes de morir, que le dejaba tres mil euros. Quería usar ese dinero para operarse. Le dijimos que nanay, que no estaba por escrito. Y ahí pasamos de supermodernos a superhomófobos.»

Hoy ella tiene ya bigote, pero «se sigue vistiendo de mujer». La palabra que se me viene a la mente es la que enuncia Fernando: «Tiene una ensalada mental brutal... Dice que es un chico gay». ¿Como los de los cómics manga que le gustaban y vosotros no veíais peligrosos? «Pues sí. Y yo le pregunto: "Pero ¿para qué te hormonas para luego ser un chico gay?". "Es que hay chicos a los que les gusta vestirse de chicas", contesta. Se le ha quedado esa voz ronca, extraña, metálica... Estamos desesperados.»

El boca a boca y el sentimiento de pertenencia de los que hablaba Celso Arango: «Se ha juntado con las raras, como siempre. Ella misma admite que son un poco autistas. Ella, que con doce años tenía una conversación muy madura con cualquier adulto, ahora es incapaz de mirarte a los ojos. Sus mejores amigas son una chica gótica y la que te decía que sus padres le pagaron quitarse los pechos. El día que la trajo a casa nos dijo: "Tengo un amigo en la habitación". Y salió esta chica con barbita». Fernando verbaliza cómo encaja, como un guante, lo trans —al igual que la anorexia— en la entropía adolescente: «Para ellas sólo existe lo trans, lo trans, lo trans. No hablan de otra cosa. Su vida es eso».

Y el subidón de autoestima, el lugar en el mundo: «Para sus amigas, ella es la heroína: "Qué valiente eres", "Eres la mejor". Por estar metiéndose una cosa que le puede causar infertilidad y alopecia, dañarle los huesos, y que encima la Seguridad Social se lo da gratis y sin haberle hecho ningún control de ningún tipo».

El gazpacho sexual siempre corre paralelo a otros revoltijos: en este caso, el laboral. «No sabe muy bien por dónde tirar. Le pagamos un curso de tatuajes de la leche en la mejor escuela de Barcelona, pero se aburrió. Luego hizo otro de maquillaje para cine, que ahora sale maquillada como una puerta a la calle... No sabe qué quiere, ni con su cuerpo ni en la vida.»

Al menos en estos últimos meses, cuando hablamos para el libro, «hay cierta paz en casa, intentamos que no haya conflicto». Su madre se dirige a ella con «pronombres neutros. Ha llorado mucho, pero no discute. Yo paso, la llamo por su nombre, qué narices. Pero no le discuto todo, al menos», dice Fernando.

Como todos estos padres y madres que Amanda refugia en el grupo de WhatsApp denominado «Medicalizados» —tremendo nombre—, él también espera una caída del caballo.

Cuando todo empezó, Fernando y su mujer un día compartieron su pánico con una pareja amiga, comiendo juntos. Esa misma noche él recibió, antes de acostarse, un vídeo en su móvil. Se lo enviaban ellos. Era un clip corporativo de Vodafone, donde ambos, él y ella, trabajaban. «El típico vídeo en el que te explican todas las opciones sexuales que hay, y te dicen que hay que respetarlas y alentarlas.»

En marketing se llama *greenwashing* ('lavado verde') a esta carrera publicitaria de las empresas por simular ser inclusivas por puro interés económico: parasitar una causa minoritaria, adherirse a ella como si te la creyeras y conseguir vender más y mejor limpiando además tu conciencia, si la tuvieras. Como las empresas de alimentación que le ponen el sello de «sin gluten» a cosas que jamás lo llevaron, pero mucho más sofisticado.

«Los llamé, a estos amigos, para pedirles explicaciones. Y van y me dicen: "Es que hemos pensado que teníamos que deciros esto: tenéis que respetar a vuestra hija y alegraros de que sea libre. Tenéis que pensar en ella, no en vosotros". Les tuve que contestar: "Pero qué cojones sabéis vosotros de esto... No tenéis ni puta idea de lo que es"», me cuenta, y se le rompe por momentos la voz.

Probablemente ése fue el instante en el que dejó de ser «moderno».

Suerte, Fernando.

38

El 9 de agosto de 1992, el día en que Éric Bermejo fue concebido, Zé Roberto, el entrenador de voleibol de la selección brasileña, pidió a los voluntarios de los Juegos Olímpicos de Barcelona que colocaran a su equipo en un vestuario concreto y no en el otro.

Brasil había ganado contra todo pronóstico a Estados Unidos la semifinal del torneo, e iba a jugar ese día la finalísima contra Países Bajos.

El voleibol era entonces un deporte dominado por europeos, sobre todo Italia y precisamente Países Bajos. Pero Brasil, aún con pocas posibilidades de ganar la final, venía siendo la sensación del torneo, un equipo jovencísimo y, como manda el canon, festivo y colorista.

También joven para dirigir aquello era Zé Roberto, que había tomado las riendas del asunto hacía apenas seis meses, y se había tenido que ir ganando la confianza de sus chicos poco a poco. Tenía treinta y siete años.

Tipo muy espiritual y amante de los detalles, con todo Brasil enganchado al periplo olímpico de su equipo, Roberto sacó su lado más cuco al llegar con sus chicos al pabellón de la Vall d'Hebron, donde al cabo de unas horas se iba a jugar la final.

El campo de juego iba a ser igual para los dos, la red iba a estar igual de alta, el balón iba a ser el mismo y también las reglas. Pero Zé Roberto se las arregló para sacar una pequeña y quizá decisiva ventaja.

Al llegar antes que Países Bajos al pabellón, la organización ofreció a Brasil elegir vestuario. Al *coach* se le encendió la bombilla. Estados Unidos acababa de ganarle a Cuba el partido por el bronce. «Quiero el vestuario de Estados Unidos», les dijo a los voluntarios, esperando hallar allí algún tipo de «energía especial», contaría después.

Recuerdo ver aquella final, el 9 de agosto de 1992, en casa de mis padres, en Oviedo. Típicamente bailando, Brasil arrasó a Países Bajos tres sets a cero. En el último parcial los neerlandeses incluso se dejaron ir. El partido aún es recordado en el país con un aura casi generacional, parecido al de la selección de fútbol del Mundial de 1970.

Zé Roberto siempre ha recordado aquella picardía de la elección de vestuario como decisiva. Él cree en estas cosas. Por mor de su trabajo ha tenido que viajar constantemente por todo el planeta. Pero, en obediencia al proverbio chino que dice que no regreses al lugar en el que has sido muy feliz, no ha vuelto a pisar Barcelona.

A su manera, Juana Bermejo también vivió aquella final con emoción. Era brasileña, estaba radicada en Barcelona, tenía unos promisorios veintinueve años y aquella noche, quizá arrollada por la alegría, concibió a Éric. O más bien eso sucedió, sin más.

Juana nace en Brasil en 1963, pero cuando tiene dos años sus padres se mudan, con ella, a Sudáfrica. «Mi padre era español, vasco para más señas, había huido de la dictadura de Franco a Brasil y no iba a aguantar otra dictadura.» En 1964, los militares tomaron el poder en el país y el padre de Juana pone rumbo a Sudáfrica.

En Johannesburgo las cosas no van bien. La madre de Juana comienza una relación con otro hombre, un empresario portugués que fabricaba carpas para circos, su padre desaparece de escena y este hombre empezó a abusar sexualmente de Juana cuando ésta tiene seis añitos, me contará ella medio siglo después.

Con el matrimonio de sus padres herido de muerte, Juana, sus hermanos, su madre y la nueva pareja de ésta vuelven a Brasil, de espaldas a su padre, en 1972. Se establecen en São Caetano do Sul, cerca de São Paulo.

En aquella casa, a la que llega con ocho añitos, todos los hermanos tienen su propio cuarto excepto Juana: ella duerme en un sofá cama en el salón. Un lugar propicio para las noches en que su padrastro, tal y como ella recuerda aún hoy, aparece silencioso y usa sexualmente su cuerpo. Él nunca la penetra, «creo que por el tamaño de su pene»: o bien se masturba o la obliga al sexo oral. A veces le da una moneda para que no le diga nada a su madre.

Hoy Juana entremezcla recuerdos, todo sucedió hace demasiado tiempo, pero uno es vívido: aquella tarde en la que todos jugaban a los dardos y, en un aparte, cuando estaban ellos dos solos, la pareja de su madre sacó su pene y se lanzó sobre ella una vez más. «En aquel momento apareció mi madre, que se puso a recriminarle y me llevó al hospital a que me hicieran pruebas.» ¿Culpó ella a su pareja de lo sucedido? ¿Salió de allí corriendo con la niña en brazos?

No, echó a Juana de casa. La culpable era la niña.

Con once años, tras cinco de abusos sexuales, sin madre y con una extraña infancia vivida entre dos continentes, Juana se va a vivir con su padre a Santo André, a 12 kilómetros de São Caetano. Consigue empezar una nueva vida. Crece, estudia un grado de Contabilidad y comienza la carrera de Económicas.

Pero la brújula anda siempre inquieta. Con veinticuatro años se va al consulado español de São Paulo a pedir una beca. «En vez de eso, me compré un billete y me vine a España», da por toda explicación. La psicología explica, si hiciera falta, esa necesidad de huir de quienes han sufrido daño.

El avión la lleva a Barcelona y allí se queda. «Sin tener ni idea de español, porque mi padre jamás habló español en casa, más allá de los tacos. Y, por supuesto, sin saber nada de catalán.»

Era 1987 y Juana reinicia su vida otra vez. También están muy descritos los exilios sucesivos a los que a veces se abocan los muy exiliados en la infancia.

En Barcelona hace un cursillo de mantenimiento de equipos informáticos, otro de creación y desarrollo de empresas, otro de aplicación de técnicas Gestalt a la empresa «y otros cursos tontos». Como a pesar de las heridas es una tía que funciona, entra a trabajar en una subcontrata del Banco de Sabadell, la que lleva el servicio informático. Pero, como ha aprendido a buscarse la vida por los recovecos de la picaresca, se acaba metiendo en algún lío que otro.

A principios de los años noventa, un hermano suyo viaja a reunirse con ella en España, buscando también un futuro mejor. Y en 1991, Juana accede a casarse por conveniencia con un amigo de su hermano, Paulo, que necesita un matrimonio para poder seguir en el país.

Paulo es, según Juana, «un vago sin oficio ni beneficio. Eso sí, estaba muy bueno». Sin contraprestación económica siquiera —«fui tonta»—, Juana se casa con él y así pasa un año, después del cual él ya tendrá, según la ley de la época, la residencia bien amarrada.

El año se cumple justo el día en que Zé Roberto entra en el pabellón de la Vall d'Hebron de Barcelona, se le enciende la bombilla y elige vestuario.

Juana, su hermano y su *marido* están a esas horas en Sabadell celebrando la vida, mirando la tele de reojo y festejando también que Paulo consigue al fin la residencia. Ella tiene esa tarde algo de, digamos, agenda oculta. Lleva un año «casada con un tío bueno» sin recibir nada a cambio. Brasil arrasa a Países Bajos y en casa de Juana Bermejo, como seguro que en medio Brasil, comienza a correr el alcohol.

«Fue un polvo, un solo polvo, y salió Éric.»

Cuando días después la regla no baja se lo comenta a su *marido*. «Y él me hizo la típica pregunta de mierda: "¿Y quién es el padre?". De todas formas yo tenía claro que no iba a encargarse de nada, e incluso me parecía justo: había sido un solo polvo, la verdad.»

El pasado siempre vuelve: «Tenía muy presente el recuerdo de mis padres y tampoco quería que mi hijo o hija estuviera esperando a que su padre viniera a verlo, y se entristeciera porque no venía... Yo sabía lo que era un hogar roto».

Tampoco en sus planes estaba en ese momento ser madre, «la verdad que no, pero aquella noche él no se puso condón, yo tardé un poco en tomarme la pastilla aquel mes y...».

Hoy Juana tiene sesenta años y sólo piensa en su hijo.

«Busqué un nombre corto, sin apodo, que valiera para muchos idiomas. Y el mejor que se me ocurrió fue ése: Éric.»

39

Cuando su hijo tiene ocho meses Juana Bermejo se ve abocada a otro exilio. La subcontrata del Banco de Sabadell le hace una oferta irrechazable: abrir delegaciones en Andalucía y que ella lleve todo el mantenimiento de los equipos informáticos.

Para alguien que había llegado a España apenas seis años antes con una mano delante y otra detrás, sin saber castellano, reconquistando la tierra que su padre había abandonado más de treinta años atrás, aquello era un enorme paso adelante.

Juana acepta. Se establece en Écija y, madre soltera con un bebé, hace equilibrios como buenamente puede para cuidar del pequeño Éric, que desde muy chico resulta ser un niño particular: hermético, callado, instalado en el mutismo.

Cuando él tiene dos años, Juana comienza un curso, en Sevilla, para apuntalar aún más su formación. Allí conoce a Julio, un tipo con el que congenia, amicalmente, muy rápido. Julio tiene diez años más que Juana y lo que ella no ha logrado en su vida: una familia. Mujer y cinco hijos.

Traban una buena amistad y un día él se acerca a comer con ella en Écija, a hora y media de su casa en Sanlúcar la Mayor, un pueblito muy cerca de Sevilla.

Allí conoce a Éric, que tiene ya dos años. «A Julio le encantó y me dijo que si podía llevarlo algún día a su casa, a Sanlúcar, que allí a todos les encantaban los niños. Los suyos ya estaban un poco mayores.»

Juana, probablemente azuzada también por su trabajo, que la obliga a viajar constantemente por Andalucía, acepta. Julio lleva a Éric a su casa y el flechazo «con todos» es instantáneo.

Pero a Juana le esperan más vaivenes. «Estaba harta de ir de un lado para otro y salió la posibilidad de una plaza estable en Madrid. La pedí y recomendé a Julio para ocupar el puesto que yo dejaba.» Ella logra la plaza. Madre e hijo se van a Madrid, pero «todas las semanas, todas, la familia de Julio llamaba a Éric para hablar con él... Que casi ni hablaba siquiera, porque era muy pequeñín».

La cosa se convierte, cuenta Juana veinticinco años después, en un rito. Por el teléfono desfilaban desde Julio y su mujer hasta cada uno de los cinco hijos comunes. Éric tiene, al otro lado del teléfono, lo que Juana ni ha podido darle, ni ha llegado a poseer en su vida.

En la primera Navidad que se presenta, Julio y demás le piden a Juana que envíe al niño a pasar esas fechas con ellos. Ella —siempre en su versión— duda. Quiere estar con su hijo, pero al fin y al cabo debe trabajar casi todos esos días. «Al final pensé que Éric se lo iba a pasar mucho mejor allí que él y yo solos...»

El crío, cuenta Juana, es de los primeros en montar solo, y «tan pequeñito», en el AVE. En Sanlúcar le compran el disfraz de Supermán con el que aparece en las fotos que Juana me enseñará un cuarto de siglo más tarde. Poco a poco el crío empieza a estar más y más tiempo, en vacaciones, con la que pasa a ser su familia de adopción. Para ellos «era como una mascota, le tenían un cariño enorme, muy genuino».

Quien ha visto una vez el límite es como si se quedara observándolo toda la vida, hipnotizado. «Yo sabía que él era muy feliz allí, y me empezó a entrar el miedo de qué sería de él si a mí me pasaba algo. Así que en determinado momento, cuando tenía cinco años, les otorgué legalmente la tutela de Éric. Siempre pensé que era una suerte enorme haberlos conocido y que se encapricharan de mi hijo.»

No puedo juzgar hasta qué punto Juana, en esa época seguro que complicada, pudo o no cuidar de su hijo. Sí sé, porque lo veo casi treinta años después, lo mucho que hoy llora su ausencia.

Éric crece, ya se ha dicho, de una forma particular. Silencioso, pasivo, introvertido, parece desprovisto de habilidades sociales, con una inteligencia tan huidiza como aguda. Juana me muestra un test de inteligencia que le hacen con cuatro añitos, donde se le adjudica una capacidad de aprendizaje «rápida», en el percentil superior del arco. Sin embargo, «siempre fue diferente, muy callado, nunca sabías qué estaba pensando. Nunca decía nada». El test se lo hicieron por su pasividad en clase, «pero resultó que en realidad era un niño vago, aunque sin ningún problema de aprendizaje. Simplemente, no le interesaba».

Cuando las cosas en el cole empiezan a ser serias, Éric comienza a ser un enigma. «En primaria un profesor me dijo que probablemente tuviera dislexia, así que lo llevé a una pedagoga que le hizo pruebas y me dijo que no. Luego lo llevé a un psicólogo infantil, que me dijo que podría tener epilepsia, que lo llevara a un neurólogo.»

Tal y como lo narra Juana, madre e hijo hacen un largo paseíllo por neurólogo, psicólogo, psiquiatra... «Y todos dijeron que no le pasaba nada, que él no hacía nada simplemente porque no quería hacerlo. Que cuando quisiera, lo haría. Dijeron que era un tema de carácter.»

Con seis años, el chaval repite primero de primaria, luego también segundo, donde queda varado con nueve. Juana me muestra un informe que le hace entonces una especialista en dificultades didácticas de la Universidad de Sevilla, y que hoy resulta demoledor.

A esa edad Éric puede repetir casi palabra por palabra un texto largo que se le lea, pero otras áreas de desarrollo parecen a medio hacer. No se le aprecian problemas neurológicos, pero sí cierta dislexia. Es como si le faltase algo para arrancar. Quizá atención. «A veces trabaja con interés si se lo motiva», resuelve la profesional.

«En el colegio la directora me dijo que le faltaba la autoridad de un hombre en casa, y el psicólogo del centro llegó a decirme que yo no debía hablarle en portugués y, alucina, que no tenía derecho a traer al mundo a un niño sin padre.»

El sufrimiento de un padre o una madre con un niño que no arranca sólo lo saben ellos.

«Jamás me contaba nada del colegio, ni siquiera para defenderse de alguna trastada que había hecho. Me llamaban los profesores, o la directora, y cuando yo le reñía, ni siquiera me decía nada. Estaba siempre apático, pasivo...»

Hacia esos siete u ocho años, necesitada como siempre de apoyos, Juana mete a Éric a comer diariamente «en un comedor que habían abierto cerca de casa, en el que se quedaba hasta las cinco de la tarde. Bueno, pues todos los días lo mandaban a casa con una notita de que no había comido nada. Eso sí, llegaba a casa y se ponía a comer».

Ella parece tirar la toalla con el crío a partir de determinado momento: «Intenté con él la dinámica premio/castigo un montón de veces, pero no funcionaba. Hubo un momento en que me cansé: si él era así, para qué intentar cambiarlo».

Con ocho años, tras varios episodios de mal comportamiento y escaso avance en el cole, Juana lo lleva a un psicólogo privado de Sevilla. Le cuenta, leo en el documento, que el niño parece siempre «ido», «ausente», «en Babia», «absorto», igual en clase que en casa. «Sospecha de epilepsia», escribe el profesional, que dice que el crío necesita «ayuda psiquiátrica».

Unas semanas después lo derivan a Salud Mental Infantil del Servicio Andaluz de Salud. Una psicóloga se tira un año viéndolo. Se le diagnostica trastorno adaptativo —una cosa bastante difusa, todo y nada, dicho mal y pronto— y deprivación emocional —traducción: que suprime deliberadamente sus emociones.

También una «patente dificultad de vinculación con los otros». La profesional constata que ese vacío emocional viene arrastrándose «desde que era chico» y que pasa mucho tiempo solo o con cuidadores, en ausencia de la madre, obligada a trabajar.

Al año lo dan de alta con cierta mejoría, y a los once se va a vivir a Sanlúcar, con su familia de acogida. Allí se registra una pequeña primavera, pero en nada vuelve el invierno. Éric mejora un poco en los estudios, parece que se quiere relacionar... pero al año ha vuelto a empeorar. «Al estar allí siempre, con los otros cinco niños, pasa de ser el mimado, el rey de la casa, a uno más. Y eso no lo lleva bien», recuerda su madre. Vuelta a los monosílabos, a la parquedad expresiva, quizá a la represión de emociones. Matilde, su *madre* de Sanlúcar, está muy encima de él para que haga los deberes y mejore en los estudios, sin éxito. Comienza a sentirse como Juana antes: impotente.

Los años pasan y Éric sigue siendo un enigma hasta que el vaso vuelve a rebosar en 2009, cuando acaba de nuevo, con quince años, en Salud Mental. El informe de la psicóloga que le da la bienvenida es descorazonador. «Retraído», «pocos amigos», «le cuesta relacionarse», «apenas habla durante la entrevista», «no hay contacto ocular», «su madre [en realidad su tutora] lo trata como a un niño de siete años», «videojuegos y ordenador», «triste a veces»... Él admite, tal y como escribe la profesional con letra temblorosa: «Estoy bajo de moral».

La mujer también escribe entonces algo que muchos años después terminará en un juzgado. Literalmente pone en el papel, sin la interrogación de delante: «Rasgos esquizoides?».

Juana, hoy, en 2023, cuando ya no sirve de mucho mirar

atrás, le da vueltas a todo. «Ahora, con lo que ha pasado, es fácil pensarlo. No, nunca se me ocurrió que pudiera tener asperger o ser autista. Y la verdad es que, leyendo, sí ves rastros de que eso podía sucederle. Nos dijeron de todo: dislexia, epilepsia, los rasgos esos esquizoides... Pero nunca autismo o asperger.» Éric, por ejemplo, rechazaba drásticamente todo contacto físico.

En 2009 los psicólogos le dan mil y una vueltas al cubo de Rubik en el que el chaval se ha convertido, sin poder cuadrar siquiera una cara de color. Le piden a la madre de acogida que no lo infantilice y que tampoco lo amenace, como ella venía haciendo, «con un futuro abandono si continúa con el fracaso escolar».

Las entrevistas con el chaval son heladoras. «Tengo poca agilidad mental», «no estoy nada motivado», «si no estudio nada, seré un vagabundo», «a veces estoy triste, pienso en largarme e intentarlo en otra parte». El cuerpo de la mascota de la casa ha crecido —de hecho, cuando Éric pega el estirón se convierte en un chico altísimo, cercano al 1,90—, pero en su mente sigue teniendo ocho años.

Escribe y subraya la psicóloga: «No le reconocen nada bueno ni confían en él». También que, en determinado momento, Matilde le sienta en una silla y le dice: «Yo sé que no soy tu madre, que soy una madre postiza: tú cuando quieras te puedes ir de esta casa». Añade la psicóloga: «Comentamos si eso le transmite seguridad o inseguridad».

Éric, solo de toda soledad a sus quince años: sin referentes, sin capacidades, sin expectativas, sin amigos. Y, sobre todo, sin un diagnóstico: ahora veremos por qué nadie llegaría a saber nunca qué le pasaba exactamente.

40

Juana recuerda perfectamente la fecha: 9 de marzo de 2021.

Ése fue el día en que Éric, que llevaba «muchos años instalado en el mutismo total», habló. Lo hizo después de entrar pensativo en la cocina de su casa en Écija. El chaval, aún sin rumbo claro en la vida, tenía veintiocho años.

Dijo: «Mamá, si yo hubiera sido niña, ¿qué nombre me habrías puesto?». Juana, tal y como me cuenta, ni se inmuta. Le dice que Jessica, «porque había una canción que me encantaba que se titulaba así, de un cantante que se llamaba Biro Do Cavaco» —la escucho: una canción melódica, festiva, de 1990; Éric nace en 1993.

«Pues es que he ido al médico porque creo que en realidad soy transexual, y el médico me ha dicho que tengo que decírtelo.» Juana me asegura que, de entrada, se toma la noticia con naturalidad. Ella ha viajado mucho, tiene muchos amigos gais, la moral sexual brasileña está más que ventilada... «Lo primero que pensé fue: "Pues a lo mejor era eso, lo tenía todo ahí metido y no podía sacarlo". A mí que fuera gay, trans, heterosexual o basurero me era indiferente.»

La madre le pregunta, «un poco probando», si quiere que en vez de hijo le llame hija. «Me dice: "No, no". Le pregunto también si quiere vestirse con mi ropa, si le apetece vestirse de mujer en casa, si quiere llevar sujetador. Me contesta: "¿Y yo para qué quiero un sujetador?". Yo en ese momento, antes de que me dijera nada de eso, si me hubieras preguntado te habría dicho que él era asexual. Nunca había tenido interés por un sexo, tampoco por el otro. Que yo sepa jamás había tocado a nadie, ni nadie le había tocado a él.»

Juana, en fin, le dice a su hijo que lo apoya, que está a su lado, pero conforme pasan los días las piezas del puzle dejan de encajarle. «Le pregunto de dónde ha sacado la idea, cómo se ha dado cuenta de que es transexual, y me dice que de un vídeo de internet. Ah, de un vídeo de internet. Pero, coño, nadie se hace trans por un vídeo de internet. Me doy cuenta también de que él había votado a Vox en las anteriores elecciones, y estaba todo el rato rajando de las feminazis, como él las llamaba, y diciendo que no había ninguna discriminación salarial, ni techos de cristal, ni... Discutíamos por eso, de hecho. ¿A qué venía ahora que se hiciera trans?»

En pocas semanas, Juana se convence: no está sino ante otro derrotero del peregrinar de su hijo hacia no se sabe dónde. «Él jamás había tenido ningún conflicto con su cuerpo, ni de tipo sexual, nada.» Lo que a ella le preocupaba, más que su futuro sexual, era su presente laboral. «Yo había hecho la secundaria, la ESO, que la tenía de Brasil, pero no convalidada en España, pero la hice aquí con Éric para que él la terminara. Bueno, pues se negó a rellenar los exámenes. Los dejó completamente en blanco, como hacía muchas veces en el colegio. Era desesperante... Yo me saqué el título y pensé: "Bueno, si un día lo necesita, usamos el Photoshop", porque tenemos los mismos apellidos.»

Cuando llega la epifanía trans, el chico está haciendo un curso de carpintería del Ayuntamiento de Écija, «y le dije que si de verdad era trans iba a necesitar dinero, porque calzaba un cuarenta y ocho, y los zapatos de mujer tan grandes son caros... ¡Y yo era pensionista, no le iba a poder pagar las depilaciones!».

Juana se convence de que «ese rollo trans era otra de sus tomaduras de pelo» e intenta buscarle una salida. Lo lleva a un psicólogo que ella conoce, en un pueblo llamado Gilena, a cuarenta y cinco minutos de Écija. El hombre acepta ver regularmente a Éric, pero el chico, que en principio acepta, se niega a volver: «Decía que no tenía nada que hablar con él».

Con su mejor intención, y aunque da por sentado que el único enfoque que recibiría allí es el afirmativo, Juana acude a Chrysallis. Le dicen que no pueden ayudarla: Éric ya es mayor de edad, es él quien tiene que acudir, no su madre. Ella contacta con «un chico trans de Córdoba», que le dice que no se extrañe si él no quiere aún vestirse de chica: «No lo hará hasta que se sienta capaz», le explica.

Y así es como Éric Bermejo Menin, el chico del que nunca se llegó a saber si tenía esquizofrenia, epilepsia, autismo o cualquier otro trastorno, pero que siempre anduvo incómodo y fuera de sitio por la vida, desembarca en la sanidad pública andaluza.

El 12 de abril, un mes después del anuncio a su madre, es recibido en la Unidad de Atención a Personas Transexuales del Hospital Virgen del Rocío de Sevilla. La profesional que lo recibe pone por escrito la fragilidad del autodiagnóstico y sus dudas. Leo: «Desde hace cuatro o cinco años empieza a sentir que ha nacido en el cuerpo equivocado. Antes sólo recuerda haberlo pensado como idea no seria. Ha buscado información sobre el tratamiento hormonal y eso es lo que quisiera. Ha asistido a salud mental en la infancia por otros motivos. Dice sentirse chica "a menudo", aunque a veces su mente le dice que se equivoca».

Y agrega, mayúsculas incluidas: «NO veo que tenga las ideas claras». La profesional no lo ve claro, pero, compelida por la ley trans andaluza —aprobada en 2014 con los votos de PSOE, PP e IU—, facilita a Éric el consentimiento informado e inicia el protocolo de tratamiento.

En él consta, por ejemplo, que Éric deberá ser derivado a Salud Mental para al menos «recibir apoyo» en la transición. Nunca ocurrirá.

Cuatro meses después, en agosto, nueva visita a la Unidad. Éric típicamente ni siquiera ha firmado el consentimiento informado —con el que debe asumir los riesgos del tratamiento—, ni se ha hecho la analítica preceptiva que debe confirmarle como suficientemente sano para empezar a hormonarse. Le conminan a que se la haga de una vez, y en noviembre de ese 2021 llega ya con esos deberes hechos.

Así, pum, receta de hormonas. Aunque en el documento que ha firmado pone literalmente que «es necesario realizarle una historia clínica y exploración física exhaustiva, analítica de sangre, cariotipo, ecografía pélvica, densitometría ósea y electrocardiograma», no le hacen nada de eso. Éric quiere hormonas, aquí le damos hormonas. La siguiente visita ya será en junio de 2022, a mes y medio del desenlace.

Aunque le han cambiado la dosis sobre la marcha, llamando por teléfono a Juana, Éric ni siquiera ha hecho lo que le han pedido: otra analítica para confirmar que esa nueva dosis es la correcta. Se la vuelven a cambiar en esa cita de junio. Le piden otra analítica que Éric ya nunca se hará.

Los medicamentos que llevaba ocho meses tomando tienen efectos psicodepresores, pero no se controlan, ni tampoco es derivado a Salud Mental, ni se tienen en cuenta sus antecedentes en ese sentido, las dudas sobre posibles trastornos. En plata: nadie ayuda a Éric a aclararse sobre si es trans o no, y nadie supervisa qué le pueden causar las hormonas y su larga lista de efectos secundarios. Como ha dicho que es trans, es trans. La república independiente de lo trans. Lo único que hace la sanidad pública es darle los medicamentos, punto.

Pero rebobinemos medio año antes del fatídico verano de 2022. Vamos a diciembre de 2021, cuando empieza a medicarse.

«En cuanto comenzó, tuvimos un par de episodios en los que se puso muy gallito, muy agresivo. Le dije que eso no podía pasar, y me respondió que creía que podía ser efecto de las medicinas. Le dije: "Lo que quieras, pero no me trates así, porque dentro de un año me estás pegando".» En enero empezó a hacer sus prácticas de carpintería, que terminó poco después, y «le dio por que quería irse a los Países Bajos a trabajar... Ya sabes que ese país es la meca de los transexuales en Europa».

Ahí el pasivo Éric sí comienza a moverse. Consigue un trabajo allí, Juana no recuerda exactamente cómo, y prepara el viaje «con mucha ilusión». Se va el 22 de junio... Y vuelve el 15 de julio.

«No duró ni un mes. Le cancelaron el contrato. Al parecer trabajaba en un espacio refrigerado, él decía que pasaba mucho frío, la cosa se empezó a torcer...»

Cuando el chico le dice a su madre que se vuelve, ésta le contesta «que se busque la vida para el regreso: que haga autostop, o trabaje unos días para conseguir el dinero para volver, o lo que sea. Él ya se había ido años antes a Inglaterra y tuve que acabar pagándoselo yo todo para que volviera con el rabo entre las piernas». Es su familia de Sanlúcar la que paga el billete de vuelta, y allá se va directo.

Juana sigue advirtiendo cambios notables en su humor, más allá de ciertas agresividades. «El 23 de julio viene a Écija con un ánimo muy bueno. Lo habían invitado a un cumpleaños, decía que era la primera vez que lo invitaban a un cumpleaños en toda su vida.» Éric tenía en ese momento veintinueve años.

«Se empeña en que desayunemos juntos, me cuenta proyectos, estaba ya haciendo un curso de teleoperador... Habló ese día más que en los veinte años anteriores. Me dije: "Dios mío, ¿y si fuera trans de verdad?".»

Pocos días más tarde, el yang. Juana encuentra por casa un llavero que su hijo había comprado de pequeño y que «le encantaba». Le escribe por WhatsApp, estirando el buen rollo de su última visita a Écija. Le manda una foto de ese vestigio del pasado.

—¡Mira lo que he encontrado! ¿Quieres que te lo mande?

—No.

«Volvía a ser el Éric de siempre: seco, parco —dice la madre—. Aun así, pensé: "Bueno, igual está liado con algo y me escribe más adelante...".» Juana calla, se hace un silencio espeso.

Ya no hubo *más adelante*.

El 24 de agosto de 2022 un nieto de Matilde, la madre de acogida de Éric, ha quedado con un amigo a la hora de comer en Sanlúcar la Mayor. Su amigo llega tarde. La estación de tren está cerrada. «Al parecer se ha tirado alguien a la vía, un tío de Écija.» El nieto llama a la abuela: «¿El tío Éric no es de Écija?».

Las uñas de la mano derecha de Éric estaban pintadas de blanco, y las de la izquierda de amarillo.

Su cabeza, bajo una rueda del cercanías Benacazón-Sevilla, descansaba anormalmente rotada hacia la derecha.

Desde donde se precipitó a la vía, al principio del andén, hasta donde quedó el cuerpo ya inerte, había cincuenta metros. Y eso que el convoy entró en la estación frenando, a 40 kilómetros por hora.

Llevaba puestas unas bragas grises de flores, y dentro del bolso, rosa, que había quedado casi anudado a su brazo, entre otros enseres había un preservativo, varios salvaslips y una compresa.

La Guardia Civil halla su móvil milagrosamente encendido. De foto de WhatsApp tiene una suya como mujer, con la leyenda: «Por si no queda claro, SOY TRANS», y su nombre femenino: «Érika Bermejo Menin».

Los agentes califican la muerte, producida a las 14.19 horas, de «violenta» y «de etiología suicida» tras ver las imágenes de las cámaras y hablar con varios testigos presenciales.

Es Marta, la hija de Matilde que mejor se llevaba con Éric, quien llama a Juana esa tarde. «Me dice que ellos... —Juana se pone a sollozar al otro lado del teléfono—. Me dice que han llegado a casa justo antes de la hora de comer y se han encontrado el ordenador de Éric encendido, pero que él no estaba y les ha extrañado.»

A Éric Bermejo la sanidad pública andaluza le administró sin control fármacos muy potentes, según la denuncia de su madre y los documentos que aporta: Duofemme, que incluye «depresión» entre los efectos secundarios «frecuentes» que sufren «uno de cada diez usuarios», y Androcur, que no debe tomarse «si el paciente sufre depresión crónica grave».

Cuando escribo estas líneas, Juana ha interpuesto una reclamación para que la Administración se responsabilice. Es, como todos los casos que se exponen en este libro, de las primeras acciones judiciales de estas características en España, un país poco dado a reclamar errores médicos del Estado.

Algo más de un año después de que le dijera en la cocina que había descubierto que era trans, su hijo está muerto sin que ningún médico supervisara en condiciones dónde se estaba metiendo.

Juana ni siquiera reclama que no se le hiciera un diagnóstico diferenciado para determinar si era trans o no: la ley da por hecho que no es necesario y nada tendría que ganar en ese flanco. Pero sí la falta absoluta de control en el proceso según la propia normativa vigente.

El relato, en todo caso, evidencia la neblina en que se mueve la transexualidad sin un diagnóstico diferenciado, en el que la autopercepción de la persona tenga un valor, pero también lo que la ciencia tenga que decir.

En 2023, cuando escribo esto, ha pasado un año desde que Éric acabara bajo el tren y Juana no hace más que leer —ahora que ya no sirve de nada— sobre autismo, asperger y otros trastornos que para ella ya no son más que lágrimas en el mar.

Éric. Un chico altísimo, de facciones dulces y expresión amable en las fotos que su madre no deja de observar. Juana recorriendo Andalucía, yéndose a Madrid y de vuelta a Écija. Éric solo o con cuidadoras, luego con su familia de acogida. Más tarde, un niño en un cuerpo de hombre. En el laberinto de psicólogos, psiquiatras, médicos, profesores, sin que nadie dé con la tecla.

«Mira, mira esto que he encontrado», me dice su madre.

Es un texto infantil escrito por Éric en algún cuaderno perdido.

«A mí nadie me ayuda», escribe el niño, con letra temblorosa, a una edad indeterminada, quizá nueve o diez años.

«Todos pasan de mí.»

Voy a colgar ya, es la enésima conversación que tengo con Juana, que ahora tiene mucho tiempo para pensar en todo esto.

—Bueno, ahora y antes, porque soy pensionista desde hace muchos años —me cuenta.

—¿Y eso?

—Tengo la incapacidad laboral absoluta por mi segundo

intento de suicidio, que fue en 2005, cuando Éric tenía once años y aceptó irse a vivir con los de Sanlúcar...

—¿Cómo?

—Yo creí que si era lo que él quería y le daba la familia que yo no había podido darle, tenía que dejar que se fuera. Pero el rechazo que viví, y muchas otras cosas a las que yo había sobrevivido... Todo aquello me pudo, la verdad.

—Lo entiendo.

—Tardé unos años en mejorar. Pero no dejé de ir a buscar a Éric ni un solo fin de semana. Ni uno, te lo juro.

Suerte, Juana. Y suerte también, Éric, si puedes leer esto.

41

Aquí está la frontera. A partir de aquí es posible que todo lo que hayas leído en este libro te parezca un juego de niños.

Y el jolgorio, los eslóganes y el *brilli-brilli* de la libertad, las risas y la emancipación se conviertan en un parque infantil cuando se persona en el lugar el gris, aburrido concepto de la responsabilidad.

Esta sociedad nuestra adora a los antihéroes. Nos hemos rendido —generalizo— al perezoso canon de redención y superación anglosajón: los perdedores cuyas heridas muestran el camino, etcétera.

Lo de Susana Domínguez va muchísimo más allá. Tanto que admito que me da vergüenza mancillar su intimidad para contarlo. Pero hay que contarlo, porque su valentía puede evitar daños a muchos otros y muchas otras.

Susana es una heroína enferma, con prácticamente todo en contra y casi sin pronunciar palabra. Podéis ubicarla en todos los martirologios, incluido el de la cruz y el Gólgota, y quizá os quedéis cortos. Clavarla en una cruz sería una broma comparada con lo que ha sufrido.

En 2014, aquella tarde en que cometió el que admite fue el error de su vida y le dijo a su madre que era un chico en cuerpo de chica, Susana tenía quince años. Sierva, que así se llama la madre, se quedó en el sitio al escuchar aquello. «Me lo dijo así, de buenas a primeras, en casa.»

Si Susana es silencio, Sierva tampoco es que hable por los codos. El recurso fácil es acudir a su militante galleguidad coruñesa, pero hablamos de algo mucho más bestia: a ambas acabo entrevistándolas por escrito.

«Me lo dijo y le contesté: "Pero, mujer, será cosa de las hormonas, estarás confundida. Vamos a ver a la psiquiatra y que te diga".» Días más tarde, Susana se sienta ante su psiquiatra habitual, «la que tantas veces la había visto».

«Yo iba para allá con ella —explica Sierva—, segura de que nos iba a decir que tenía algún tipo de problema mental, que había algún trastorno, porque ella ya tenía... Tenía cosas.» La sorpresa fue que la psiquiatra dio automáticamente la razón a Susana, y luego se dirigió a Sierva: «Tienes que aceptarla como es y ya está».

«Me dejó alucinada. Fue lo primero que dijo, sin más ni más: "Tienes que aceptarla". Y yo: "Pero aceptar qué". ¡Si ni siquiera sabía qué era esto de ser transexual, yo sólo sabía lo que Susana me había contado! Imagínate.»

Volvían ese día Susana y Sierva desde el Hospital Teresa Herrera a su casa en el barrio de Oza, y la madre iba cavilando. «Si ella nunca me ha dado pistas de que fuera ningún chico, nunca hizo cosas de chico, siempre jugó con los juguetes que dicen que son de chicas, que en realidad son para todos, pero bueno...» Si hubiera sido su hijo pequeño, Enrique, todavía, pensaba Sierva: «Él de pequeño quería ser como Susana: se ponía ropa de chica, se pintaba las uñas, se peinaba como ella... Pero todo por imitación, nunca pensé que eso significara nada, ni ha significado nada».

De Susana «jamás lo habría imaginado», repite.

A Sierva aquello le parecía poco más que otra revuelta de una vida que no le había ahorrado ni un solo zarpazo. Las dos familias de sus padres, ambas asaeteadas por casos de enfermedad mental —me cuenta quiénes y qué, pero pide que no lo precise—. La suya propia, sus tres hijos, también. Su marido, ausente desde 2011, cuando ambos se separaron. Ella sola sosteniendo el tinglado y también con dolencias mentales diagnosticadas.

De regreso a casa, decíamos, Sierva va dándole vueltas a la breve conversación que ha tenido con la psiquiatra, que conoce a Susana «desde hacía años».

—Entonces, ¿igual era por esto por lo que se sentía mal? —le dice la madre.

—Claro, sería por eso —contesta la profesional, *gallegueando* con el condicional y, como hacen los profesionales de la salud mental tantas veces, agarrándose a lo primero que aparece para ventilar la sesión.

Sentirse «mal» es un eufemismo. Susana había dejado el colegio en segundo de la ESO, casi dos años antes, simplemente porque no podía ir. Susana era en ese momento un coche sin conductor.

«Y, bueno, decidí que tenía que ayudar todo lo posible a mi hija, cómo no hacerlo.»

Dado que en A Coruña, en 2014, no hay unidad de género como tal, sino médicos adscritos al Servicio de Disforia repartidos por los centros, la psiquiatra las deriva al Hospital Marítimo de Oza y allí las recibe un psicólogo igualmente público, «especializado en género».

Vamos a publicar sólo el nombre de pila y las iniciales de este psicólogo, porque así lo querrían Susana y su madre, y porque me declaro tan cansado del corporativismo médico como de cualesquiera otros: Gonzalo M. S.

Susana y Sierva van a verle por primera vez en octubre de ese año. «Fuimos unas cuantas veces. Susana estaba muy mal, sólo repetía que quería hormonarse y que la operaran, que era un chico. Estaba completamente empeñada, lloraba...» De aquellos meses, Sierva recuerda también una intensa sensación de culpabilidad: ¿cómo es posible que no se hubiera dado cuenta de *quién era* su hija?

«Una vez que lo acepté, me culpaba de no haberlo visto, de no haberme dado cuenta de nada... Yo la había visto mal toda la vida, nos habíamos cansado de ir a hospitales, pero...» Para restañar eso, comienza a hacer exactamente lo contrario, claro. «Le repetía al psicólogo lo que ella quería que dijera, les pedía que por favor la hormonaran, la veía sufrir sin parar y les repetía lo que ella me decía...»

Susana acude varias veces a ver a Gonzalo M. S., que en cuatro meses hace un diagnóstico y da su estudio por terminado. Estamos en febrero de 2015. El psicólogo escribe en el informe: «Paciente con contacto difícil, evitativa, lo que ha conllevado que la pauta de seguimiento irregular de las consultas parezca una constante». Es decir: sus citas han sido irregulares y le ha costado acercarse a la paciente. También escribe: «Debido a sus rasgos evitativos el trabajo evaluativo y psicoterapéutico se desarrolla con mucha lentitud; no ha comenzado todavía con experiencia en la vida real». Es decir: Susana vive en un planeta lejano a la realidad.

Y a continuación: «Cumple criterios de trastorno de identidad de género». Perfecto.

El psicólogo, después de un puñado de visitas y admitiendo que —seamos benévolos— le ha sido difícil hacer su labor, haciéndose cargo también de que la paciente antes ha sido atendida durante años por Salud Mental, da vía libre a Susana Domínguez para la hormonación y la envía a la endocrino del Hospital Teresa Herrera, donde todo será ya muy sencillo, cuenta Sierva: «A la primera, en cuanto vio que su analítica era normal, le recetó testosterona».

¿Cambia Susana al empezar a tomar hormonas, con dieciséis años? «No mucho, algunos días estaba bien y otros mal. Pero al menos ya lo había conseguido, había logrado lo que buscaba», cuenta su madre.

Pero hace falta más. Pasan unos meses y, mientras la testosterona va haciendo su trabajo, Susana decide que se quiere cambiar de nombre. Ya no quiere ser Susana, sino Sebastián. Se acoge a la Ley 3/2007, que permite que menores de edad «en situación estable de transexualidad» varíen su nombre si lo desean.

Lo consigue en julio de 2016, con dieciocho años: Susana ya es Sebastián, aunque Sierva es incapaz de llamarla así «porque no me salía, pero sí usaba con ella el pronombre masculino».

Pero falta algo más. Hablando con su endocrino, Sebastián —hablemos con propiedad— le cuenta que las hormonas y su nueva identidad no consiguen hacerlo sentir mejor. Sierva: «Fue la endocrino la que le dio la idea». No tiene sentido que un hombre tenga pechos. Es necesaria una mastectomía. ¿Quién podía ayudarla?

La médica le da dos nombres. Uno es el del propio jefe de Cirugía del Hospital Teresa Herrera, pero la sanidad pública gallega no paga una operación como ésta, en aquel entonces, con un simple diagnóstico de disforia de género. Aunque hay una solución. Ese cirujano público tiene, como tantos médicos en España, una caja B: una clínica privada donde en 2016, con dieciocho años, le quita a Sebastián los pechos.

Pero el malestar no decae: hace falta más. Susana/Sebastián lleva ya tres años convencida/o de que cambiar de sexo es la solución a todo, pero cuanto más avanza en el camino, peor es su estado de ánimo.

Si soy un hombre y me siento hombre, ¿por qué tengo este útero?

En 2018, con veinte años y esta vez sí en la sanidad pública gallega, en el Hospital Materno-Infantil Teresa Herrera, se le practica una histerectomía por laparoscopia y se le quitan los órganos sexuales femeninos.

Ahora sí que todo tiene que ir bien.

«Y entonces era cuando peor estaba —dice Sierva—. Cuando no paraba de llorar y todo se le hacía un mundo.» En los meses siguientes a la amputación planificada de su aparato reproductor, Susana no es capaz de salir de la cama. El bienestar mágico sobre el que tanto ha leído, la felicidad plena de la que todo el mundo presume en las redes... Ni rastro de ellos.

La sombra de un error de proporciones cósmicas se va dibujando en lontananza, pero a la psiquiatra del principio no le parece que la cosa sea para tanto: «Nos decía que, estando tan mal como estaba Susana, no hacía falta siquiera que fuera por allí. Que ella nos mandaba las recetas y que la niña se tomara las píldoras, y ya. Que no necesitaba ni verla». Magnífico. Así no tenía que soportarla en consulta, suponemos.

«Fue la peor época, la más dura. Pasó de llorar sin parar, metida en cama todo el día, a querer que la ingresaran. No quería otra cosa que la ingresaran. A mí me daba un miedo horrible, porque pensaba que si la ingresaban la iban a atiborrar a pastillas e iba a ser mucho peor.»

Con la escasa fuerza que le queda, con su cuerpo mancillado por algo que empieza a tomar forma en su mente, Susana se mueve. En 2019 busca un psicólogo privado. Consigue a duras penas acudir a varias citas. Casi un año después de que le quitaran el útero, se planta un día ante Sierva, tal y como me contará su madre.

—Me dijo que ya no quería ser un chico.

—¿Que sc había equivocado?

—No, que se había equivocado no: que ya no quería, que no quería ser un chico.

Después de tamizar su malestar y sus ideas durante meses, Susana le dice a ese psicólogo privado que se sigue sintiendo chica. Que, en realidad, ella es una mujer, siempre lo ha sido y lo será. Que ha tenido que desnudarse de sus atributos de mujer y cambiar su DNI para darse cuenta. Ha tenido que poner su cuerpo a merced del catón *queer* para demostrar su falsedad, el peligro que entraña, su poder destructivo.

La respuesta del psicólogo: «Ahora ya mejor déjalo estar». La causa *queer* dice que apenas hay detransiciones. Cómo las va a haber si los psicólogos, con alguna lógica porque no hay marcha atrás posible, les dicen a las *Susanas* del mundo: «Ni lo sueñes, no intentes dar marcha atrás, igual es peor».

Volver hacia atrás, todo lo que ella quería tras despertarse de nuevo —por segunda vez en el cuerpo incorrecto— como Gregorio Samsa mutado en insecto.

¿Cómo volver hacia atrás desde ahí?

42

Ahora vamos nosotros hacia atrás para intentar comprenderlo todo.

Susana Domínguez nace en 1998 y, de entrada, todo en ella es normal. Come y duerme sin dificultad, y el *cucú*, esa inmemorial prueba del desarrollo neurológico temprano, lo recibe como debe: con su primer atisbo de sonrisa.

Es a los dos años cuando parece que algo no va bien. Más o menos cuando nace su hermano Enrique. La niña empieza con rabietas incomprensibles, lloros eternos, una irritabilidad que a veces desespera a su madre.

El desembarco en el cole, el Anxo da Garda de A Coruña, a dos manzanas de casa, se produce en silencio. La cría apenas habla, no es capaz de relacionarse y cada día intenta puntualmente quedarse en casa con el subterfugio que sea: «Siempre decía que le dolía el estómago, todos los días».

Es su forma de evitar algo que con cuatro o cinco años ya la tortura: socializar, asumir la existencia del otro y el tráfico con él. Años después, en sucesivas consultas de salud mental, Susana contará que desde que empezó a ir al colegio quería hablar con los otros niños, lo deseaba con todas sus fuerzas. Pero no era capaz.

En casa sí se comunicaba. No de una forma torrencial, pero a sus padres al menos entonces sí les contaba «cosas del cole», explicará Sierva a los médicos. Pero en clase era imposible. Dentro de su cabeza se levantaba una barrera insalvable que la separaba del mundo, y del resto de los niños, por lo que comenzó a recibir lo mismo: silencio y soledad.

Quizá cualquiera se pondría a buscar por tierra, mar y aire las causas de ese mutismo, pero hay que conocer el contexto: estas rarezas de Susana no lo eran tanto en su familia, explica Sierva. Hay quien tiene mala suerte en la lotería del reparto de cartas. A un hermano de Susana se le diagnostica trastorno del espectro autista. A otro, y a la propia Sierva, depresión.

Hay más. En la familia amplia de Susana existen muchos antecedentes de problemas mentales: depresión, retraso mental e incluso esquizofrenia. Hasta su padre, consignan los informes médicos, se conduce de forma particular: apenas habla, no se relaciona, realiza movimientos repetitivos, obliga a los médicos que escudriñan al grupo familiar a formular hipótesis.

La cría acude a Salud Mental desde los seis años. Se le diagnostica mutismo selectivo y fobia social, apenas palabras para un enigma del que los profesionales no hallan la raíz: para decretar un trastorno más profundo, hay que aguardar a la mayoría de edad, con cuerpo y mente ya hechos.

Susana, la niña a la que luego la sanidad pública le extenderá la alfombra roja de la transexualidad como si estuviera perfectamente sana, crece siendo un misterio.

A los seis años empieza a ser tratada en Salud Mental. Y ahí seguirá hasta los doce. En su expediente se le anotan también indicios de trastorno esquizoide. A los nueve Sierva agita el árbol y la cambia de colegio al Karbo, un concertado que está bastante más lejos de casa. Otro esfuerzo sin recompensa: poco cambia. A los doce sus padres se divorcian y él sale de escena para no volver. Más inestabilidad.

Pasa al instituto Fernando Wirtz, donde la extrañeza infantil se torna en crueldad adolescente, como suele suceder, y la cría lo pasa muy mal: no puede medirse con iguales porque no es capaz de hablarles, reflejan los informes médicos.

La ansiedad es tal que ni los ansiolíticos evitan el bloqueo: pocos años antes de autodiagnosticarse y cambiar de sexo, Susana deja el instituto en segundo de secundaria. No volverá a estudiar. Años después intentará retomarlo en la ESO para adultos, pero la terminará de echar un profesor que, haciendo caso omiso a todo, se empeña en forzarla a hablar en público como segura terapia hacia un desbloqueo, intentando hacer pasar al camello por el ojo de la aguja porque sí.

Durante su niñez y adolescencia, la chica es un ovni a la hora de sentir y relacionarse, sí. Pero también una joven extremadamente inteligente y con gran disposición a aprender. Hasta que la ansiedad la hunde en casa, estudia japonés en la Escuela de Idiomas, aprende a tocar el bajo en la de Música y desarrolla una gran habilidad para —¿os suena?— dibujar y expresarse artísticamente, generándose un mundo propio y seguramente comunicándose con él.

Psicólogos y psiquiatras que la ven en su infancia y preadolescencia siempre le preguntan a la madre cómo se comunica con su hija. Sierva les cuenta que Susana sí habla en casa, pero «poco». Que suele pedir lo que necesita o comentar algo puntual, pero no de forma recíproca: no cuenta algo sobre sí y a renglón seguido pregunta algo de los demás. No empatiza.

Cuando en el invierno de 2023, después de entrevistar para el periódico a Sierva verbalmente, y luego a madre e hija por escrito, envío un fotógrafo hasta A Coruña para fotografiarlas a ambas, la chica apenas es capaz de dirigirle la palabra.

El encuentro, para evitar molestarlas lo más mínimo, es reducido a su mínima expresión. El fotógrafo, Antonio Heredia, las recoge a las dos en el portal de su casa el lunes 20 de febrero, las lleva a la playa de Riazor, a dos kilómetros de allí, obtiene las imágenes y las acompaña a coger un taxi de vuelta.

Susana apenas es capaz de dirigirle a Antonio, literalmente, un puñado de palabras en tono muy bajito, casi inaudible.

Ese mismo día entro en el perfil de Susana en X, antes Twitter. Y flipo. La chica que en persona es una esfinge, a la que ni siquiera los psiquiatras consiguen arrancar palabra, que termina encerrada en su habitación por no poder comunicarse con el mundo, en X es un cañón.

Y ni siquiera en castellano: en inglés. Y en un registro muy coloquial, repleto de giros y sugerencias, muy flexible, con una capacidad de expresión enorme. Como si la frustración saliera de ella disparada en todas direcciones, y le permitiera empoderarse y pasar de dominada a dominadora.

Como ejemplo, un tuit de julio de 2023, cuando ando trasegando las historias para componer este libro. «*I wish I could tell 12 year old me that her superiority complex is 100 % justified and that adults are all stupid.*» Es decir, «Ojalá pudiera decirle a mi yo de doce años que su complejo de superioridad está cien por cien justificado y que todos los adultos son idiotas» —lo primero no sé, pero lo segundo cierto parece—. ¿Han valorado psicólogos y psiquiatras esta sideral paradoja? ¿Cómo es posible que la niña incapaz en la realidad analógica sea todo lo contrario en la digital?

Con estos antecedentes, con una niña desconectada del mundo, medicada, desescolarizada, con varios trastornos apuntados y la sospecha de otros peores, con antecedentes familiares de todos los colores y tras muchos años de lucha para conseguir siquiera afrontar tanto sufrimiento y dolor... ¿Cómo es posible que un psicólogo le diera luz verde en cuatro meses, con quince años, a iniciar el camino del cambio de sexo?

La respuesta es tan fútil que parece increíble. Pero cierta.

43

Aterradas por el error cometido, cuando el cuerpo de la chica está ya limpio de atributos sexuales de cualquier tipo, Susana Domínguez y su madre vuelven al psicólogo que había dado el visto bueno al cambio de sexo, Gonzalo M. S.

Van porque Sierva cree que él, «quien lleva los casos de disforia en A Coruña en ese tiempo», tiene que saber qué pueden hacer.

Susana, ya con veinte años, entra sola en la consulta. Su madre la espera fuera. «Y mi hija le dice que se había equivocado, que igual los dos se habían equivocado, que todo había sido un error, que ella era una chica y se sentía chica. Que ahora se había dado cuenta de que era una chica y siempre lo sería.»

El psicólogo mira a la joven y, según Sierva, sin más ni más le dice: «Ya empezamos, ya empezamos...».

No entiendo, le digo a Sierva, cómo va a decirle eso el psicólogo a alguien que, gracias a su valoración, se ha amputado partes del cuerpo. «Bueno, que te lo cuente Susana, escríbele y que te lo cuente ella.»

Acudo a WhatsApp, la única forma posible de comunicarme con la muchacha. «Sí, le dije que había sido un error, que en realidad yo me seguía sintiendo chica, que me había equivocado y él también, que ahora me sentía todavía peor que antes... Y él todo lo que dijo fue: "Ya empezamos, ya empezamos...". ¡Como si le fastidiara lo que le decía!»

Lo que la respuesta parece indicar, además, es que no era la primera vez que Gonzalo M. S. escuchaba aquello de algún paciente.

Susana insiste. Le dice que se ha equivocado, que no debió dejarla seguir ese camino que ella había empezado simplemente «viendo vídeos en internet», vídeos «donde me aseguraban que el cambio de sexo había traído bienestar mental a quienes lo habían hecho». Susana, despojada ya de sus pechos de mujer, de su útero de mujer, implora una respuesta. Gonzalo M. S., según madre e hija, la observa callado.

Y le contesta: «Llorabas mucho y me manipulaste. Me manipulaste llorando, pero yo ya sabía que el cambio de sexo no iba a hacerte sentir mejor». La culpa había sido de ella. La responsable era Susana. El paciente era el médico.

«En ese momento yo estaba muy mal —me escribe la chica—. No podía relacionarme y hacer amigos. Me costaba hablar con el propio psicólogo. Y, aun así, hizo los informes para que yo recibiera tratamiento hormonal y operaciones.» Pregunto, seguro que torpemente, qué sintió ella al escuchar aquello. Contesta: «Si no sabía ayudarme, me podría haber enviado a otro psicólogo en vez de arruinarme la vida».

Días después husmearé en torno a Gonzalo M. S. Aunque mi capacidad de sorpresa está ya superada, lo que encuentro la pone a prueba. Alto cargo de la Asociación Gallega de Salud Mental a principios de la década de 2010, especialista en estudios de género y temática LGTBI según su currículo, este psicólogo clínico da vía libre a Susana Domínguez para hormonarse el 15 de febrero de 2015.

Un mes antes, el 4 de enero, el *Faro de Vigo* incluye una consideración suya en un reportaje sobre transexualidad: «La negación y el secretismo perjudican a los menores en esta situación, por lo que es bueno intervenir en edades tempranas y contar con la colaboración de la familia y de la escuela para evitar que sus vidas se conviertan en un infierno». Pocas semanas después, él mismo abrirá a Susana la puerta del Hades, y tres años más tarde le echará la culpa del error a ella.

Hay otra frase de Gonzalo M. S. accesible en prensa, en julio de 2008, en *El Correo Gallego*: «Cuando queremos caer simpáticos a un niño —dice sobre el trato médico-paciente—, lo primero que hacemos es ponernos a su altura. Pero en el hospital nadie se pone a la altura de los ojos del enfermo».

Los ojos de Susana son pura huida cuando mi compañero Antonio Heredia la retrata en la playa de Riazor. Heredia, retratista excelente, de intenciones velazqueñas, que intenta ir siempre adentro, hace un trabajo de orfebre en los quince minutos escasos que tiene, la playa de Riazor desierta y fresca la mañana.

Susana, que viste cazadora de béisbol y vaqueros, mira de reojo a la cámara a través de unas gafas de montura transparente. Luego se planta de cara al viento y deja a éste jugar con su pelo. Después se abraza a su madre, que pide que su propia cara no asome en el reportaje: bastante están sufriendo. Sólo hablan, me puntualiza mucho Sierva, «para que a otras no les pase lo mismo».

En 2019, después de escuchar a Gonzalo M. S. echarle la culpa de su desgracia, Susana y su madre se van a ver a la psiquiatra que las envió a él. La que había estado años acogiendo y estudiando a la chica, casi desde los doce, la que en cuanto había escuchado de sus labios que creía que era chico le dijo a Sierva: «Tienes que aceptarla como es y ya está».

Si quieren intentar revertir lo irreversible madre e hija están obligadas a ir allí: a la puerta de entrada de nuevo al sistema de salud público, esta vez en dirección contraria.

La primera de estas visitas alcanza nuevas cotas de surrealismo. La pobre chica no hace más que repetirle a su madre, cuando ambas se dirigen al hospital: «Mamá, esto es lo peor que hice en la vida».

Cuando Susana entra en la consulta y le dice a la médica que todo fue un error, que ella no era chico, lo que escucha es lo siguiente: «¡Ay, pero si tú estabas muy segura de lo que querías! —le dice la psiquiatra—. ¡Si lo tenías muy claro!».

La chica ni siquiera es capaz de responder, me contará luego Sierva. Pero tiene que volver varias veces. «Y siempre le repite lo mismo: "Pero si tú estabas muy segura, ¿eh? ¡Lo tenías muy claro!".» Responsabilidad.

Sierva: «Después de hablar con el psicólogo y con la psiquiatra, visto que no íbamos a ningún sitio, llamé a la endocrino, la que le dio la idea de la mastectomía, la que le dio las hormonas. ¿Qué crees que hizo? Decirme que la convenciera para que se olvidara de cambiar. Que aceptara lo que le habían hecho».

Sierva la llama porque Susana había dejado incluso de tomar la testosterona y la madre temía lo que pudiera pasar. «Y me dijo que no pasaba nada porque estuviera unos meses sin tomarla, pero me pidió que la convenciera para que se pusiera un poco de vez en cuando.» Ante la evidencia de lo irreversible, todo el mundo intenta que traguen con lo sucedido.

Me escribe Susana en febrero de 2023: «¿Por qué no me convencieron antes del primer cambio? ¿Por qué no puedo estar segura ahora? Además, al no tener ovarios, cuando dejé la testosterona se me desreguló la tiroides hasta que empecé a tomar hormonas femeninas recetadas por una ginecóloga privada. No sé cómo tengo los niveles de otras hormonas, porque le hemos ido a pedir al médico de cabecera hacer análisis y se negó a pedirlos».

En 2022, con veinticuatro años, Susana ya sólo encuentra apoyo médico en una ginecóloga privada, que la atiende gratis y les facilita las hormonas femeninas con las que intenta desandar lo andado.

Una visita más a Gonzalo M. S. en busca de explicaciones termina de forma desabrida: «Se puso muy nervioso —dice Sierva—. Empezó a temblar y nos pidió que saliéramos de su despacho y nos fuéramos a los servicios jurídicos del hospital».

Esto en lo que respecta al cuerpo de Susana. Ahora vamos con su identidad. En mayo de 2022, la juez encargada del Registro Civil de A Coruña estudia su petición de volver a ser ella misma. Esto es, de dar marcha atrás a su inscripción registral como Sebastián y retornar, al menos en los papeles, a ser quien fue y «nunca» ha dejado de ser. Susana alega entonces, constará luego en la sentencia, que ha meditado suficientemente acerca del error que cometió, y desgrana las dolencias que sufría y nadie quiso ver.

Ni eso consigue. Las leyes vigentes en ese momento no contemplan la reversión, la posibilidad de que alguien necesite transitar el camino opuesto. «Ninguna de ellas», remarca la magistrada, que aboca a Susana y Sierva a impugnar la primera inscripción, para lo que tendrían que demostrar que la Administración sanitaria se había equivocado permitiéndole cambiar de sexo. Al engaño social y la trampa médica se les suma la telaraña administrativa. Siglo XXI.

Ni siquiera, pues, puede Susana huir del nombre que el espejismo le puso por medio de sí misma.

Durante años, una vez que ha decidido que vuelve a ser quien era, seguirá siendo obligatoriamente Sebastián.

44

La historia de Susana Domínguez se me hace insoportable, pero si queremos saber cómo son las cosas hay que terminar de escucharla.

El limbo en el que habita lleva a la chica, en julio de 2021, a urgencias de Salud Mental del Hospital Universitario de A Coruña. Hace dos años que se dio cuenta de su error, pero ningún médico le ofrece solución, y lleva uno y medio sin ver a la endocrino. Sierva sospecha que no toma la medicación para la depresión.

En urgencias se queja de conflictos con su madre: «Me dice que soy mala persona por no poder cuidar de mis mascotas —se le sincera a la psiquiatra—. Si no sé cuidar de mí misma...».

Dice que no puede dormir, que siente grandes dolores de estómago, posibles somatizaciones. Admite que tiene «ideas de muerte» y que las tiene «desde siempre. No me gusta la vida». También que no decide irse definitivamente porque «me da miedo».

Pide que la ingresen. No quiere estar en casa. Necesita «evitar discusiones».

Ese día, sin embargo, es importante. «El psiquiatra que la atendió fue el primero que puso en su informe: "Valorar TEA"», me cuenta Sierva. Trastorno de Espectro Autista. Se abre una puerta. ¿Y si Susana era autista y ninguno de los médicos que la trataron en su infancia y adolescencia lo vieron?

A finales de 2021, Sierva lleva a su hijo menor a la Asociación de Padres de Personas con Autismo de A Coruña, cuya psicóloga concluye que el chaval sufre en efecto autismo. Sierva se ve obligada a llevarle ese informe a la primera psiquiatra, pública, que vio a Susana, y que también estaba tratando a su hermano. «¿Y sabes lo que hizo? Se rio en mi cara, se empezó a reír. Me dijo que eso ya lo sabían ellos, que lo tenía anotado: que al sufrir trastorno generalizado del desarrollo se incluía el autismo. ¿Cómo iba a saberlo yo?»

Sierva, que no deja de recorrer como Aquiles el mundo y el inframundo, lleva también a Susana a esa asociación.

La psicóloga que allí valora a la cría sopesa su capacidad para la interacción social, su imaginación y creatividad, lo «restringido» y repetitivo de sus comportamientos, posibles intolerancias al ruido, su dificultad para el juego cooperativo entre iguales, la «calidad de sus respuestas sociales», su capacidad para entender sus propias emociones...

Y allí emerge, en marzo de 2022, que, además de fobia social, mutismo, signos de trastorno esquizoide y depresión, en Susana concurren «signos claros» de autismo. Esto sucede seis años después de que la sanidad pública le permitiera transicionar a hombre, por considerarla, contra toda evidencia, mentalmente sana y capaz.

A Susana y Sierva les ha costado muchos años levantarse tras darse cuenta la joven del error cometido.

Cuando consigo hablar con ella, la madre me dibuja al teléfono un abrumador doble sentimiento de culpa: «Primero me sentía culpable por no haber visto que Susana tenía problemas y necesitaba ser hombre, y ahora me siento culpable por todo lo contrario. Dios mío, no sabes cuántas veces les repetí a los médicos que ella necesitaba ser hombre. Hice lo que ella me pedía. No sabes cómo lloraba, lo que sufría... Y resulta que era otro error... Ay, Dios», solloza.

Cuando escribo estas líneas, tras cuatro años caminando por el desierto del error cometido, de 2019 a 2023, madre e hija han pedido al fin responsabilidades al Servicio Gallego de Salud. Lo han hecho apoyadas por la asociación Amanda, y a través de ella han llegado a un viejo amigo mío: el abogado madrileño Carlos Sardinero.

Doctor en Derecho y en Medicina, la primera persona a quien llamé en 2020 cuando cayó sobre mi familia la enfermedad que me tendría dos años parado, Carlos lleva muchos tiros pegados en la batalla contra la dejadez, el pasotismo, la irresponsabilidad y el corporativismo médicos.

Carlos no es cualquier abogado, al revés. Varias veces ha conseguido que el Supremo restañe injusticias sentando costumbre judicial. Los poderes públicos y privados conocen tan bien su tenacidad que desde consejeros de Sanidad a dueños de cadenas hospitalarias negocian sus conflictos directamente con él: saben que si muerde, no suelta.

Gracias a él pude contar por ejemplo el caso de Aitor, un

chaval de Navalcarnero ahogado en su propia casa por un accidente pulmonar mientras el operario del 112 al teléfono le decía: «No oigo yo que te ahogues...», y le soltaba a su madre: «Señora, su hijo está perfectamente».

También el de Isabel, una anciana de ochenta y cinco años que una tarde de enero de 2019, demenciada, consiguió salir de la residencia de Las Rozas en la que debían cuidarla y murió congelada a unos centenares de metros de allí, entre la maleza.

Y también, el 23 de febrero de 2023, el caso de Susana Domínguez. «Uno de los atropellos más terribles que he visto, Quico, te lo juro —dice Carlos—. Es una locura lo que han hecho con ella.»

Cuando publico la historia, la primera reclamación al Estado por permitir y ejecutar quirúrgicamente un cambio de sexo a todas luces innecesario, negligente y dañino a una persona aquejada de serios trastornos, se convierte en horas en una de las más leídas del año en Elmundo.es.

Decenas de medios la rebotan, llaman de todas las televisiones para intentar entrevistar a Susana o a Sierva, que no se exponen.

Justo cuando el Congreso está dando luz verde a la ensoñación *queer*, el camino que inicié con Ame Guerrero, la primera desistidora que llevé a la portada del diario, llega a Susana, la primera en reclamar al Estado.

El revuelo en esos días es monumental. Escribo varias veces a Susana y Sierva. Como siempre me pasa, me da miedo que la avalancha de atención les haga daño. «Estamos bien, gracias», me dice la madre poco después.

Susana, como siempre oculta en el mundo físico, se ha

destapado en el digital: ha publicado su foto en su perfil anónimo de X, antes Twitter, asumiendo que ella es la del reportaje, y se ha batido con quien quisiera tocarle los ovarios, incluida la entonces secretaria de Estado de Igualdad, Ángela Rodríguez *Pam*, que intenta usar el caso públicamente de forma torticera. Amputada o no, Susana se convierte en esos días en toda una heroína justiciera que arrasa verbalmente a quien se atreve a poner en duda su dolor.

Pasan los meses.

Aunque apenas miro las redes sociales, observo que Susana cuenta en determinado momento que al fin ha recuperado de forma legal su nombre: paradójicamente, gracias a la nueva ley trans, la misma que sacraliza el engaño que la ha desfigurado. Qué complejo es este tema, pienso, y qué fácil engañar al más pintado.

Hoy, cuando muño este libro, Susana busca alguien que la trate de su probable autismo, y soluciones quirúrgicas.

Aunque la noria de la vida sigue girando, de vez en cuando vuelvo a releer nuestras conversaciones por WhatsApp. Es falso que para este oficio no valgan los cínicos, como decía Kapuściński, pero también que a los periodistas nos hayan cercenado el corazón, o al menos todo él.

—¿Qué veías cuando te convenciste de ser trans?

—Vídeos de YouTube de gente que se cambió de sexo, que decían que cambiarse les mejoró la salud mental. Veía lo que decían las personas trans: que la persona que conocían antes no existía y ahora era una persona nueva y más feliz. Decían que cambiarse les hizo sentir mejor con su cuerpo.

—Y luego, al transicionar y darte cuenta de tu error...

—La psiquiatra, cuando le dije que ya no quería ser un chico, sólo me decía «pero si tú estabas muy segura». Y me decía que igual dentro de unos años iba a volver a querer ser un chico. El psicólogo me dijo que él ya sabía que transicionar no me iba a ayudar.

Bravo: cometido el error para el que no hay solución, la instalaba en la inseguridad. Y la voluntad, que primero servía, luego no.

—¿Cómo te diste cuenta de que se habían equivocado?

—Porque cuando estaba transicionando me seguía sintiendo mal y a veces pensaba que igual sólo era una chica con problemas mentales. Luego encontré el foro *detrans* en [la red social] Reddit, para gente que se arrepiente de transicionar, y me identificaba con lo que ponían. Me di cuenta de que no me tenía que haber cambiado. Sentí una ira muy grande contra quienes me hicieron los informes sabiendo que no me iban a ayudar. Me quería morir.

—¿Qué te dicen ahora?

—Aquella psiquiatra, que no tengo ninguna enfermedad mental y que lo mío no se cura con pastillas. Pero a la vez me sigue recetando pastillas y haciendo informes de corta y pega.

—¿Qué le dirías a alguien que esté en el vértice en el que tú estuviste?

—No sé qué podría decirle. Que busque un psicólogo con empatía. Alguien que pueda entender cómo se siente un adolescente.

Y una frase final sobre el conjuro, el hechizo, el sortilegio que aprovechándolo todo —nuestro individualismo, la ensoñación publicitaria, la confusión de valores, la hipocondría moral— capta adeptos con facilidad. La profecía autocumplida. El aviso para navegantes.

«Decían que si crees que eres trans, es que eres trans.»

Tu cabeza crea realidad, dicta quién eres.

Suerte, toda la suerte, Susana y Sierva.

Epílogo

Ginebra, 1816. Mary Shelley tiene diecinueve años y no sospecha que está a punto de parir, más que un clásico de la literatura universal, un poema en prosa sobre nuestra locura.

Shelley se llama aún Mary Wollstonecraft, pero justo esos días, junto al lago Lemán, está empezando a usar el apellido con el que pasará a la historia. El apellido es el de su amante y futuro esposo, el poeta y filósofo Percy Shelley, varios años mayor que ella. Ambos han huido de Londres tempestuosamente enamorados dejando allí a la segunda esposa de él, embarazada.

Se han conocido cuando ella tenía catorce, en su propia casa: Percy es íntimo amigo del padre de Mary, el filósofo anarquista William Godwin. Han consolidado luego su amor encontrándose furtivamente sobre la mismísima tumba de la madre de ella, la escritora Mary Wollstonecraft, en la iglesia londinense de St. Pancras.

¿Os parece venezolano el culebrón? Hay mucho más.

Wollstonecraft, la madre de Mary Shelley, que había

muerto precisamente al darla a luz con treinta y ocho años en 1797, es considerada una de las primeras feministas modernas. Vivió, cuando era realmente difícil para una mujer, como le salió del coño. Criada entre libros en los años previos a la Revolución francesa —a algunos de cuyos fastos ella misma asistiría *in situ* en 1792—, se fue a Londres, tras trabajar como institutriz en Irlanda, decidida, según los anales, a ser «la primera de un nuevo género».

Se convirtió luego en una de las pocas escritoras establecidas de la Inglaterra de la época. Reivindicó la igualdad entre sexos, tuvo algún intento de suicidio como buena prerromántica, y luego se casó con Godwin, con el que vivió en dos casas adosadas, cada uno en una —siempre a su rollo: a veces ambos se comunicaban, al parecer, por carta.

Ella no quería casarse, pero al final lo hizo para dar suelo legal a la hija que ya aleteaba en su seno y cuyo nacimiento la mataría de septicemia.

Aparece entonces la pequeña Mary, que también demuestra desde muy pronto que hará de su vida un sayo.

Su padre, Godwin, la educa en las ideas más avanzadas de una época de ideas avanzadas, entre ellas las de su propia madre, que marcó el camino con su *Vindicación de los derechos de la mujer*, pero sobre todo con su libérrima biografía, como recordaría un siglo después, por ejemplo, Virginia Woolf.

Estamos, entonces, en Ginebra, año de 1816.

Mary ha huido con Percy Shelley y ambos se alojan en casa del también poeta George Gordon, que igual les suena más si le llamamos por su *nom de guerre*: Lord Byron.

Llueve bastante ese verano junto al lago Lemán, lo que

obliga al grupo, del que forman parte también Claire, hermana de Mary, y el médico personal de Lord Byron, William Polidori, a pasar mucho tiempo en la mansión alquilada por éste, hablando de lo divino y sobre todo de lo humano.

Villa Diodati, que así se llama el palacete, será en esa semana una pura conjunción astral para la literatura universal.

En esos días el cielo de Europa está tan completamente cubierto por los efectos de la erupción en Indonesia del volcán Tambora que ha provocado un tsunami en China y cubierto de ceniza el planeta entero, que 1816 será para siempre el «año sin verano».

A la vez, el suelo de Europa está cubierto también: de cadáveres de las guerras napoleónicas y del primer arreón histórico de la Ilustración, el mayor impulso emancipador en siglos, probablemente el más importante hasta hoy.

Así que una noche Byron propone un ejercicio de gimnasia mental: cada uno debe imaginar y bosquejar la historia más terrorífica que imaginarse pueda. Cualquiera pensaría que él o Percy Shelley, dos de los poetas más renombrados de su tiempo, parten con ventaja. Pero no.

Aquella noche Polidori pergeña el cuento *El vampiro*, del cual germinarán por esporas ficciones y pasajes de Dumas, Tolstói e incluso el *Drácula* de Bram Stoker.

Aquella noche, Mary Wollstonecraft, ya Mary Shelley, se va a la cama «a la hora de las brujas» decidida a ganar la apuesta. En su mente de diecisiete años colisionan como protones las ideas de la época: la modernidad, la explosión científica, la revolución política y social, la sed de libertad e igualdad.

Y esa noche el poema, el símbolo, cobra vida igual que el cuerpo de su protagonista: la criatura hecha de trozos de cadáveres en la ficción. El título original será *Frankenstein o el moderno Prometeo*, y hará a Shelley paradójicamente inmortal.

Porque lo que el libro cuenta es que el hombre ha ido demasiado lejos, ha soñado por encima de sus posibilidades, ha querido ser Dios. Ha pecado de soberbia, de vanidad, de orgullo, y lo ha hecho contra la naturaleza, contra la suya propia.

Escribe Mary Shelley: «Cuánto más feliz es el hombre que acepta su posición en el mundo que aquel que aspira a ser más de lo que su naturaleza le permitirá jamás».

También dibuja, ojo, una parábola salvaje acerca de la ciencia y la creación: Victor Frankenstein, el creador —en la obra Frankenstein es el científico, no el monstruo—, que es en realidad un trasunto de Dios, está aterrorizado ante su criatura, a la que deja sola en la Tierra, sin ayuda, desamparada.

Estamos solos, los límites son los que son, nadie nos va a salvar. Ni la ciencia, ni nosotros mismos, ni nadie más: hay que coger el carro y tirar *pa'lante*.

Esto cuenta, envuelto en ropajes románticos, Mary Shelley, que se siente un animalillo obligado a vivir, pero solo de toda soledad, encerrado en la rueda biológica de nacer, reproducirnos, morir.

Como Anna, de Badalona. Que tiene en 2023 la misma edad que Mary Shelley al imaginar *Frankenstein*, diecinueve añitos, y con quien contacto justo cuando estoy acabando, contra reloj, este libro.

Anna, una chica muy inteligente, muy bonita y muy frágil con la que hablo por Zoom, fue hasta hace nada una hoja al aire en el vendaval *queer*.

«Yo creí que era trans, pero luego me di cuenta de que en realidad quise ser trans. No pensé que era trans, pensé que ojalá lo fuera. Yo quería serlo, con todas mis fuerzas.»

Anna es casi un retrato robot de la ilusión *transfílica* que contaremos muy telegráficamente.

«Desde muy pequeña tenía los pechos muy grandes y me acomplejaba mucho.» «En el instituto, hasta los profesores bromeaban con eso.» «Si me ponía cierta ropa, sabía que todos me miraban.» «Tenía muy claro que me gustaban las chicas y que odiaba mi cuerpo.» «Mi amigo Fabio fue el primero que me dijo: "Lo que dices suena a que eres trans".» «Con catorce años empecé a leer en todas partes señales de que era trans, y tenía varias personas pensando lo mismo alrededor.»

«Me convencí de que todo sería más fácil si fuera chico.» «También pensaba en el suicidio igual que en lo trans: era una escapatoria, una fantasía.» «Yo creo que mucha gente que se cree trans tiene depresión, igual que tenía yo.» «Iba a lanzarme al tren el mismo día que anunciaron el confinamiento, con dieciséis años.» «No lo hice porque una amiga me dijo que no habría clase por varias semanas. Relacionarme con los demás era mi tormento.»

Anna tiene una voz muy dulce que se quiebra por momentos. Habla muy lento, de forma casi impresionista. A veces casi llora.

«En el confinamiento de la COVID sólo estaba en Tumblr, donde se idealiza lo no binario. Luego llegó TikTok, que no puede ser más adictivo: cuatro horas son un segundo.» «No controlas tu adicción porque tu cerebro no ha desarrollado aún el control de la dopamina, y lo trans en esas redes te llega aunque no quieras, aunque no lo busques: es su negocio.»

«Después de la COVID, conseguí que mis padres me llevaran a un psiquiatra público. Yo quería antidepresivos, pero a la segunda sesión me dice: "¿Te identificas con una chica o con un chico? Porque puedo darte hormonas". ¿Cómo pudo decirme eso? Yo dudaba entonces, y va y valida mi duda.»

«Yo llevaba años siendo un "tomboy", un chicazo, vistiéndome como el estereotipo de persona trans. Mi hermana está ahora transicionando y su mejor amiga también. Era incluso divertido: ¿y qué nombre de chico voy a usar ahora? Es muy fácil creer que eres otro porque en las redes lo eres: todos los críos, los que vivimos ahí, estamos acostumbrados a una identidad artificial.»

«Había ido mucho al psicólogo desde pequeña, pero nunca me diagnosticaron nada. Siempre he sido hiperactiva, siempre he caminado de puntillas, que es síntoma de autismo. Desde hace años estoy muy deprimida. Y van y validan esa fantasía, la fantasía *queer*.»

«Poco a poco fui dándome cuenta de que sólo era un sueño: yo quería ser trans. Como tantos, tengo problemas y necesitaba validarlos a través de un trastorno, darles un sentido.»

Ay, Anna.

Cuando le conté a Jose, uno de mis mejores amigos, qué libro estaba escribiendo, él me contestó muy serenamente, con el mejor tono, con la elegancia con la que lo hace todo: «Pues la verdad, Quico, no lo voy a leer y no me gusta que lo escribas».

Jose, aclaro, es gay. Y también, políticamente, conservador. Y tal vez la persona más inteligente que conozco. Pero la potencia argumental de la ensoñación transgenerista es imbatible, no deja mente por capturar ni conoce frontera.

—¿Por qué? —le pregunté, sabiendo que el dogma iba a hablar por su boca.

—Porque no quiero que des argumentos a quienes quieren discriminar a los trans. Y, además, porque ya sabes que a mí me costó mucho aprender a gestionar mi sexualidad, y me parecería una mierda que nadie viniera cuando era adolescente a decirme qué podía o no podía hacer con mi cuerpo.

Muy de acuerdo, Jose. Pero entonces con Anna, y con toda la gente que sale en este libro, y con las víctimas potenciales del delirio *queer*, y con la verdad, ¿qué hacemos?

Entonces era cierto: el hombre no sólo es el único animal con conciencia de sí mismo. Es también el único capaz de inventarse, para sobrevivir, cosas que no existen: Dios, el dinero, las banderas, el amor... Y de envolverlas en el sueño necesario, el relato a medida.

Éste, por cierto, aquí termina.

Agradecimientos

Mi primer agradecimiento ha de ser para mi mujer, Victoria, y mi hija, Clara. Sin su apoyo, sin ellas dos siguiéndome la corriente, aun dándose codazos y guiñándose el ojo la una a la otra, sin su cariño tácito e impávido, es verdad que a veces silencioso, hay quien diría que ausente... Bueno, que sin ellas no habría escrito una puñetera línea, vamos.

Este libro no existiría sin las madres de la agrupación Amanda, y sin ellas tampoco habría apenas redención, ni luz, en estas terribles historias. Mi mayor orgullo es haberme hecho acreedor de su confianza, que ellas hayan sentido que un machirulo —chicas, sé que ha sido un obstáculo— podía entender lo que sufren sus hijas, y lo mucho que este horror tiene que ver con su condición de mujeres.

Paloma, Gema, Ángela, Marta, Nagore... Gracias infinitas por abrirme la puerta. Sabéis que sois absolutas heroínas. Como padre, sabéis que he tenido que transitar algún infierno complicado, pero el vuestro no lo prefiero. Algún día el mundo sabrá lo que hicisteis, lo que hicieron todas las «Amandas» en estos tiempos un poco locos.

José Errasti ha sido, obviamente, muy inspirador desde lo académico. Juan Soto Ivars, lo mismo, pero en lo que no es académico. Con Alberto Olmos tuve una vez una conversación de la que algo he filtrado aquí. Igual que con Pablo Malo, que me regaló algunas claves de la, digamos, escaleta moral, en una larga conversación telefónica.

Mi jefe en el diario *El Mundo*, Gonzalo Suárez, me metió en este fregado en los momentos más difíciles de mi vida, así que habrá que agradecérselo también. Al igual que a Roger Domingo, editor de este libro y responsable de Deusto, su valentía.

Por encima de todo, mi reconocimiento, absoluta gratitud y cariño indeleble deben ir necesariamente a las personas que se desnudan en esta obra, las que lo hacen con su propio nombre y las que no. También a las que, indirectamente, son desnudadas sin haberlo elegido. Espero que el combate entre ciencia y lo que no lo es tenga para todas ellas un futuro, y esperemos que éste no sea muy lejano. Humildemente, ojalá hayamos aquí contribuido a él.

Y un último agradecimiento, con perdón, a quienes heroicamente aún piensan por su cuenta. No estáis solos.

Madrid, enero de 2024